爱情

一种媒介考古

晏青 / 主编

Love A Media Archaeology

经济日报出版社

导言：媒介、爱情与熵

诗人木心的《从前慢》里有一句很有意思：“从前的日色变得慢。车，马，邮件都慢，一生只够爱一个人。”

诗虽浅显，却让人沉吟良久，“浮想联翩”。

在很多类似牧歌类的乌托邦叙事里，频频回首农业时代似乎是普遍的姿态。过去的时空维度里住着一个理想国，老子的是小国寡民、孔子的是西周，小民的是大唐。总觉当下美好正层层褪去，连未来也是灰暗无色，即便技术、人工智能这种给人类安插翅膀的未来似乎也不乐观，因为伦理。回望似乎是人的一种超稳定行为结构，爱情似乎也是如此。

一

可是现实又很诡异。或许至少在机器取代人类之前，爱情是一个常聊常新的话题。谁都能侃上几个晚上，门槛很低、参与度高。门槛低、参与度高，是大众文化重要特征，这可能是大众文化热衷表现爱情的原因？不过按照德国加布里尔·图勒在《艺术还是媚俗》一书中的逻辑，爱情主题的使用是大众艺术文化媚俗的表现。[1]

爱情这种“陈芝麻烂谷子”的事，谈得人最多，可能也是谈得最不够的。世人皆说法国人浪漫，有著作专研“法国人如何发明爱情”，很自然引发思考“中国人怎么有着爱情”的，前者说

① 加布里尔·图勒．艺术还是媚俗[M]. 郑建萍译．长春：吉林出版集团有限责任公司，2012.

法国人发明了爱情，并影响了世界，那么中国爱情本土经验是怎样凝练，并怎样从世界各地的经验中学习谈情说爱的（比如玫瑰、钻戒在不同场合的使用法则）。不管是本土体验，还是异质接受，其中媒介不可不察。

历史上有不少时间里是耻于谈情说爱的，各色人种、各个地域的人都有这么一段时期。可是到了某个历史节点，有些民族又活明白了，可为什么偏偏是这个民族呢？历史的应然性、或然性总不然单纯地归于物质决定论吧。爱情是人性，可能源于生理欲望，但肯定是成于文化。现在，充足的物质能够充分供养我们的身体，自由主义、性解放运动为爱开路。以爱情主题的艺术情节模式由莎士比亚的“罗密欧与朱丽叶”转向詹姆斯·卡梅隆的“泰坦尼克号”，它也更多从艺术中挣脱开去，走进商业的赋值系统，进入特定的情感规则，也走向更广泛的社会。这种后情感社会的情感机械化、商业化，其实这跟门当户外、各种“三大件”一样，只是特定时期的社会规则而已——这种结构主义或宿命论调似乎并不讨喜。

进一步用数据来说明这个问题，以love、marriage、wedding三个英文为关键词，搜索它们Google Books语料库的占比（图1）[①]，以及在Google Trends查看历年来搜索的热度[②]（图2），可以发现，love在图书占比、谷歌搜索热度明显高于marriage、wedding。从中，我们可以粗略地下这样一个结论：自古以来，人类更喜谈情说爱，而吝谈婚论嫁。

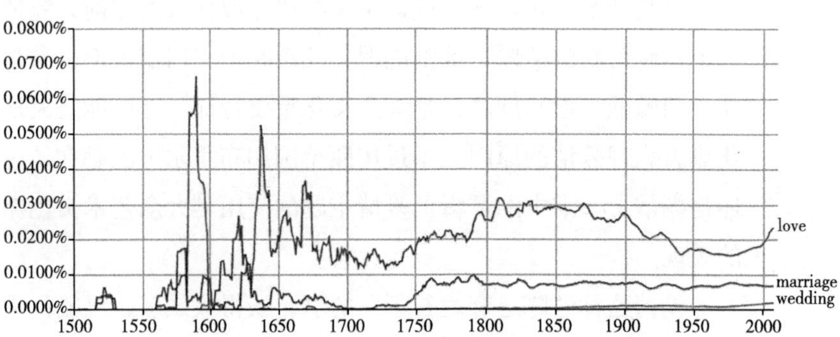

图1　数据来自Google Books(1500–2008)

① 说明：Google Books语料库只更新止于2008年。

② 说明：Google Trends搜索时段始于2004年。

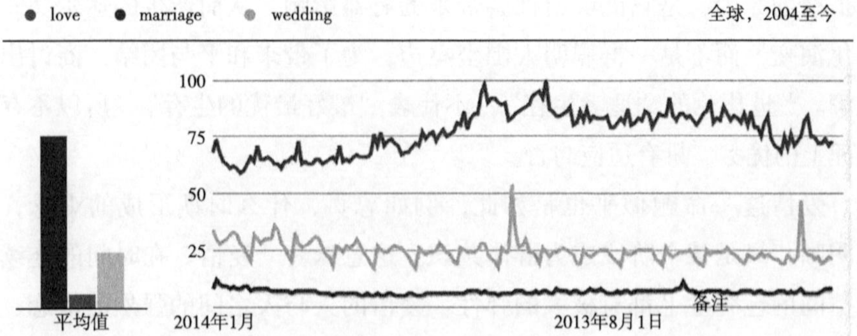

图 2　数据来自 Google Trends（2004–2019 年）

而且似乎这种趋势越来越明显，甚至懒于谈性。有人说对性构成威胁的不是“纯粹理性”，即反对快感，认为性行为“不洁”的观念，而是色情。而色情是爱情的粗鄙化。[①] 色情重在展示，而少了仪式，进而少了社会意义层面的合法性。

玛丽莲·亚隆《法国人如何发明爱情》一书里写道，“爱情在过去和现在都主要是两个人之间的私事，而风流则始终是一种社会现象。”[②] 实际我们细想，爱情与风流实质上是同一界别的事儿，当然界限总是模糊的、容易被跨越。这正是当代社会爱情叙事泛化的一个原因，主流价值域规制不了，又深入人心。正能量的爱情观有几千年的文化资源可供支撑，“负能量”的爱情观念也总有各种辩词。有趣的是，主流价值场域的力量习惯性将“负能量”爱情观的发生源按定在年轻人身上，30 多年来，先是“80 后”，后是“90 后”，接着刚刚年满 18 岁的“00 后”了，从这个轨迹看，永远是年轻人“背了黑锅”。

二

男女的一夫一妻关系是人类最古老、最传统的关系。为什么一夫一妻

① 韩炳哲：《爱欲之死》，宋娀译，中信出版集团，2019 年，第 56 页。

② 玛丽莲·亚隆. 法国人如何发明爱情 [M]. 王晨译. 上海：上海文艺出版社，2016：39.

制会取代其他婚姻制度成为主流？马特·里德利认为现代世界一夫一妻制的扩散的原因，是它能够给社会带来的有益影响，从而产生的达尔文式的文化演变，而不是一群聪明人围坐桌边，为了带来和平与团结，商讨出的政策。[①]进化论的“适者生存”，不代表“最好最优的生存”，所以不存在伦理上的优劣，只有适应与否。

爱情这一命题似乎也是如此，例如忠贞，什么时期形成的观念，并不明晰，只是某个阶段成为群体共识。这意味着“爱情”在时间的连续性和空间的包容性上都有极大的弹性。爱情的人与人之间的强烈的依恋、亲近、向往及无私并无所不尽其心的情感，可能需要来自种种考验。最常见的应该是人类无意识中对生命促族延续、社会秩序维度的冲动。爱情从来不是两三个人之间的私事，“只要相爱就好”这一朴素的理想的实现似乎也会困难重重。有太多的问题：为什么古人说羊大为美？以为独一无二的爱，怎么确定不同于他人，而陷入千人一面？是不是有一种声音在告诉我们哪类人应该去爱，值得去爱？

且不论一个时代有一个时代的情感结构，同一时空的不同个体也难逃微观权力的规训，需要说明的是，这种权力并不特指政治权力，可能里面还包括商业资本、父权、宗教、学校、网络群体等。这里所讲的，并不止于爱情的文化面向（即是时代文化去定义爱情），也不想表达结构主义中的爱情结构（即爱情的结构固化），更想表达的是爱情这种被称为千百年亘古不变的真理似乎并不存在，至少并不牢靠。

技术发展让我们发展，面临的考验远不止于此。我们生存在这样一个年代，无论是理论研究，还是艺术创作，更不论日常的种种庸常，都发现技术的影子。据《纽约时报》报道，性爱机器人开发者塞尔吉·桑托斯（Sergi Santos）在2019年年初发表言论称，人类与机器人的婚姻只是时间问题，未来将十分普遍。如果真如此，这不但改变人类愉悦自己的方式，还将改变人类结构。比如中国以家庭为核心的社会结构是否会“强弩之末势不能穿鲁缟”。

① 马特·里德利.自上而下：闾佳译，北京：机械工业出版社；2017.

三

或许还有大众媒介的错。农业时代，爱情与大自然日升日落；工业时代，爱情伴随着机器转动；信息时代，爱情与字节共舞。一种新的媒介都可能唤醒情感新篇章。

韩炳哲认为，如今的爱情是且仅是温暖、亲密和舒适刺激的代名词，昭示了神圣的情欲的毁灭。

爱情呼声吟唱最为广泛的传媒产品当属流行音乐。有研究通过几千首歌曲的词频分析，“爱”是继“时间”“宝贝”出现最高的词语。流行音乐内在的情感结构使之有独特的时间模式，我国不同年代最受欢迎的歌曲中，表现对春天和冬天两个季节的偏好，提及夜晚的频率最多。同时在爱情人物关系中，有着明显的“我”“你”“他”的多主体对话模式。① 不过，相对古人的“情不知所起，一往而深；生者可以死，死可以生”“死生契阔，与子成说。执子之手，与子偕老”，现代流行歌曲的用词与情感远不如古人的文雅。

伊娃·易洛思在《消费浪漫》一书中说，当今的爱情越来越“女性化”。小说中“友好的”“亲密的”“安静的”“舒服的”“讨人喜欢的”“温柔的”等形容词在小说中来描述浪漫的爱情情节，而这些词汇体现出女性色彩。人们习惯将浪漫场景中的男性角色代入女性的感觉范畴中。② 笔者之前做过一次情感主题的调研，大学生在回答“请用几个形容词形容影视中的浪漫”这一问题，“唯美”“快乐”“幸福”“纯情”等这样一些词汇频率很高，似乎也有这层意思。实际上，女性对浪漫话题的参与热情要高于男性。

韩剧能够让我们习得了什么爱情知识？它是否只是让我们沉浸其中，还是让我们要浪漫要爱，或者还告诉我们爱情方法论。美剧当然又是另一种路数，中国人看好莱坞电影，爱情的行为模式应该还是对韩剧、日剧更有认同感。

我们做过一个统计，2013 年全国超过 30 档相亲节目播出，这是一种怎

---

① 晏青．流行音乐的情感表征：基于语料库的研究 [J]. 文化研究 .2018（3）:269-281.

② 转引自韩炳哲．爱欲之死 [M]，宋娀译，中信出版集团，2019：37.

样的情感盛宴！你方唱罢我登场。每个节目就是一个情感故事发生场。可惜的是，选手的情感被指指点点、品头评足，服务于价值引导的电视对这些“私情”削平。用福柯或罗兰·巴特的眼光来看，这些娱乐背后实际是一场主流价值对大众文化和自私人性的规训。

可私下一想，爱情一系列规则从来不是一成不变的，它们一些融入了我们的行为模式、道德范畴，变得和道德伦理一样普遍且永恒，而另一些，在特定的时间，在当时的社会、政治、经济、宗教乃至意识形态，以复杂而微妙的方式，或多或少变化着。

或许午夜情感故事正在磁性的广播声中徐徐道来；酒吧里意乱情迷；一些相亲平台上发生的种种怪象，让可怜的中国父母只得在公园的相亲一角，分享孩子的资料，并小心地保护这块来之不易信息集散地，排斥一切不是以相亲为目的的外来人。本书的写作者就曾被识破，被恶言“劝”出相亲角。

四

保罗·莱文森在《人类历程回放：媒介进化论》一书中技术媒介发展的三个阶段模型：一是最初所有的传播都是非技术性的，或者说是面对面的，现实世界中的色彩、表情、动作等元素都被呈现出来；二是新的技术被发明出来，它们穿越时空传播的生物局限，但要丢掉真实环境中的许多元素，比如交流的表情看不到，动作也不知道；三是新技术的发展，重获早期交流丢失的、面对面传播中的元素，高清视频通话、VR 新闻等都是这种体现。莱文森将第三种趋势称为人性化趋势。

爱情媒介也是如此。一个世纪以前的媒介需要耗费长时间才能抵达并实现交际效果，并需在占据多维空间，比如一首诗、书信，哪怕鹅毛，需在脚力、马力、舟力，千山万水，八百里加急，方能到达对方之手，我们暂且称之为占据时空的媒介。1920 年无线电波的发明才开始极其压缩时空方式进展信息传输，互联网时代更是如此。所以这个时代大抵不会再有斯蒂芬·茨威格《一个陌生女人的来信》的文学名作，不但如此，在互联网半个多世纪的历程中，还未看到基于互联网经验的爱情经典作品。一眼望去，中国网络上“点击量”选举出打着爱情幌子的情色文学，可能“一个时代有一个时代的文学”的论调可以解释，就像骑士小说《三个火枪手》里崇尚的拿剑决斗的爱情模式，以及绅士风度。不过，文学式微，影视在爱情叙事事业上异军突起，那么多的爱情故事，纯美的（比如1993年日本《东京之恋》）、哀伤的（比如2009年韩国电影《比悲伤更悲伤的故事》）、残缺的（比如金庸的爱情故事）、男权主义的（比如霸道总裁式的影视）、女性主我的（比如2001年韩国电影《我的野蛮女友》）、高技术的（比如2008年日本电影《我的机器人女友》）、宇宙主义的（比如2013年韩国电视剧《来自星星的你》），等等，都成功植入人心。

爱情的媒介体制离不开时代表征，不论在印刷艺术、电视剧，还是在电影、互联网中。比如在印刷媒介中，近现代文学中的爱情是启蒙式的，文学往往被认为是一种精英分子理想的书写，爱情趋于精神，往往成为个性解放，男女平等，自由等等理念的实现途径之一。而当下流行文学的爱情往往成为自我的追逐，所以爱情往往可以看到更多的生理享乐的一面。这种特征也反映在文学主题、人物设置、艺术技法，等等。中国影视的爱情表征也是如此，民族主义、民粹主义、消费主义，传媒与时代精神当然是常识，也无可厚非。但作为爱情这样一种千百年来世人咏唱的理想，也在这种时代表征中颠沛流离，这就着实让人喟叹了。

不过，这种爱情的时代生产与个体思想的结合实践可以说是一种神话，这里面有修辞，有框架，有意识形态，以及各种观念噪音，复调意识中方有多维度的爱。作为中介的媒介话语一直实行这种理想化的功能。但这种不断修复、调整、与世俗妥协，以及一再将对象理想化的做法，尽管有时也会失败，不过这些失败品可能很快会划入离经叛道序列，这或许也是爱情自我优化的一次机会。

大众传媒会强化爱情观念的同质化，强化自恋情结，果真如此，爱情也就暗弱无光了。只有自己的世界，没有来自差异的体验，没有“他者”的诱惑，爱情何以依附？

波德里亚有个观点是，过份真实是淫秽。

当事物变得过于真实，当它们被瞬间给予和实现，当我们身处短路状态，也即意味着事物过于接近时，我们也就难逃“淫秽”……我们的问题在于与事物距离太近，无论是事物还是我们自身，一切都在瞬间得以实现。这一过分真实的世界就是淫秽。[①]

主体与事物的之间是有距离的，而超真实，在于审美的瞬间实现，距离丧失，主体不再需要去探索，去发现，因为一切都赤裸裸地展示出来了，从而造成淫秽。韩炳哲谈及当代爱情异化的原因，就说爱情越来越变得像是展示，只有呈现功能，而缺乏携带价值的仪式功能。

五

讨论爱情的基本机制是一个有趣的问题。弗朗西斯科·阿尔贝罗尼说，恋爱、情侣的形成和情侣的发展有这样一些因素决定：喜欢的原理、失去、竞争者和初生状态。

1. 喜欢的原理，是指双方感到愉快，那么两人就会建立一段稳定、持久的感情，而生活中每一次需求都会增强我们对对方的需求，这种机制需要慢慢地时间来形成。

2. 失去机制，我们对先前就应该知道的事情突然有了很深刻的再确认，情感因为一连串失去的感觉而变得更强烈，这种机制需要早已有情愫。

3. 竞争者机制常会把别人的欲望变成自己的欲望，对方因竞争者的存在而充满神秘与魅力，但一旦成功，便了无兴趣。

4. 初生状态，相恋两人同时进入初生状态，并都依据对方来架构自己的生活。因为这份爱是相互的，所以需要对方也有所回应，同样地敞开自己、重新诞生。[②]

在这样一系列的机制整合成一个共同体。不过我们发现，这些机制似乎在揭示某种爱情心理学。大众媒体，尤其新媒体情境中的个体，缺乏传

---

① 波德里亚 . 密码 [M]，戴阿宝译，开封：河南大学出版社，2019：21.

② 弗朗西斯科 · 阿尔贝罗尼 .《我爱你：关于爱情的理论》[M]，北京：社会科学文献出版社，2017：54–67.

统社会中的自律体系，他律性缺席。因为社交网络中并不预设有一个价值基准线，实际上后现代倾向的网络空间，并不存在明晰的价值等级序列，爱情观念生产处于失序状态，或者这也是进化进程中的一个节点。

本书借助话语考古的方法，试图探索大众传媒历史中爱情的种种面向。媒介化生存、数字化生存的境况便无法让人忽视媒介的作用。如果说前现代的爱情知识是通过书本获取，那么近代更多从广播、影视、互联网；在自家客厅、录像厅、网吧、沙发上；从流行音乐、电视剧、相亲节目、知乎、相亲平台、“两微多端”上……这些渠道都可以获取爱的知识。尤其现在成就一段爱情的时间成本、金钱成本陡升，懒得恋爱、懒得重新去认识一个人似成一股小风气。发生于现实场景中的爱情故事的比例似乎下降，爱情成为象征性现实的可能性增加。媒介之功不可没。

所以，大众媒介涵化之功默默地形塑我们的爱情观念。中国式的浪漫怎么成为可能？同性恋的故事在哪里讲述着？近代知识分子的婚恋观是怎样的？古人约会的空间选择有什么讲究？听觉中的爱情表达有什么独特性？社交媒体里的爱情节日为何总是闹腾的？明星的情感折腾是怎么样带着粉丝又一次相信爱情？带着这一系列问题，我们开始这本书的写作。尽管可能会发现问题并没有解决，好像也没讲清楚，不过爱情这种东西从来不是为了被解决、说得清楚的。

尽管人世间千百年来流传着爱情的种种污言谤语，但我们仍然乐此不疲。爱情事业中存在食利群体、食物链，也存在爱情“佛系”“丧文化”“心机婊”。可能人类的基因早早就谱写这样的程序：人类的孤独需要爱情的解药。不过，《自私的基因》一书有一段话写得好，

> 我们是作为基因机制而被建造的，是作为模因机器而培养的，但我们具备足够的力量去反对我们的缔造者。这个世界上，只有我们人类，能够反抗自私的复制因子的暴政。[①]

现实之爱情流言蜚语太多，但我们仍然相信爱情，基因里纵然有种种“蠢萌”，但在经历千万年的进化之后，或许基因里萌生了反原始基因的元素——当然，这是我的猜想，人类对此依然甘之如饴。

---

① 道金斯 . 自私的基因 [M]. 卢允中等译，北京：中信出版社 .2014.

目录
Contents

Chapter I
从金石到印刷篇

第一章　从竹简到活字印刷

古人的浪漫：时间、空间与日常

从神话时代一直到21世纪，爱情是人类永恒的主题。在现代人眼中，爱情可以借助鲜花蜡烛、戒指婚纱、绵绵情话表现出来，但在中国古人的生活中，爱情或许是河边咕咕鸣叫的雎鸠，是投桃报李的质朴情谊，是倚门和羞走的青梅竹马，更是入骨相思的一颗红豆。

一、时空坐标中的古代爱情

在中国文学中，爱情浪漫的表达载体丰富多样。可有神话、传奇、诗歌、词曲、小说、戏剧、民歌等形式。针对不同的故事，古人选用了不同的表达形式。由于在神话、传奇及民歌等形式里，口语表达和文字表达的时间顺序难以界定，因此我们仅讨论这些表达方式中有文本可考的内容。

一个爱情故事的展开，一定离不开时间、空间、人物这三个经典要素，这些经典要素勾勒出爱情浪漫的产生环境。

（一）时间要素

时间对于浪漫的产生极其重要。无论古今，爱情浪漫的产生可能都要在晚上，或久别重逢时，或某个特定时机等。因此在分析浪漫产生的时间时，笔者拟从时代、季节、自然时间段和人物时间段这些方面来进行分析。

1. 时代

在原始社会中，并无文字资料记载的爱情故事，我们所能知道的基本都是后人依据神话所整理的。

以《山海经》为代表。在《山海经》中，女娲与伏羲在结合前，登上昆仑山祷告上天：

“天若要我们俩结合，那就让烧柴的两股烟合拢来；若不让我们结合，那就让烟散开。”于是烟合拢了，妹妹便到哥哥身边去了。他们用草编成扇子，遮住脸孔以遮羞。①

《山海经》中也有讲述帝舜与娥皇、女英两姐妹的爱情故事。“洞庭之中，帝二女居之，是常游于江渊，出入必以飘风暴雨。”两位女子常常游于江渊，可猜测她们也是天性烂漫，热爱山山水水。而最终由于其夫帝舜的陨落，泪洒于竹子之上，湘妃竹由此而来。

在当时的时代环境下，男女结合甚至可以不拘于兄妹关系，男子也可同时拥有多个女子为妻，社会环境相对自由，人们对爱情浪漫的追逐基本是基于自身的欲望和需要，可以视为是一个在爱情上比较轻松浪漫的时代。在这个阶段中，已出现生死不渝、缠绵悱恻等情感形式，构成爱情浪漫的组成部分。

直至奴隶社会，这种轻松烂漫的氛围还在持续，以《诗经》为代表。《诗经》收录了自西周到春秋大约500多年的诗歌305篇。其中讲述爱情的经典之作有几十篇。

《卫风 · 木瓜》中有对纯朴洒脱的求爱方式的精彩描写：

“投我以木瓜，报之以琼琚，匪报也，永以为好也。投我以木桃，报之以琼瑶，匪报也，永以为好也。投我以木李，报之以琼玖，匪报也，永以为好也。”喜欢一个人就送他东西，回报就是表示应允接受，并希望能够延续这样的感情。男女运用投桃报李这样简单的方式来表达爱意，使整个结合的过程少了很多繁文缛节。②

脍炙人口的《关雎》中对直接大胆的追求过程也有详细描述：

① 潜明兹 . 中国古代神话与传说 [M]. 天津：天津教育出版社，2010.

② 朱淑贞，姚志强 .《诗经》里纯朴浪漫的爱情诗篇 [J]. 文学教育 (下)，2011(03):18–19.

“关关雎鸠，在河之洲。窈窕淑女，君子好逑。参差荇菜，左右流之，窈窕淑女，寤寐求之。求之不得，寤寐思服。悠哉悠哉，辗转反侧。”喜欢一个姑娘就想去追去她，追求不到就辗转反侧难以入眠。这样直接大胆的描写，淋漓尽致地展现了青年人的感情特征。

在这个时代中，爱情浪漫运用简单直接的方式去完成。主人公为了喜欢的人去尽力付出，痛苦也好幸福也好，都可以被视作爱情浪漫的组成成分。

直至封建社会发展到秦朝，始皇帝横扫六国实现大一统，焚书坑儒统一度量衡，这些政治经济上的强权作用于文化社会，开始逐渐改变人们的精神气质。到汉代董仲舒罢黜百家独尊儒术，提出“三纲五常”以便于统治，社会的钳制才进一步加深，而这样的条框同样限制了古人的爱情浪漫生产。

作为中国古代四大爱情传奇之一，孟姜女哭长城的故事家喻户晓，“千里送寒衣”是故事的主线。之所以会产生“千里送寒衣”这样的桥段，是因为秦始皇修建长城而其夫累死于长城下，孟姜女为殓其尸而“哭倒”长城，从侧面反映了民间对皇权的一种抗争，虽然用的是这样一种传奇的形式，却也标志着抗争精神的萌芽，标志着爱情浪漫中“他者”力量的强化，这样的情节在先秦之前，在《诗经》的时代里，是找不到类似内容的。

也正是从这一时代开始，中国的封建制度逐渐固化，对人性的压抑渐趋严重。历史上称赞唐朝和宋朝的社会风气开化，这也是针对社会习俗而言的，至于男女感情和婚姻大事，则几乎没有自由可言了。

2. 季节

从季节上来看，冰雪消融万物复苏的春天是爱情萌发的最佳季节。岑参《春梦》中有“枕上片时春梦中，行尽江南数千里”一句，描述了出于思念，主人公在梦中跨越千里见到心上人的场景。王维的《相思》有“红豆生南国，春来发几枝”一说。王昌龄《闺怨》的“闺中少妇不知愁，春日凝妆上绣楼。忽见陌头杨柳色，悔教夫婿觅封侯”也是描述春日思念的名篇。动物发情始于万物复苏的春季，人类作为动物的一种，不管是从生理上还是心理上，都会对春天有更多关于爱情的幻想。

反之爱情痛苦的一面会以秋天或冬天的形式出现，李清照的诗作是典型代表。其夫赵明诚死后，李清照曾作多首词作来怀念他，抒发自己的哀怨凄苦之情。

如“满地黄花堆积，憔悴损，如今有谁堪摘。守著窗儿，独自怎生得黑！梧桐更兼细雨，到黄昏，点点滴滴。这次第，怎一个愁字了得。”描述的就是秋天，诗人独坐窗前，想到夫君与自己的点点滴滴，勾起内心忧伤无限，然而只能再感叹一句“赌酒消得泼茶香，当时只道是寻常”。

同是秋季，却也有对于中国人来说最浪漫热烈的传统节日之一——七夕。七夕节起源于几千年历史的农耕文明，由牛郎织女的传说演变而来。传说在这一天，分离一年的牛郎织女夫妇会在喜鹊桥的帮助下相会，互诉绵绵情意。如果有人在葡萄架下偷听的话，还能听到他们两人的悄悄话和分离的哭声。在这样凄美却浪漫的氛围下，七夕成了中国最富有代表性的爱情节日。

古诗文中描述七夕的片段比比皆是。“两情若是久长时，又岂在朝朝暮暮”——秦观《鹊桥仙·纤云弄巧》；“天阶夜色凉如水，卧看牵牛织女星”——杜牧《秋夕》；“金风玉露一相逢，便胜却人间无数”——秦观《鹊桥仙·纤云弄巧》，这些都是借由七夕的情意抒发。

七夕这天也被人们称为“乞巧节”。叫“乞巧”是因为织女是一个美丽聪明、心灵手巧的仙女，凡间的妇女便在七夕的晚上向她乞求智慧和巧艺，也少不了向她求赐美满姻缘。七夕乞巧起源于汉代，东晋葛洪的《西京杂记》有“汉彩女常以七月七日穿七孔针于开襟楼，人俱习之”的记载，这便是我们于古代文献中所见到的最早的关于乞巧的记载。① 后来的唐宋诗词中，妇女乞巧也被屡屡提及，唐朝王建有诗说“阑珊星斗缀珠光，七夕宫娥乞巧忙”。据《开元天宝遗事》载：唐太宗与妃子每逢七夕在清宫夜宴，宫女们各自乞巧，这一习俗在民间也经久不衰，代代延续。②

人类在日常生活中创造了很多仪式来表达对某种感情或关系的重视。如过年需要放鞭炮来表示新的一年红红火火；求婚需要戒指和单膝跪地来表现自己的真诚真挚；七夕借助乞巧和约会情人来寄托对爱情和幸福的向往。创造七夕这样的节日，既蕴含了古人对爱情的向往和对现实的反抗，

① 汪道启 . 现代青年常用知识一本通 [M]. 北京：中国华侨出版社，2012.

② 宋根启，宋军秀，吴涛 . 中华传统佳节 [M]. 北京：气象出版社，2011.

也侧面表现了古人对仪式的重视和虔诚态度。

3. 自然时间段

从时间段来看，傍晚和夜晚更受爱情浪漫创造者的欢迎。“月上柳梢头，人约黄昏后”（欧阳修《生查子·元夕》）是脍炙人口的经典代表。黄昏即将带来夜晚的隐秘和安静，为男女的浪漫产生提供了环境的便利。《西厢记》中崔莺莺约张生幽会，就写了一首诗“待月西厢下，迎风户半开，隔墙花影动，疑是玉人来。”暗示张生可以在晚上前来相见。

贺铸的《半死桐》：

“重过阊门万事非，同来何事不同归，梧桐半死清霜后，头白鸳鸯失伴飞。原上草，露初稀，旧栖新垅两依依。空床卧听南窗雨，谁复挑灯夜补衣。”全诗质朴无华，如话家常，娓娓道来。在夜雨中想起亡妻夜补衣的场景，物是人非时更添想念，愈发凄苦也愈凸显爱情浪漫的真谛。

蒲松龄的《聊斋志异》更是一部将这一时间特点充分运用的代表。不管是狐仙还是精灵魂魄，大多都只能在晚上出现，然后才能与诸多文人书生发生奇妙的爱情故事。

如《汾州狐》中“汾州判朱公者，居廨多狐。公夜坐，有女子往来灯下，初谓是家人妇，未遑顾瞻，及举目，竟不相识，而容光艳绝”。[①]《小谢》“夜将半，烛而寝。始交睫，觉人以细物穿鼻，奇痒，大嚏；但闻暗处隐隐作笑声”。夜色为这些情愫做遮掩和保护，浪漫才能从这样的保护下衍生出来。

七夕节同样是爱情浪漫夜晚时间段的经典例证。牛郎织女需要在晚上才能在鹊桥上相会，天明就要分开而因此泪洒长空。夜晚是有力伪装，是适合躲藏的净土，也是逃避现实的天然屏障。黑夜掩盖了现实中两人被强权分开的痛苦，只有相会的甜蜜依恋，而太阳出来就象征着关系暴露在公众目光之下，要按照伦理对此做出分开的行动回应。

4. 人物时间段

浪漫不是某个群体的专利，浪漫是整个人类社会都可享受的一种生活

---

① 蒲松龄．聊斋志异 [M]. 北京：华夏出版社，2013.

乐趣。但在文学作品中，爱情浪漫的生产主体多为年轻男女，很少有上年纪的角色出现。

这一特点基本可涵盖所有爱情故事。民间四大爱情传奇里的四对夫妇，牛郎织女，孟姜女范杞梁，梁山伯祝英台，许仙白娘子，这些故事都是青年男女的感情纠葛。《聊斋志异》中的所有爱情故事也都是这样的套路，仿佛爱情浪漫只属于年轻人。

杜牧《赠别》有“娉娉袅袅十三余，豆蔻梢头二月初”；杜甫《绝句漫兴九首》中有“隔户杨柳弱袅袅，恰似十五女儿腰”。无论是文人还是凡士，对于女子的欣赏大多停留在其年轻时期，这是人类的共性。也有少数的描写老夫老妻的感情生活的作品，如苏轼“十年生死两茫茫，不思量，自难忘。千里孤坟，无处话凄凉”；辛弃疾“醉里吴音相媚好，白发谁家翁媪”等，但流传下来的数量较少，与描写年轻男女爱情的作品数量相差甚远。从这些描述爱情的文学作品中，基本可以断定，爱情浪漫的创造和享受的时间段多为青年时期。

无论是自然时间，还是人物年龄，都是客观意义上的时间。而对于处于爱情中的主人公来说，其对客观时间的感受也具有较强的相对性。可简要形容为“一日不见，如隔三秋”的高热期，或“话不投机半句多”的冷漠期，这些可暂时划归在人物时间段中。

（二）空间要素

在空间要素中，我们分为室内和室外两部分来进行探讨。室内可分为四大板块来研究：闺房、洞房、书房、其他。室外则分为自然环境和人文环境两部分。

1. 闺房记乐

闺房在古代是男子禁地，是女子们的隐私所在，因此也常常成为约会的好去处。《春闺》有云：“奴爱风流欢有情，佳期约定在三更。忽闻窗外低低唳，不着红裙启户迎。”生动描写了一个女子，与情郎约在三更闺房见，然后听到暗号开心的开窗接应的场景。

据考证，《西厢记》中莺莺的居所就是西厢，因此其名也可理解为是在闺房发生的故事。在《西厢记》的整体布局中，闺房都是一个重要的场景转换地。在此类戏剧故事中，千金小姐搭救遇难生人，将其偷偷藏在闺房中，后二人暗生情愫的类型小说和传奇更是屡见不鲜。如越剧《沉香扇》中，小姐与书生在闺房内偷偷以沉香扇定情，最后经历险阻完美结合，谱就一段佳话。这种“书生落难，小姐搭救，私订终身，考中状元，衣锦团圆”的神话在爱情戏剧类作品中有较大占比，而这些故事发展过程总是离不开闺房这个经典意象。

2. 洞房花烛

在文学作品中，洞房花烛基本可视为爱情浪漫的鼎盛点。苏轼的《春闺》“春宵一刻值千金，花有清香月有阴”脍炙人口。北周庾信《和咏舞》：“洞房花烛明，燕余双舞轻。”描述了新郎揭开新娘红盖头的景象。宋人洪迈的《容斋随笔》中更是把“洞房花烛夜”列为人生“四喜”之一。

当爱情浪漫走到洞房花烛的地步时，爱情浪漫也就发展到了极盛点，古人对这一时刻极为珍视。有很多桥段极度渲染主角对洞房花烛的渴望，以此来表现爱情的热烈真挚，不在话下。然而也有洞房花烛后生活逐渐显现出原本面貌，爱情浪漫逐渐走向破裂的故事。因此若能将浪漫延续，就更显得珍贵了。

3. 书房意趣

书房意象最典型的当属蒲松龄《聊斋志异》。《画皮》中太原王生将妙龄女子带回家，“女顾室无人，问：‘君何无家口？’答云：斋‘耳’。”“斋”即为书房的意思，因其无闲杂人等来往，故用作金屋藏娇。

《小谢》中：

“生往除厅事。薄暮，置书其中，返取他物，则书已亡。怪之，仰卧榻上，静息以伺其变。食顷，闻步履声，睨之，见二女自房中出，所亡书送还案上。”范生与小谢结缘，也是在书房。

书房因其静谧，且书生常常独自一人，因而产生遐想的空间和时间较充分。在中国古代男性主导话语权的情况下，男性一方面希望女性能够三从四德，安于深闺，另一方面又对不谙人事，不守规矩束缚的“狐仙”们多有幻想。[①] 蒲松龄作为男性的角色，在文学创作的过程中进行爱情浪漫的想象，也可以被视为是爱情浪漫中单相思和性幻想的一个缩影。

其他室内地点，如庙宇、宫廷等，常在文学作品中作为男女初见的场所，可作为爱情浪漫的偶发地。

4. 自然环境：山水之间

在山水之间进行爱情浪漫的创造，是今人和古人的共通点。人在山水之间会更易放松，从而产生愉悦的心情，有利于爱情浪漫的发展。

如《郑风·溱洧》就有关于水边的男女相恋的盛况描写：

"溱有洧，方涣涣兮。士与女，方秉蕳兮。女曰：'观乎？'士曰：'既且'。'且往观乎'，洧之外，洵訏且乐。维士与女，伊其相谑，赠以芍药。"[②]

这是描写郑国三月上巳节青年男女游春的诗。男子已去过河流对岸，但女子说想去看看，男子就说景色这么美，再去一趟又何妨。于是两个人开开心心去玩，归来的时候送一朵芍药来表明情长。想象一下温暖的春天和河流的景色，不由得让人再度感叹青年爱情浪漫的美好之处了。

以此为例，中国的古代文学中，在山水之间发展爱情浪漫的作品也不在少数。

5. 人文环境：花园、墙头马上等

花园是在封建礼教的束缚下，大多数古代女子能够自由行动的终点。也是古代男女相见的一层障眼。《西厢记》中张生知道莺莺每夜都去花园焚香祷告，便隐于墙角偷窥，这种出于爱恋的偷窥行为，因为有了花园的遮蔽，显得更加隐秘有趣，也常使人联想到自己情窦初开的年纪，当为爱情浪漫的制造点之一。

再说窗口。窗是屋子这个封闭意象的出口，窗内是主人公的私密空间，窗外是相对开放的公共空间，其自身即携带易被想象、接近乃至偷窥的基因，也常常被当做男女初识、幽会的重要渠道。如《金瓶梅》中潘金莲与西门庆初见，从楼上窗子掉下的叉杆正好打在了西门庆头上，西门庆

---

① 宁莉莉.《聊斋志异》中的爱情故事与古代文人心态 [J]. 蒲松龄研究，2008(01):47-53.

② 春秋 . 孔丘编订，于夯译注 . 诗经 [M]. 呼和浩特：远方出版社，2007.

抬头，看到了有着“黑鬒鬒赛鸦鸰的鬓儿，翠弯弯的新月的眉儿，香喷喷樱桃口儿，直隆隆琼瑶鼻儿，粉浓浓红艳腮儿，娇滴滴银盆脸儿，轻袅袅花朵身儿，玉纤纤葱枝手儿，一捻捻杨柳腰儿，软浓浓粉白肚儿，窄星星尖翘脚儿”的潘金莲，开启了“金风玉露一相逢，便胜却人间无数”的桥段。

在中国古代的浪漫故事中，窗同样也是幽会的重要渠道。前文中提到《西厢记》中崔莺莺写诗“待月西厢下，迎风户半开，隔墙花影动，疑是玉人来”，暗示张生晚上可从窗户来相见，即为经典例证。墙头是男女跨越封建礼教束缚的一个实物象征。常有男女约会在某个角落，而男子需要翻越墙头去与心上人相会的场景。

“将仲子兮，无逾我墙，无折我树桑。岂敢爱之？畏我诸兄。仲可怀也，诸兄之言，亦可畏也。”（《诗·郑风·将仲子 》）从诗经的这首诗里可以看出，女子的情人有翻过墙去找她，而女人嘴上说着不要翻墙来找我，事实上内心是否希望男子翻墙来找她，也不能够知晓了。[①] 但我们至少可以看出，墙边是当时两人约会的重要地点。

而马上就更有一番意味了。白居易《井底引银瓶》：

“*妾弄青梅凭短墙，君骑白马傍垂杨。墙头马上遥相顾，一见知君即断肠。知君断肠共君语，君指南山松柏树。感恩松柏化为心，暗和双鬟随君去。*”表现了完整的墙头马上的爱情场景。[②] 女子在墙边看到男子，我们可以想象男子是如何风度翩翩地骑在马背上，而女子望着男子，两个人情意绵绵的眼神，在这匆匆的见面之中，有无数深情杂糅其中，这样的场景，单单想象就十分动人了。

二、爱情浪漫的发展过程

从爱情浪漫的发展过程来看，可以按照时间顺序为其分为相识、相爱、幽会、结合 / 分离四个步骤，在不同的社会形态中，这些步骤都有着不

① 王德明 . 墙头马上 : 宋元词曲中一个意味深长的爱情场景 [J]. 文史知识，2006(08):29-34.

② 李静等. 唐诗宋词鉴赏大全集 [M]. 北京：华文出版社，2009.

同的特征。

1. 相识

男女相识是一段感情产生发展的前提。从现存古代文献上看，原始社会、奴隶社会和初期的封建社会在男女相识上所设界限较少，相识或进行恋爱都相对自由。而到了封建社会后期，特别是程朱理学兴盛后，对于女性的钳制逐渐加深，客观上减少了青年男女相识的机会。

宋代女词人李清照《点绛唇》：

“蹴罢秋千，起来慵整纤纤手。露浓花瘦，薄汗轻衣透。见客入来，袜刬金钗溜。和羞走，倚门回首，却把青梅嗅。”这是心中描写相识场景最动人的词句，描述了少女荡完秋千突见来客的害羞场景，寥寥几笔勾勒了小女儿家春心萌动的时刻。读来分外清新怡人。

司马光的《西江月》：

“宝髻松松挽就，铅华淡淡妆成。青烟翠雾罩轻盈，飞絮游丝无定。相见争如不见，多情何似无情。笙歌散后酒初醒，深院月斜人静。”[①] 在深情夸奖了舞女的曼妙身姿后，深夜里作者开始了思念和怅惘，描述了一场迟到的单恋场景。

这两首诗都是对含蓄之爱的描述，我们在含蓄之爱中能够感觉到古人对爱情浪漫的向往和渴求，因为含蓄，爱情的朦胧美才能够显现出来。但并不是所有的爱情都有一个含蓄的开端，也有很多热情奔放的初识求爱作品，这些作品同样很美好。

崔颢的《长干曲四首》：

“君家何处住？妾住在横塘。停船暂借问，或恐是同乡。家临九江水，来去九江侧。同是长干人，自小不相识。下渚多风浪，莲舟渐觉稀。那能不相待？独自逆潮归。三江潮水急，五湖风浪涌。由来花性轻，莫畏莲舟重。”就描述了一个热情大胆的船家姑娘，跟喜欢的人找话题攀谈，最后成功的一起坐上了船，是奔放类初见的代表。古代这样的女子很少见，作者描写这样淳朴天真的船家女子，在一定程度上也间接表现了作者对这样

① 唐 . 范摅 . 云溪友议 [M]. 上海：古籍出版社，2012.

求爱方式的赞赏，对热烈爱情的渴望。

更典型的例子当属诗经。《国风·郑风·野有蔓草》：

“野有蔓草，零露漙兮。有美一人，清扬婉兮。邂逅相遇，适我愿兮。野有蔓草，零露瀼瀼。有美一人，婉如清扬。邂逅相遇，与子偕臧。”在外面遇到了一个一见钟情的人，便携手入芳林深处。这样简单直接的求爱方式，让我们不得不感叹古人的性开放程度，这样的情况在今天也很难出现了。

含蓄也好奔放也好，与喜欢的人初识都是非常美好的场景。时代的禁锢、社会的限制不能够扼杀男女相识的渴望在这种渴望里，能够相识的男女相爱了。

2. 相爱

相爱的过程历来百味陈杂，描述爱情甜蜜的场景数不胜数，描写相思和离愁的诗句也同样浩如烟海，幸福则诉诸诗句以表达，不幸也借助诗句来排遣。

李商隐《昨夜星辰昨夜风》，“身无彩凤双飞翼，心有灵犀一点通”，与爱人之间的交流已经到了默契的状态，享受琴瑟之和是爱情满足的一种形式，与“举案齐眉，相敬如宾”不同，这种契合更能够给人以内心的宁静和满足。《诗经·唐风》中有“今夕何夕，见此良人”的描述，是另一种表达满足的方式。遇到这个人啊就是幸运，是足以感谢天地的幸运，是对对方重要性的珍视。这些都是描述爱情中甜蜜情感的部分，在人们感情愈发仓促草率的今日读来更觉珍贵。

然而相比之下，苦情诗在表达感情上则更胜一筹。司马相如在《凤求凰·琴歌》里形容相思“一日不见兮，思之如狂”。与“一日不见，如隔三秋”有异曲同工之妙，相爱的人总是不能够经受时间上的分离，爱情带来的见面的迫切和思念是浪漫的重要表现。温庭筠《南歌子词二首·新添声杨柳枝词》：“玲珑骰子安红豆，入骨相思知不知。”诗句中用红豆来寄托思念，自此红豆也成为相思的物象代表。晏几道《长相思》：“欲把相思说似谁，浅情人不知。”心中有这样的感情存在，但找不到可以倾诉的对象，只能把这样的感情埋在心里，与青少年时期单纯的暗恋相契合，相信从那个年龄段走过来的人们都能够体会这样的感情。这几句诗从不同的角度，以不同的风格描述了在感情过程中出现的相思和痛苦，令人仿佛能够亲身感受到爱情浪漫痛苦的另一面。

甜蜜与否，人们都会尝试着进行表达。文学手段只是一种方式，实物寄托也是常用手段，即传统意义上的定情信物。魏晋时期有著名的《定情诗》：“何以致拳拳？绾臂双金环。何以道殷勤？约指一双银。何以致区区？耳中双明珠。何以致叩叩？香囊系肘后。何以致契阔？绕腕双跳脱。何以结恩情？美玉缀罗缨。何以结中心？素缕连双针。何以结相于？金薄画搔头。何以慰别离？耳后玳瑁钗。何以答欢忻？纨素三条裙。何以结愁悲？白绢双中衣。”从诗中可以看到金环、明珠、香囊、玳瑁钗等女子用品，这是男子表达自己爱意的方式，女方若有意即会接受这些信物，来表示自己对男子的接纳，若无意则需拒绝。

众所周知红叶题诗的故事。唐僖宗巡视四川带去宫中侍书宫娥芳子，芳子很有学问，一天她在红叶上题诗：“流水何太急？深宫尽日闲。殷勤谢红叶，好去到人间。”[①]题完后就顺手抛进水沟，被襄州进士李茵拾到，恰好在一山民家相遇，两人遂成良缘。红叶在其中作为一种别致的信物，是男女主角爱情浪漫的重要见证。

无论是相思之苦还是享受爱情甜蜜的过程，或者是借助某些物品来表达爱情，其过程都可以被视之为爱情浪漫的组成部分，因为爱情浪漫是兼具痛苦和快乐的综合体。正是因为其味道和感觉的复杂性，爱情才能够成为人们亘古不变的追求，爱情浪漫亦如是。

3. 幽会

男女相爱后会出现相思、怅惘等种种情绪，也在这些情绪中期待面对面的交流沟通，于是产生了恋爱中的约会行为。在前一部分我们已经探讨过约会产生的客观因素，如时间空间等，此部分主要讨论约会的心理感受。

《邶风·静女》描绘了这样一个场景：

“静女其姝，俟我于城隅。爱而不见，搔首踟蹰。静女其娈，贻我以彤管。彤管有炜，悦怿女美。自牧归荑，洵美且异。”开篇从男子的角度展

① 唐．范摅．云溪友议[M]. 上海：古籍出版社，2012.

示出“静女其姝”的美丽，从侧面刻画出了男子的心理：“这一美丽的女子等我在城隅，是何等的幸福欢欣啊。”“爱而不见，搔首踟蹰”，他依约而来却不见女子身影，急得他抓耳挠腮，左右徘徊；其实女子早已来到，只是想逗逗他，所以藏起来了。看到他焦急难耐的样子，女子心有不忍，于是走了出来，并随手采一枝美丽小草送给他。① 一支小草蕴含着女子深深的爱恋，也折射出女子感情的细腻动人。这样的感情不仅淳朴真实，而且浪漫有趣，为爱情增添了几分诗意。

前文中讲过墙头马上的场景，在古诗文中也常常可见男子翻墙入户来和女子幽会的桥段。不管客观环境怎么样，人们在这一过程中所做的努力，都让人感受到爱情的力量，这也是爱情浪漫产生的重要方面，常常是因为能够克服某些困难达到某种目的，这样的感情才更让人觉得珍贵。

因能够见到爱人而感到欣喜，因见不到爱人而搔首踟蹰，这是恋人之间的常态，也是爱情浪漫的重要表现点。

4. 结合 / 分离

在爱情进行到一定程度时，男女双方就会考虑结合的问题。结合的欲望会导致两种结果，成功或者失败。纵观中国古代的爱情故事，悲剧结尾占大多数。悲剧之所以被人们广泛创作和阅读，事实上是人们对摧残美的过程的一种享受。悲剧就是把现实撕裂给人们看真相，人们在这一过程中感受到对内心的冲击和震撼，产生对悲剧情节的主动代入，更深刻地感受到悲剧所产生的破碎美。

这一类型的悲剧代表作有《孔雀东南飞》《梁山伯与祝英台》《杜十娘怒沉百宝箱》，等等，不胜枚举。在这些故事中，男女主角有爱而不得，最终付出生命以求得圆满的情节，也有男方或女方因为爱人的背叛离弃，从而对这段爱情做出极端处理的桥段。不管是哪种方式，共同表达的主题都是：爱情是高尚美好的情感，不能够被放弃或玷污，简而言之就是忠贞。对爱人的忠贞和对爱情的忠贞是一致的，这是爱情的排他性所决定的。忠贞观对中国的爱情观和爱情产生与发展起着重要作用，它奠定了一种发展

① 朱淑贞，姚志强 .《诗经》里纯朴浪漫的爱情诗篇 [J]. 文学教育 (下)，2011(03):18-19.

的基调和脉络，我们一直沿用到今天。

悲剧之美在于它能够使人们移情，而圆满结局的爱情故事则能够唤起人们对爱情美好的向往。如辛弃疾《清平乐》：“醉里吴音相媚好。白发谁家翁媪。”白发翁媪，醉后打趣，读来甚是温馨。白朴《阳春曲·题情》：“笑将红袖遮银烛，不放才郎夜看书，相偎相抱取欢娱。止不过迭应举，及第待如何？”把生活的欢娱放在功名之上，认为“及第”并不能带来人生的真价值，在男子十分重视功名的古代，可见其畅达心态。贯云石《红绣鞋·无题》：“挨着靠着云窗共坐，偎着抱着月枕双歌，听着数着愁着怕着早四更过。四更过情未足，情未足夜如梭。天哪，更闰一更儿妨甚么！”描写了小夫妻幸福美满的生活情趣，虽自日常中来，给人的感觉却十分浪漫。另有黄遵宪《新嫁娘诗》：“闲凭郎肩坐绮楼，香闺细事数从头。画屏红烛初婚夕，试问郎还记得不？”这样的描写夫妻闲适的小诗，读来别有一番韵味。

中国式爱情浪漫的产生，与中国的传统文化、传统习俗密不可分。也代表了人们天性中对美好生活的追求。中国的古人在追求的过程中克服了无数困难，也有很多遗留到今日仍未被解决的问题，如性别平权。以爱情故事为例，在神话时代或文明社会初期，女子可自由对男子示爱，可自由追求意中人，经典范例可参照《诗经》。而随着君主专制制度的逐步稳固，思想钳制逐渐加强，对女子的束缚也更为深入，女子的地位更为低微。处于如此不平等的社会地位上，女性对美好爱情的追求却从未止步，文人墨客对遵从内心、敢于追求爱情的女子也大为颂扬，这样的态度与社会主流价值观有着微妙的矛盾，也使得这样的女子看起来分外勇敢可爱，或许这也是爱情浪漫被所有人渴望拥有的原因。

对古人爱情浪漫的研究，是为了铭记先人，也是为了启迪今日。人类需要繁衍生息，也需要精神力量来创造美好生活。而爱情作为一个永恒的话题，当被更多的思考和探讨，特别是在生育率一路走低，人类学家已经开始担心族群未来的当下。在某种程度上，如今的我们已经部分程度丧失了创造浪漫的欲望，这与快节奏的都市生活和更高水平物质需求有关。但爱情从来都不能以高效率低能耗来衡量，或许我们应该更多的学习古人对待爱情的方式，将这种美好的情感以更加健康的形式流传后世。

第二章　报纸与广告

近代中国知识分子的择偶行为与观念

前言

在中国传统社会中，婚姻往往不是个人的私事，而是涉及家族和礼教的大事，所谓“父母之命，媒妁之言”，其决定权常常操控于家族长辈之手，青年男女在婚姻问题上很少有自我选择的余地。清末民初以降，西风东渐，广州、上海等口岸城市得风气之先，在学习西方器物、制度、思想学说的过程中，传统社会风气也多有变动，婚姻自主的话题逐渐被提及。在20世纪最初的几年里，“婚姻自由”“一夫一妻”等观念已开始为受西风熏染的知识分子所倡导。金天翮在其所著的《女界钟》中呼吁“婚姻自由”，并强调女性在婚姻内外的正当权利。[①]而蔡元培在其原配于1900年去世后，面对“媒者纷集”为其“续弦”之事而喋喋不休时，公开在其“结婚声明”中提出“耸人听闻”的五项条件：一、女子须不缠足者；二、须识字者；三、男子不娶妾；四、男死后，女子可再嫁；五、夫妇如不相合，可离婚。[②]在当时的社会环境里，金天翮、蔡元培等人的言行虽然显得有点特立独行，但从中可以看出，已有一些知识分子表示出对旧婚恋关系

---

① 金天翮，陈雁编校 . 女界钟 [M]. 上海：上海古籍出版社，2003: 80. 另有《自由结婚歌》刊于《女子世界》11 期（1905 年 2 月）；见夏晓虹编选 .〈女子世界〉文选 [M]. 贵阳：贵州教育出版社，2003 :330 .

② 高平叔 . 蔡元培年谱长编 [M]. 北京：人民教育出版社，1996:226.

的不满和反抗。蔡元培在颇费周折，最终访得“天足、工书画”的黄世振为妻时，还因坚持以举办“文明婚礼”而引起社会的关注。在这些新知识分子的倡导下，举行文明婚礼也开始逐渐成为一种时尚，并对当时社会的婚恋观产生了一定程度的冲击。①

到“五四”新文化运动时期，知识青年争取个性解放与肯定自我价值成为一种时代精神，压抑个性解放的家族礼教文化，成为被激烈批判的对象。深受传统婚姻枷锁之苦的知识分子借着“社会变革”的时代浪潮，要求打破一切旧道德、恶习俗，破除不自由、无爱情的传统婚姻制度，倡导通过自由交往建立友谊或爱情，取得男女婚姻的自主权。一时间，以恋爱为基础来缔结婚姻家庭的新观念，在社会上得到广泛而热烈的讨论，并通过报刊杂志的传播，逐渐为知识青年男女所熟知。

由男女社交公开、自由恋爱、婚姻自主等观念导致婚姻、家庭的变革是五四新文化运动时期“社会变革”的重要内容之一，许多知识男女纷纷采取不同的方式来实践自己的观念与理想。其中，男性多采用解除婚约、离婚等方式来抵拒传统的婚姻，②而女性则多以“娜拉式”出走的方式来逃避婚姻的包办。③在这一过程中，“父母之命，媒妁之言”的主婚权逐渐丧失，众多知识男女开始演绎出各种极具近代特色的情爱故事。

然而，在传统婚姻家庭观念尚未彻底退出历史舞台之前，婚恋自由从

---

① 夏晓虹．晚清女性与近代中国[M].北京：北京大学出版社，2004:38–45.

② 已结婚且接受新式高等教育的新知识青年常常自视为时代的俊彦，对其包办婚姻的妻室（多为未受新式教育者）甚是不满，藉着社会对恋爱、婚姻自由的认可，离婚显得正当而又理由充足。但离婚问题并非和恋爱、婚姻自由的倡导同步，“报纸上登载片面宣告离婚启事的，亦几乎无日无之”的现象严重化是在前述自由深入人心之后二十年代后期和抗战前的三十年代初。面对问题的严重，《妇女杂志》曾刊“离婚问题专号”，探讨离婚问题。各地方性报纸更是成为当地青年男女争论的阵地。随红松的《中国近代离婚观念的嬗变——以〈中央日报〉离婚启事为例》一文也对此问题有一个初步的探讨，见随红松．中国近代离婚观念的嬗变——以〈中央日报〉离婚启事为例[J].安庆师范学院学报（社会科学版），2008(11): 64–66.

③ 1918年《新青年》第4卷第6号设为“易卜生号”，刊登了由胡适、罗家伦翻译的《娜拉》（即《玩偶之家》）全剧和《国民之敌》节译，另有胡适的专论《易卜生主义》和袁振英的《易卜生传》由此在社会上掀起一股“易卜生热”。而娜拉以其舶来的身份很快受到欢迎，她受到新式知识分子的推崇，“娜拉的出走”更被誉为女性解放和独立自主的象征。有意思的是，易卜生剧中“娜拉”力在走出家庭契约，“中国娜拉们”则在寻求婚姻契约，剧中“娜拉”的主体性诉求，在中国女性身上成了一种爱情诉求。

观念的提倡到行动的落实，实际上还有一段相当长的路要蹒跚前行。当婚恋的权利从父母、家族的手中开始转移到青年自己的手里时，一方面他们受新观念的影响，在判断衡量婚姻是否合适理想的标准尺度上，提出诸如爱情、学识、独立、爱国、革命等一系列极具时代特征的新标准，当时许多报刊杂志上刊载“理想的配偶”“你心目中的他”之类的征文即反映了这种婚恋观念的变化。但另一方面处于从传统向近代转型过程中的知识分子，在言论和行动上又表现出种种的矛盾与冲突。真正能够大步跨过传统沟壑而走向新时代的人还很少，多数人在诸多问题面前往往表现出迟疑和犹豫。清末民初社会普遍被讥之为“穿长袍戴礼帽”的奇异现象，同样体现在那个时代知识分子思想与行动错位的婚恋观念上。

本文试图以清末民初时期几种报刊刊载的两性话题为视角，探讨在近代社会转型期新旧观念的激烈冲突下，知识青年男女在面对婚姻大事时，传统婚恋观的思想元素如何被选择、重组和运用。两性平等的婚恋思想究竟在多大程度上被社会所接受？婚恋自主的口号式宣告与现实的实践之间又有多大的差距？并以此认识和理解在传统与现代两难抉择中，近代中国知识分子择偶倾向和取舍的心路历程。

一、“爱情宣言”与“征婚广告”

1900 年蔡元培“女子不缠足、男子不娶妾”的“结婚声明”是当时废缠足、妇女解放言论向婚姻话题的延伸。但实际上，蔡元培的“结婚声明”只不过是占优势地位的精英知识男性在配偶选择上的单方要求，算不上是真正意义上的“爱情宣言”，但此举仍对当时的知识青年男女产生了很大的影响。

1902 年六七月间，在天津《大公报》与上海《中外日报》这两家南北颇负盛名的维新报纸上，先后刊登了署名“北来游学”的“南清志士某君”的征婚广告。其广告词云：

此君尚未娶妇，意欲访求天下有志女子，聘定为室。其主义如下：一要天足；二要通晓中西学术门径；三聘娶仪节悉照文明通例，尽除中国旧有之陋俗。[①]

这则征婚广告或许受到蔡元培“结婚声明”的影响，抑或是新式学堂西式教育的启发，但广告中对配偶的要求上比蔡元培更进一步，由蔡的“须识字”提高到“通晓中西学术门径”的“学识”要求。

事实上，从当时的情况看，蔡元培对配偶“须识字”的要求并不过分。到20世纪初，外国人所办教会女学堂已经有三四十年的历史，[②]中国人自办的女子学堂教育也开始在各地出现，而社会中上层人家的传统女性知书达礼者也不少。女性“须识字”只是一般性的要求，亦可称还在“传统”的范围之内。但南清志士某君的“征婚广告”却要求配偶“通晓中西学术门径”这就显得有些超前了。当时新式学堂的女学生接受的基本上仍是传统教育，只不过是受教育的地点从家庭闺阁搬进了学堂，即便是教会女学堂的女生也只是粗通外文、算术。能合“通晓中西学术门径”要求者，举国也仅有诸如陈撷芬、林宗素、秋瑾等极少数的留洋女学生而已，故这则“征婚广告”曾遭到林宗素的痛批。[③]

但值得注意的是，对配偶“学识”要求的提出，实际上反映的是对近代婚恋观念的一种认可，而且还逐渐成为此后知识男女择偶标准中不可忽视的条件之一。这可以说是五四新文化运动时期青年知识分子十分注重的、以志同道合的“爱情”作为择偶标准的先声。

至1909年，《民呼日报》刊载一篇题为《男女之相望》的文章，报称转译自法国某杂志。该文将男女各自心目中最佳配偶的标准整理成各十二条：

---

① 《求偶》，《大公报》1902年6月26日，广告栏；至于重刊于同年7月27日《中外日报》，标题为《世界最文明之求婚广告》的史实，非笔者亲见，转自：夏晓虹．晚清女性与近代中国[M].北京：北京大学出版社，2004 : 62.

② 罗苏文：《女性与近代中国社会》的第二章《西潮惊岸：福音与礼物》讲针对女性的传教和教会女学校的初设及渐受欢迎的情况。罗苏文．女性与近代中国社会[M].上海：上海人民出版社，1996:55–83.

③ 林宗素为著名报人林白水之妹，曾留学日本，参加革命，宣扬两性平等的女权思想。斥责“南清志士”的征婚广告“视文明女人若奴隶然，谓吾一呼彼当即至矣……此以待上海之雉妓可耳，若以之待中国女人，则吾恐世苟足以合南清之格者又将不愿为南清妻矣”。见林宗素《致汪康年书》，转引自刘志琴，闵杰主编．近代中国社会文化变迁录[M].杭州：浙江人民出版社，1998:241.

男子之望女子者：

一、须姿容绝美，而年又甚轻，色相并茂，娇嫩可怜者。
二、须受高等教育，通妇人所必要之技巧者。
三、须通达事理，能与男子相和者。
四、须有相当之资产者。
五、须耐辛苦，热心于自己之职分者。
六、须不惮烦冗，且身心无系累者。
七、须身体强健者。
八、须与男子深表同情，老于世故，巧于交际者。
九、须明治家之道，于经济一事，注意周到者。
十、须言语及动作，富于高尚之美术心者。
十一、须有优良之气质，其中虽凛乎不可犯，而自不失其活泼之景象者。
十二、须对于其夫有互相扶助之能力者。

女子之望男子者：

一、须眉目清秀，有风采，有品位，而体格十分完全者。
二、须无疾病，永不外宿，无出早归迟之恶习者。
三、须勇气充足，才智活泼者。
四、须意志巩固，而有胆力者。
五、须脑筋清晰，富于判断力者。
六、须不耽逸乐者。
七、须有职业而艺术敏捷者。
八、须不专事职业不顾家庭者。
九、须爱情深厚，以亲诚待人者。
十、须不染时习，取龌龊之金钱者。
十一、须有财产而不苦于生计者。

十二、须身心无系累，终日不牵挂他物者。[①]

这一“舶来品”的择偶标准可能是笔者所见刊于中国报刊杂志中最早的、也较系统的“择偶标准”。虽然译者未就此发表评论，仅说明“译之以供世研究男女者考镜，并为酒后茶余之谈柄云”。[②]但此文对当时处处师法西方的中国知识分子来说，仍然会产生影响。因为，一则《民呼日报》所办时间虽较短暂，但却在社会上的影响不小。[③]二则，此前知识青年男女已对婚姻话题很是关注，不论是传统社会，还是近代社会，在男子心目中的妻子标准，与在女子心目中的丈夫标准，都对相貌、年龄、学识、体格、感情、能力等都会有一些具体的要求。这篇“酒后茶余之谈柄”的译文，对此后的知识男女以类似的书写方式表达自己的择偶倾向，能够看出受其影响的痕迹。

二、婚恋问卷

五四新文化运动时期，妇女解放的思想开始冲破上层社会的狭小圈子，逐渐向社会普通民众生活层面渗透，1919 年间发生的两个因婚恋不自由而导致的悲剧，加快了这一过程。其一为“赵五贞事件”。湖南长沙女子赵五贞因不满父母强行将其许配他人作继室而自刎于花轿中。[④]其二为“李超事件”。李超是北京女子高等师范学校的学生，因父母早亡，家事之权尽掌在其过继兄长之手。李超外出求学不仅遭其哥嫂百般刁难和阻扰，还多次迫其回家婚嫁，致使她郁郁而终，客死北京。[⑤]这两起事件经媒体披露

---

① 痣公 . 男女之相望 [N]. 民呼日报，1909-6 -18 . 转引自李又宁，张玉法主编 . 近代中国女权运动史料 1842—1911 上册 [M]. 台北：龙文出版社股份有限公司，1995:258.

② 痣公 . 男女之相望 [N]. 民呼日报，1909-6 -18 . 转引自李又宁，张玉法主编 . 近代中国女权运动史料 1842—1911 上册 [M]. 台北：龙文出版社股份有限公司，1995:257.

③ 方汉奇 . 中国近代报刊史 [M]. 太原：山西人民出版社，1981:482 .

④ 陈启民 . 赵五贞女士自刎纪实 [J].《女界钟》(特刊)，1919(1). 此处转引自 : 五四时期妇女问题文选 [M]. 北京：生活 · 读书 · 新知三联书店，1981 :205–208 .

⑤ 胡适 . 李超传 [J]. 新潮，1919，2(2). 此处转引自 : 五四时期妇女问题文选 [M]. 北京：生活 · 读书 · 新知三联书店，1981 :209–218.

后在曾引起很大的轰动。当时身在长沙的毛泽东曾连续写过十余篇文章讨论赵五贞的死与社会的关系，表达了对赵五贞之死的激愤之情。而李超作为北京女高师的学生，受到社会更多的关注。李超死后有千余人参加其追悼会，蔡元培为其遗像横额手书“不可夺志”四字；胡适为其写传以示纪念。赵、李的个人悲剧由此演变为公共事件，社会舆论痛斥旧家庭、旧婚姻是埋葬青年生活的坟墓。而随着五四新文化“社会革命”的进展，报刊杂志竞相刊载各式各样的婚恋理论、婚恋事件，经自由恋爱而结成婚姻家庭的观念开始成为新知识青年的理想诉求。

然而，当时社会新旧观念的杂糅又使婚恋问题变得相当复杂，理想与现实舆论之间还有很大的差距。1921 年，东南大学的陈鹤琴教授以社会学问卷调查的形式，制作婚姻调查表格，调查青年学生对新式婚恋观念的接受程度、落实情况及其择偶标准等。最后是根据对男性学生的调查，以《学生婚姻问题之研究》为名发表在当年的《东方杂志》上。[①] 据称此次调查共发了 1500 多份问卷，但仅收回 631 份答卷，调查的主要对象是江浙一带的高等学校和中学的学生。

调查者根据被调查对象已婚、已订婚和未婚三种情况分别设置问题。根据调查结果，631 份答卷中有未订婚者 266 人。这里仅就未订婚者这一群体的调查结果作点简要的分析，以此了解未婚青年学生婚恋观的大致情况。

首先，在这一群体中，回答希望自己能掌握婚姻自主权的有 171 人，占被调查人数的 62.3%。就调查人数来说，回答问卷的 266 人是一个极小的数字，但涵括了高等院校的大学生、师范生和中学生，应该说具有一定的代表意义。62.3% 的青年学生希望能掌握婚姻自主权反映了对新婚恋观的接受和向往。

其次，在“能够自主决定婚姻”的假设前提下，问卷设问：“你想得一个什么样的女子为妻？”并从品貌、年龄、学问、家势、性情、才识、身体等方面入手设置选项。回答的结果在品貌上，有 95 人和 83 人希望将来的妻子面貌中姿或端正即可，另有 24 人则不论品貌，其余则不置可否。这

---

① 陈鹤琴 . 学生婚姻问题之研究 [J]. 东方杂志，1921，18（4/5/6）.

反映多数人对配偶的面貌要求并不苛刻，与上述译自法国某杂志《男女之相望》的择偶标准有所不同，实际上也符合中国人传统的择偶审美要求。

在年龄问题上，有127人要求配偶的年龄与之相等，其他均要求小于自己。据陈鹤琴教授的分析认为，中国传统“女大男小”的婚姻，既违背生理又违背心理，令相当部分的青年学生厌恶。同时，此一时期西方医学理论的传播和影响也促使他们作出这样的选择。

在学识问题上，如前述的“南清志士”已有提及，但社会并不以为然，而五四新文化运动之后“学识”的要求开始具有普遍的意义。问卷调查中有131人要求女子有中学以上的学识，另有75人要求普通学识，而不是过去的“须识字”即可。在大部分的青年学生看来，女子受教育的程度与家庭改造的“社会革命”有密切的关系，这从关于已婚者的问卷中可以得到佐证，那些对妻子不满意的多半是因为对方缺乏知识（学识），认为“提倡女子教育直接为改良家庭生活之要素”。[①]这种情况反映了“女子无才便是德”的传统观念在新婚恋观中已在相当程度上被青年学生所否定。

在“家势”问题上，我们知道，“门当户对”在传统婚姻中的比重很大，是长期以来人们基本遵循的择偶标准，但在此次调查中遭到青年学生的否定，其中有113人主张择偶不论家势，一些人希望对方的家庭背景为教育界、学界，而不是可以向他人炫耀的政界或商界，这实际上从一个侧面反映了当时社会对知识和教育的尊重和肯定。

在配偶的性情问题上，绝大多数人，即223人要求女子性情温和，甚至一些人还希望女子要具有忍耐、谦卑、诚厚的传统“美德”，仅有10人希望得活泼的妻子，这真是一个极有趣的调查结果！因为，性情温和可以说是中国女性经千年驯化而得的传统特质，而清末民初以来，尤其是五四新文化运动倡导妇女解放所赋予女性的勇敢、开朗、活泼在这里并不受到青年男性的欢迎。这种情况也说明了在择偶观念上理想与现实的两难。

在才识问题上，调查结果中希望女子“能治家”所占的比例最大，这进一步说明传统社会“男主外女主内”的观念意识在新式婚恋观中仍一脉

① 陈鹤琴. 学生婚姻问题之研究 [J]. 东方杂志，1921，18(6):112.

相承，只不过是多了些诸如“能教育子女、善交际、能音乐、绘画”等新的因素而已。

最后，在身体上都要求女子身体强健，这当然不仅是家庭的幸福问题，而且也是延续维新废缠足运动以来，妇女的强健与否承载着国民的强壮与否的时代话题。

令人奇怪的是，在其时婚姻自主、恋爱自由呼吁高涨之际，男学生们在回答择偶问题时，“爱情”却很少被提及，仅有10人在“其他栏”中谈及婚姻要有爱情为基础。这一方面可能是问卷中没有设置这一问题，被调查者无以针对性地加以回答。另一方面也可能是当时青年学生这方面的意识还不强，毕竟现实的婚姻要以爱情为基础至今仍然是一个永恒的话题。

我们说，对于这样一份单一性别的婚姻问卷调查报告，没有相应的青年女性的声音回应，不免有些可惜。但如同以上所述，我们仍然从中可以略窥新知识青年的择偶倾向和对传统婚姻价值观念的取舍。

值得一提的是，所有调查问卷中已结婚和已订婚者为365人，调查结果显示他们中绝大多数是由家长代定的婚姻，[①] 由此可见传统婚姻家庭观的实际影响。这些青年男生抑或也有新的思想，在“恋爱神圣”“婚姻自由”的宣称上也表现出某种激进与新潮，但在现实中，他们还是接受了传统包办的婚姻。这反映的大概也就是那个时代常有的一种思想与行动的错位吧！

三、配偶征文

1923年《妇女杂志》第九卷第八、第九号上连续登载有关择偶观念的“特别征文”，具体要求为：

一、文题“我之理想的配偶”

二、字数不拘多寡，文体盖用白话

三、男女都可投稿，女子尤为欢迎

① 已结婚者中有178人为家长代定的婚姻；已订婚者中有158人是家长代定的婚姻.东方杂志.1921，18(4).105；1921.18(5):104.

等等，此外，还要求“投稿人需另纸写明姓名、住址、职业、年龄、性别等项，惟发表时只署姓名或别号”，[①] 以示对征文反映问题真实性的尊重。

据统计，《妇女杂志》的这次“特别征文”共征集到156篇稿件。该刊编辑瑟庐曾对当时收到的这156篇稿件进行分类，并在分析男女投稿者的受教育程度、年龄、婚否、身份地位等之后，分别将其择偶条件所占百分比制成表格，大致包括年龄、相貌、体格、爱情、学识、性情、才识（能力）、行为、人格、职业、家势等十几项内容，[②] 较全面地反映了当时青年知识男女的择偶倾向和取舍，绝大多数人均表示要更加注重对方的个人素质，其中强调最多的是学识、性情、体格和能力，并在婚姻上将爱情摆到了第一位，成为婚姻的前提，而其他的一切条件均以爱情为基础。

例如，在“夫妻间要有爱情”问题上，诸如“我对于我的理想的配偶，第一步的手续，是由彼此自由恋爱而来”“我们之间要有至真至纯的爱情”之类的话语在征文中随处可见。一位征文作者还引用了当年引起轰动的张竞生[③] 的话，来证明自己的观点，他认为，凡是讲求真正完全爱情的人，都要时时刻刻改善提高彼此相爱的条件，因此自己对配偶的学识、能力、性情之要求实为最低的限度，“我很希望我们彼此相爱的条件，天天的进化、天天的改善……夫妇每日互换彼此爱的新条件”。[④] 可以说，追求这种婚前恋爱、婚后以爱情维系夫妻关系的理想婚姻家庭是当时青年男女的共同理想，体现了其时婚恋观的进步。但征文中反映的另一倾向也值得注意，即有人过分强调“爱情至上主义”，主张“要绝对的了解恋爱的真义，

---

① 《妇女杂志》第九卷第八、第九号。此处及以下所有引用的《妇女杂志》《女子月刊》均采用《中国近现代女性期刊汇编》的版本，为原书的影印版，北京：线装书局，2006年，但为方便起见，页码则采用原书页码，而非影印后编码。

② 瑟庐 . 现在青年男女配偶选择的倾向 [J]. 妇女杂志，1923，9(11): 43–54.

③ 张竞生（1888—1970），他以其节育观念、爱情定则、性开放等一度成为文化界的风云人物，著有《性史》《美的人生观》与《美的社会组织法》等书。后在上海开办“美的书店”，主要编印三类书籍：性育小丛书、普通文艺类书籍和浪漫派文艺丛书，对近代青年的恋爱观念、新性道德都产生过一定的影响。

④ 杨尚松 . 我之理想的配偶・四 [J]. 妇女杂志，1923，9(11): 62.

可自然的结合，也可自然的分散，聚散全以爱情的有无为标准，不以客气作痛苦的护符”。[①] 这种观点可能是受到《妇女杂志》上曾刊载的介绍爱伦凯“爱情中心主义”相关文章的影响。但就中国当时的社会状况来说，以“爱情至上”为理想，反对没有爱情的婚姻固然是一种进步，但也有人在激情过后反酿成新的悲剧，甚至还有人以“爱情至上”为幌子，置社会、婚姻、家庭的基本责任于不顾，这样反而给反对者以口实。

就“夫妻间爱情”这一问题的性别态度比较而言，当时的知识女性较之于男性寄予爱情更多的希望。故而，在女性投稿者的文章里常出现“宇宙间除了真纯的爱情之外一切都是虚幻的，……道同志合、性情相投和互相了解等——都不过是比较不重要的附属条件，而唯一最重要的是‘恋爱’”[②] 的理想诉求。与男性根据有无爱情来确定双方关系的离合不同，女性希望爱情的忠贞和永恒，“爱情要忠实，男女的节操本分不出什么两样，我们为结婚后生活的永久持续，婚前应审慎地选择对象”；[③]“恋爱始终如一，灵肉一致，方称恋爱真义，男女各尽天职……恋爱坚固，不致变心”，[④] 等等。

大致而言，为反抗传统包办婚姻而离家出走，是五四以来现代知识女性普遍采用的反抗方式。她们拼命挣脱封建家庭的锁链而获得自由，但面对外面陌生的世界，又期待寻求庇护、逃离孤独。从征文中女性的爱情诉求可以看出，近代以来女性“由于性别角色变化的直接影响，她的爱情观中隐含着追求人格平等的因素；但在平等的两性关系中，她却依然执着于寻找庇护”。[⑤] 必须承认在近代社会环境下，若婚姻爱情失败，女性确实要遭受更多的伤害，这也就是与男性要求变动的爱情，而女性则渴望永恒的爱情的原因。

在“体格强健”问题上，约有半数的人明确表示将来的配偶要健康无病，其他人虽未明确说出，但也有这样的倾向，“有强健的身躯，才能担任

---

① 舟君．我之理想的配偶·六 [J]. 妇女杂志，1923，9(11): 65.
② 漱琴．我之理想的配偶·七 [J]. 妇女杂志，1923，9(11): 67–68.
③ 瑾瑜．我之理想的配偶·十八 [J]. 妇女杂志，1923，9(11): 88.
④ 碧峰．我之理想的配偶·五十一 [J]. 妇女杂志，1923，9(11): 130.
⑤ 李小江．性沟 [M]. 北京：生活·读书·新知三联书店，1989 : 42.

重大的责任，……而且将来的‘小国民’和母体有极大的关系，多愁多病的母体是亡国的病症、是灭种的现象。”[①] 应该指出的是，以婚恋双方的体质强健来达到“强国保种为终极目的”，是近代知识分子的一种理想追求。但由于同时受到女权运动的影响，知识女性却可能并不完全认同这种将她们工具化（生育健康的下一代）的表述。她们多从男女平权的角度，看待妇女体育和健康的问题，主张藉体育改善女性体质，以达到男女平等的目的。在她们看来，女性自身追求健康并不是仅仅为做“国民之母”，更是为了造就身心健全的女子，来达成她们救国的心愿。[②] 当然，女性对男性体质的要求大致也是健康、强壮之类，但少了男性当时所普遍强调的民族主义思想的色彩，而更侧重于家庭生活的质量。“人的身体是极重要的，一生的事业、思想、志向，全仗着这身体的健康才能实行。”[③] 男性爱好各种球类游戏或有拿手的比赛运动等，虽纯为增添家庭生活的情趣，[④] 但也都是女性所向往的。

在“学识的要求”问题上，征文显示，男性很强调配偶的教育背景，大多数都要求配偶具有中学程度或为师范学校毕业生，其中“中等学校毕业的、具备普通知识”是征文中最常见的表述，也有希望配偶“要在师范毕业的，因为我现在是师范毕业生，对偶如亦然，将来同升学于高等教育，可以互相切磋的；或同服务于初等教育，可以互相研究”。[⑤] 当已经娶有无知识的妻子而又无法离弃时，许多人也表示：“为了自己的幸福起见，不得不把她重新改造，改造的利器便是教育……而对她改造的最低限度要求就是‘要她具有国民应有的普通常识’。”[⑥]《妇女杂志》九卷八号上曾发表某一小学教员题为《我们在暑假中的最大任务——教导妻子》的文章，讨论改造传统女性的必要和实行步骤，其目标是将旧式的妻子培养成具备

① 谭祥烈 . 我之理想的配偶・三 [J]. 妇女杂志，1923，9(11): 59.
② 游鉴明 . 近代中国女子体育观初探 [J]. 新史学 1996，7(4):136.
③ W.T.. 我之理想的配偶・二十一 [J]. 妇女杂志，1923，9(11): 95.
④ 秋心 . 我之理想的配偶・十六 [J]. 妇女杂志，1923，9(11): 85.
⑤ 余竹籁 . 我之理想的配偶・四十二 [J]. 妇女杂志，1923，9(11): 120.
⑥ 杨尚松 . 我之理想的配偶・四 [J]. 妇女杂志，1923，9(11): 62–63.

“读、写、算”能力的新女性。[①]男性的这一愿望虽好，但却是通过传统“夫对妻”的权威方式来行使对旧式妻子的改造，实质上是以男女“平等”为目标却采取了男女不平等的方式，这种情况在择偶婚恋观念上可以说俯拾即是。

有意思的是，女性对男性的学识要求期望值较高，她们很满足于“他（的）已经在最高的学校卒业了，他的学问是很好的，而国文英文常识更是他的特长，并且他还能作明了的日语”。[②]但也有女性对男性的学识要求与自己基本相当即可，“如果他的学问比我高，他就会居大骄傲，我更要做他的奴隶、做他的学生，哪有研究的余地？如果个个人都是夫比妻的学问高，则我们女子终是在人之下，哪有平等之可能？”[③]与男性相比，这种情况反映了女性择偶观念“朝上”，而男性择偶观念“朝下”的惯有趋势。

在“性情的要求”的问题上，无论男女大多都希望配偶有温和的性情，但在同一命题下，男性强调的“温和”是女性的“顺服”和“顺从”；而女性则要求男性在待己、待人温和的同时又具有刚强的意志。这正如有社会性别学者所分析的那样：“当女性性别角色发生变化的时候，无论男人还是女人自己，对性别人格的感受并没有发生也不可能发生相应、相等的变化、在两性深层心理组织中，仍然固守着沿袭千年的情感生活的需求。在男子一方，即便最开明的，也依然怀揣着对贤妻良母的眷恋，高度赞美顺从忘我的女性气质；而在女子一方哪怕是拿了最高学位的知识女性，在情感上仍是执着地寻找持强扶弱的男子汉。”[④]

在“能力的要求”问题上，征文显示男性对于配偶的要求似具有两面性，即口头上他们极力反对传统的“贤妻良母主义”，并希望女性自己也能打破贤妻良母的观念，但实际上对配偶的能力要求却又以此为标准，希望配偶“要曾在保姆学校毕业的，预备将来任家庭教育的感化力，次代国民的好母亲；要学过心理学的，将来能够实施到家庭方面，尤其以儿童心理

① L.F.. 我们暑假的最大任务——教导妻子 [J]. 妇女杂志，1923，9(8): 45—50.
② 秋心 . 我之理想的配偶 · 十六 [J]. 妇女杂志，19239，9(11) 85.
③ 林珍 . 我之理想的配偶 · 三十 [J]. 妇女杂志，1923，9(11): 105.
④ 李小江 . 性沟 [M]. 北京：生活 · 读书 · 新知三联书店，1989 :41.

学为重要”。[1]还有人强调：“我不想她有特殊之才能，我所希望与她的，只要有治理家政，教育儿女和在不得已时有一技之长，足能自己谋生活的本领。”[2]可以看出，传统贤妻良母、相夫教子的意识观念仍然根深蒂固，只是与传统社会有所不同的是，在男性的择偶观念中新时代的女性不仅要全揽家政、相夫教子，还要自己有谋生的技能。而女性对于男性能力的要求则主要为工作能力强，办事干练，能支撑家庭生活的重担等。知识男女这种择偶观念的差别实际上也反映了两性在社会和家庭地位上的差别。

此外，诸如年龄上，男性希望配偶略小于自己，女性则希望对方略大于自己；人格要求上男女都希望对方操节高尚，没有不良的嗜好，等等。

婚恋自由是近代以来知识分子十分关注的话题，一旦有机会可以自我选择，他们便以自己标准寻找理想的对象。有些人甚至宣称如果找不到理想的对象而宁可独身！可以说，《妇女杂志》的这次配偶特别征文在相当程度上反映了此一时期知识分子的择偶倾向和取舍。

四、“理想的爱人”

在《妇女杂志》刊载配偶特别征文10年后，《女子月刊》第三期上又有类似的征文出现。与《妇女杂志》不同的是，此次征文主要针对女性读者，题为“理想的爱人”，其文首开宗明义即曰：

“多少伪君子装着一副诚实的面孔，利用他的地位和金钱，向着年纪幼、经验少的女子进攻，等到肉欲满足后，便掉头不顾、弃之如遗。像这样的爱人还是不要如没有更好些。读者们！青春的少女们！请你们先拿定一个标准来选择爱人，不要随意的接受伪君子的爱。你们的理想最好能写出来，大家互相参考。女子月刊是你自己的园地，可尽情的把真情披露出来。我们若能得到一个共同的标准，是如何地快乐呢！

男性的读者们！你们若愿意的话，也不妨把你们理想中的爱人描写出

---

① 余竹籁 . 我之理想的配偶 · 四十二 [J]. 妇女杂志，1923，9(11):120.

② 赵公遂 . 我之理想的配偶 · 四十二 [J]. 妇女杂志，1923，9(11):121–122.

来，你们的意见，我们亦很愿意领教呢！”①

这一开篇语似乎说明了近代新婚恋观、择偶观在发展过程中崎岖和坎坷，因为，正如上文已述及的，在“爱情至上主义”问题上，有些伪君子以爱情为幌子在玩弄女性的同时，又以爱情为借口，“等到肉欲满足后，便掉头不顾、弃之如遗。”在这种情况下，《女子月刊》征文“理想的爱人”，便是力图对这一丑恶现象的纠偏，但也同样反映了近代知识分子的择偶倾向与取舍。

根据“理想的爱人”的征文要求和投稿情况，《女子月刊》第五、第六两期在“征文当选”栏目中共刊出17篇文章，其中直接以“理想的爱人”为题的有14篇，男女投稿者比例为8∶6。与10年前《妇女杂志》“配偶征文”156篇的规模相差甚远，而且原本主要针对女性征文，却仍然是男性占多数，其普遍意义受到一些限制，但我们从中仍能看出一些因时代变化而产生的新因素。这里根据当选征文反映的主要观点制成下列简单的表格，以求我们对其时知识分子的择偶倾向和取舍有大致的了解：

表1–1　其时知识分子择偶倾向

女性的理想爱人	忠实的爱情	健全的体魄	革命的精神	不慕虚荣和时尚	丰富的学识	人格高尚	节俭的习惯
百分比	66%	50%	33%	50%	100%	66%	50%
男性理想的爱人	爱情忠诚	健美的体格	性情温 和	无摩登虚荣习气	相当的学识	文学艺术修养	自立的技能
百分比	62.5%	75%	75%	62.5%	75%	50%	62.5%

（上表资料来源：《女子月刊》第一卷第五、第六期，“征文当选”，1933年7月–8月）

由上表可见，其时男女双方对于配偶的学识、体格、爱情、性情等要求与10年前大体相同，男性对女性看重的是学识、体健和性情温和，这种要求仍然是承继传统的“贤内助”话语：“失意时她能以柔情安慰我，言语鼓励我，有错误，能谅解，肯规劝。”②而女性看重男性的是学识、人品和

① 《女子月刊》第一卷第三期，1933年5月，第134页。

② 冯廉先. 理想的爱人[J]. 女子月刊，1933，1(5): 132.

爱情，反映了女性对“伪君子”的警惕和抵触。但在爱情问题上，上文述及五四时期女子强调对爱情的忠贞、男子强调因爱情有无而产生变动，在此时基本都认同为男女对爱情都要忠贞专一，这大概是男女双方都对“爱情至上主义”的一种反思吧！

值得注意的是，此次征文有一新的特点是强调“革命的精神”和“节俭的习惯”。关于“革命的精神”，征文作者中有一位女性这样写道：

“在资本主义与帝国主义快奔到他们底没落，在宗法、封建底残余的传统思想怒喷着跳跃的毒焰的现在，时代告诉我们，这时代是空前震荡的暴风雨时代；社会制度告诉我们，这社会制度是空前混乱的腐臭社会制度：……我们濒危待毙的民族，尤其在多重压榨下的我们妇女大众，不能畏怯、不能怀疑、……我们只能呐喊、只能喋血，我们只能在民族自决的鲜明旗帜下，步向革命的路，我们只能在妇女解放的英勇战线前，振奋具有革命的精神的同情并热心补助我们的男性同志，斩开旧礼教底镣铐！冲破旧社会底堤防！”①

话语表述中充满了无比豪迈的革命激情，反映了“革命与否”曾一时成为新知识男女的一大标签，成为一种高尚精神的代名词。这或许能让我们更好地理解那个时代有志青年救国救民的理想和情怀。

五、简短的结语

清末民初，尤其是五四新文化运动以来，近代知识分子择偶倾向和取舍的发展与变化，既是对传统家族礼教、传统家庭婚姻伦理的抵制和反抗，也是对近代新婚恋观的传播和接受。在这一过程中，知识男性有选择地摒弃传统观念，渴盼与一位学识相当、身体健康，且具有一定新思想的女性，结为具备知己和爱情的婚姻关系，但同时又要求女性要继续做好贤

① 沙韵月 . 理想的爱人 [J]. 女子月刊，1933，1(5): 117.

妻良母，承担相夫教子的传统职责，也就是说，同时具备新知识和旧道德的女性最受男性的欢迎。而女性在新时代的影响下，逐步挣脱“传统”和“家庭”的羁绊，在争取婚恋自由权，尤其是对浪漫爱情的向往，甚至表现得比男性还要积极和热烈。但由于社会对独立女性的接受程度有限，而实际上她们在潜意识中也希望寻求男性的庇护。近代知识男女在择偶婚恋观上因彼此对传统的妥协而形成的这种双重矛盾和奇特默契，说明在当时的社会历史背景下，不仅耐人寻味，而且真正意义上的男女平等、婚恋自由、婚姻自主还有相当长的路要走。

第三章 用文学想象

叛逆、归顺及其爱情胴体

爱情是世界性的文学母题，无论东方还是西方，不管时代如何更迭，爱情总是文学作品中亘古不变的主题。中国古代的《诗经》和西方的史诗，都有对爱情的描写。从柏拉图、苏格拉底开始，哲学家们就开始了对爱情的深入思考。瓦西列夫在《爱情论》中提出，爱情是“在传宗接代的本能基础上产生于男女之间、使人们获得特别强烈的肉体和精神享受的这种综合的(既是生物的，又是社会的)互相倾慕和交往之情”。[①] 爱情与文学仿佛被一根红线所捆绑缠绕，总是密不可分，形影不离。

回顾20世纪八九十年代喧嚣热闹的文坛，一位作家格外引人注目，他的横空出世引起轩然大波，并引发了阵阵热潮。他就是王朔。他以没有正经的油腔滑调形象出现在文坛，任凭他人冠以“痞子文人”的称号，他把虚伪和真善美放在一起调侃，并且始终以一种反文化的战斗者姿态攻击着精英文化。本研究通过分析王朔的部分作品及根据作品改编的影视剧，探讨王朔笔下的“顽主式爱情”群像，得以一窥20世纪80年代爱情的面貌。

一、时代困惑中的爱情描摹

王朔有不少纯情小说，大都采用第一人称叙事，而在叙述人的经历

① 基·瓦西列夫.情爱论[M].北京：生活·读书·新知三联书店，2001：5.

中，总会出现一个纯情女子形象，这个形象启迪着“我”久被封藏的良知：其或者与“我”有刻骨铭心的感情纠葛，或者与“我”短暂相逢惺惺相惜，但最终离“我”远去，随之而来的则是“我”深切地追念和不可复得的伤心。

小说多以顽主为主角，这一系列顽主形象和20世纪80年代“昂扬”的主流气质很不一样，他们大多没有工作，处于社会底层，缺乏教育，没有规矩。他们是极为普通的市井小民，可以是个体户、临时工、司机、刑满释放人员、复员军人，还可以是大学生，他们不愿意接受社会对他们的种种规范，他们追求一种全新的活法，他们从骨子里反叛虚伪。虽然处处和传统社会作对，可却是没有恶意的，虽然随波逐流，但也试图寻找生活的意义。

王朔塑造的顽主们出现于20世纪80年代至世纪之交。现代化带来的焦虑感让每个人都不知所措，各种思想鱼龙混杂。年轻人的迷茫与困惑根源于芜杂的时代，他们接受各种新鲜的观念，却无法从中找到确定的真理，信仰危机一次次爆发，最终他们选择用一种玩世不恭的态度生活，对待感情也是这样，在爱情里假不正经，游刃有余，仿佛唯有如此才能够逃避创造价值和意义的责任。顽主们的困境在于，他们能够嘲弄一切，可是无法摆脱清醒的痛苦，他们作为社会的边缘人物真实却又卑微地活着，到头来却被生活逼得走投无路。他们用荒诞的态度来解构这个世界，面对生活的不公也选择用自嘲的态度来面对。

他们将传统的爱情观彻底否定，无所谓爱情。所谓爱情对他们来说更像是一时的感觉，远比不上物质给他们的安全感。他们不受任何传统观念的束缚，明天对他们来说充满了不确定性，他们对自己的身份感到迷茫，对生活中所有不确定的东西感到本能的恐慌，这也包括爱情。于是他们选择为自己而活，追求当下的快乐，及时行乐是他们的爱情信条。

二、诚与真：纯情是寄托灵魂的温柔乡邦

虽然躲避崇高，但王朔却依然对爱情存有“幻想”。

“我作品中的人物都是精神流浪式的。这种人的精神也需要一个立足

点，他可以一天到晚胡说八道，但总得有一个时刻是真实的，我选择了爱情作为这个时刻，我不知道还能在什么时候更值得真实起来。你说在事业上真实？在理想上真实？这可有点不知所云。这是本能的选择。”①

王朔创作过很多纯情的言情小说，他在整理出版自选集的时候，还专门挑选了一些以爱情故事为题材的小说，编为《纯情卷》，可以说“纯情是王朔寄托灵魂的温柔乡邦”。他在《不是我一个跳蚤在跳》中写道：“尤其是那些言情小说，大部分是十几年前的作品，你可以看出来我写这些东西的时候还很纯洁。我的意思是说脑子还没有被各种激进或者错误的概念搞乱，还相信某些东西，还有人味儿。这些东西我再也写不出来了。”②可见他对“纯情与浪漫”的留恋，以《空中小姐》和《浮出海面》为例，试图分析王朔的纯情小说的特点。

《空中小姐》描写的是一个纯真梦幻的爱情故事，一个是海军复员军人，一个是空中小姐。威武英俊的军人自古就是纯情少女的偶像，而美丽迷人的空姐更是无数男性仰慕渴求的目标。“我”与女主人公阿眉的相识便带着些许的梦幻色彩，“我”在20岁的时候与13岁的阿眉相识。

“我站在舵房外面用望远镜细看那些无忧无虑、神情愉快的男男女女。一个穿着猩红色连衣裙的女孩醒目地出现在我的视野。她最热情洋溢，又笑又叫又招手，久久吸引住我的视线，直到客轮远远抛在后面。”③

这样的相遇有几分像“蓦然回首，那人却在灯火阑珊处”的诗意，于茫茫人海中相遇，一袭红裙便吸引了“我”全部的目光。后来“我”知道阿眉的全名叫作王眉，王眉在我们舰上吃过饭后回家，无奈呼啸的海漫上了公路，她吓坏了。

“我跑到堤上，一边冲入水里，一边大喊：‘紧跟我！’女孩笑逐颜开，模仿我无畏的姿势，勇敢地踩进水中。我们在水势汹涌的公路上兴高采烈地迅跑着。当踏上干燥的路面时，女孩像对待神一般崇拜地看着我。我那时的确也有些气度不凡：蓝白的披肩整个被风兜起，衬着堪称英武的

---

① 王朔．我是王朔[M]．北京：国际文化出版公司，1992.

② 王朔．王朔自选集[M]，昆明：云南人民出版社，2004:53.

③ 王朔．空中小姐[M]，北京：中国青年出版社，1988:70.

脸，海鸥围绕着我上下飞旋。恐怕那形象真有点叫人终身难忘呢……”①

或许那时的“我”只是留意到了王眉的存在，殊不知当“我”带着阿眉“乘风破浪”时，“我”威武的海军形象早已深深刻入了阿眉心中，这份爱的种子也在五年的书信往来中慢慢萌芽。

再次与阿眉相见，“我”的身份已经是一名“复员军人”，那时的“我”对未来迷茫无措，和社会格格不入，好像脱了节，而王眉是一名空中小姐，无论什么时刻在人群中都是耀眼的存在，

“我”不再是当年那个意气风发的水兵，现实的打击让“我”有些灰心丧气，但好在阿眉心中“我”还是像五年前一样帅气威武，正如“我”的反思中提到的：“她在爱中掺了过多的‘崇拜’。五年前的感受、经验，仍过多地影响着我们的关系。”撤去了浪漫主义的面纱，再热烈的爱恋也终究有被现实打败的一天。

在现实的交往中，阿眉也意识到“我”不再是她记忆中的“我”，但她却还是选择了妥协，她希望“我”仍像现在一样维持现状，即使她养着“我”也没关系。可是一味地妥协是不能填补两人间越扯越大的缝隙的，从一开始，这份爱情就不是对等的，身份的悬殊，社会地位的悬殊，性格的差异，注定他们是两个世界里的人。

就在“我”忍痛与阿眉分手之后，却得知了阿眉殉职的消息，仿佛晴天霹雳一般，泪水涌出“我”的眼睛。阿眉走后，“我”也仿佛行尸走肉一般，带着对阿眉深深的愧疚，“我”疯了似地向阿眉的同事寻求答案，她是否真的忘了“我”呢？从她同事那里“我”了解到，分手后的阿眉，不笑不闹，沉默寡言，她对“我”甚至还抱有着幻想。连她后来结交的男朋友沈同平告诉“我”，阿眉忘不了“我”，她仍旧爱着“我”。

阿眉对“我”的爱深沉而又纯粹，至死不渝，或许她爱的只是她理想中的那个“我”，也许连她自己也说不清楚，但是“我们”的爱情却是不掺杂丝毫杂质的，这也是王朔笔下罕见的纯真而又善良的爱情，或许王朔也明白这样的爱情太过于珍贵，于是便让它在毁灭中变成永恒。

---

① 王朔．空中小姐 [M]，北京：中国青年出版社，1988:95.

他爱情的认知在《浮出海面》中出现变化，主人公石岜仍是一个顽主，油腔滑调，玩世不恭，女主人公于晶对待爱情也是热烈而又投入的。这似乎与以往塑造的阿眉、杜梅这些爱情小说女主角有共同之处，但对比之后就会发现爱情在石岜和于晶之间，并没有那么伟大，他们谁也不会为对方改造自己，更不会在生死关头为对方付出生命。即使在恋爱中，他们仍旧保持清醒和理智。于晶问石岜："我可以为你而死，你能吗？"石岜正经地回答："不能！"于晶也反复申明自己的态度："我说过，你要对我说'拜拜'，我就对你说OK。"[①]他们对待爱情投入而又洒脱，热烈而又疏离，他们打破了传统爱情的种种枷锁，消解了沉重的意义负荷，让爱情变得轻松自在，并且始终保持自己的独立人格，这是难能可贵的。

王朔将爱情从空中拉到地面，拆下来那层神秘的面纱，告诉大家爱情也有瑕疵，于晶喜欢石岜只是因为："我喜欢你是因为和你在一起可以不谈人生大道理，我感到轻松。"[②]爱情绝不是只有激情构成，它是平淡生活中的鸡毛蒜皮。

三、动物凶猛到人性凶猛

《动物凶猛》在王朔的作品中有一个特殊的位置，在这篇作品之前，他作品中的人物，无论是《浮出海面》《空中小姐》《橡皮人》《一半是海水一半是火焰》塑造的外表无谓、内心柔情的浪荡子形象，还是《顽主》《千万别把我当人》《你不是一个俗人》里嬉皮笑脸的侃爷，都是带着些"孩子气"的反叛，他们是一群叛逆的"顽主"形象，但在《动物凶猛》之后，他不再肆无忌惮地标榜他的理想主义，而是以一种中年人的姿态回忆过去，他明白了青春的痕迹早已无处可寻。人过中年，快乐早已在他们麻木的面孔中荡然无存。就像他自己写的"年轻的时候认为有很多重要的在前面，只要不停地奔走就可以看到，走过来了发现重要的都在身后发生了，

---

① 王朔.浮出海面[J]，当代，1985，6:34.

② 王朔.浮出海面[J]，当代，1985，6:34.

已经过去了，再往前又是一片空白。”[①] 现实苟且，所以他更愿意在笔下的世界里追忆似水年华。

小说采用倒叙的手法，从主人公在车站和一位模糊的旧人偶然相遇而引发了“我”对过去的一系列回忆：“我”十五岁，厌学叛逆，深知自己的未来已被框定于固定的范畴内，所以一点也不担心自己的前程。“一切都无须争取，我只要等待，十八岁时自然会轮到我。”[②]“我”的世界里只剩下随处发泄的精力，四处寻找刺激的欲望，“我”在百无聊赖的时候养成了用钥匙偷开别人家锁的癖好，顺手拿走不超过十元以上的物品就像是一种兴趣爱好。一天“我”如同往常一样，撬开了一个房间的门锁，却迷恋上了房间主人“米兰”的照片，“我”想方设法结识了她，出于虚荣心，把她介绍给了大院里的兄弟们，却没想到米兰和高晋的关系远远超过了和“我”的关系，“我”嫉妒得发狂，为了发泄，千方百计地挑起事端，捉弄她，谩骂她，羞辱她，这种施虐的快感疯狂地吞噬了“我”，“我”仿佛变成一只原始的疯狂的野兽，这种浪漫的爱恋最终被无法控制的兽欲所吞噬，“我”把米兰强暴了……

“我”的“兽化”是随着感情的变化而最终爆发的，一开始“我”对米兰的迷恋是纯洁天真的。自从看到米兰的照片，“我”便一见钟情了，觉得她在一幅银框的有机玻璃相架内笑吟吟地看着我，香气从她那个方向的某个角落里溢放出来，那么鲜艳，那么美好。自从和米兰相识，“我”几乎天天都会去她家与她相会，并且把米兰的微笑当作她对“我”也深有好感。殊不知在米兰心里，她只是把“我”当作她的弟弟，但此时“我们”之间的情感还是真挚的，纯洁的。

之后“我”把当“顽主”作为自己的理想追求，青春期的“我”有着极其敏感的自尊心和极强的报复心理，“我”开始把米兰当作向哥们儿炫耀的资本，用以证明自己对异性的吸引力。玩世不恭的态度，无恶不作的反叛是我对顽主的模仿。

在这样两种价值观的摩擦下，“我”最终选择了向顽主妥协，“我”习

① 王朔．千万别把我当人 [M]. 昆明：云南人民出版社，2004:132.

② 王朔．动物凶猛 [M]. 北京：中国电影出版社，2004:46.

惯于从逻辑上贬斥与“我”奉行准则不同的人，藐视一切非我族类的蹊跷存在，总以为他们是不健全的、堕入乖戾的人。小说用了大量笔墨来描写“我”对米兰的蔑视心理和谩骂，是因为“我”认为米兰背叛了“我”，她辜负了“我”对她的纯真感情，“我”的自尊心不允许受到这样的侮辱，于是开始了疯狂的报复，最终“我”被嫉妒吞噬了，得不到的便要毁灭，之后更是以看待畜生一样的眼光看待女人，最终“我”甚至是“热血沸腾的”“表情异常庄严”地强暴了米兰，仿佛是在完成一项庄严的使命。

小说的结局是令人压抑的，有一种因为纯洁性的衰落而无法挽回的深深的失落感。

“也许那个夏天什么事也没发生。我看到了一个少女，产生了一些惊心动魄的想象。我在这里死去活来，她在那厢一无所知。后来她循着自己轨迹消失了，我为自己增添了一段不堪回首的经历，怎么办？这个以真诚的愿望开始述说的故事，经过我巨大、坚韧不拔的努力变成满纸谎言。我不再敢肯定哪些是真的、确曾发生过的，哪些又是假的、经过偷梁换柱或干脆是凭空捏造的。”①

残酷青春或许并不残酷，真正残酷的是青春终将远去，凶猛无迹可寻，自由也注定不再拥有，残酷的是人生有所时限，只能在乏味的现实中继续苟延残喘，除了记忆，他们还能做什么呢？

小说《动物凶猛》于1994年改编成电影《阳光灿烂的日子》并于同年上映，凭借此片，主角夏雨在第五十一届威尼斯国际电影节获最佳男演员奖，导演姜文也在第四十七届洛迦诺国际电影节之后声名鹊起。

电影《阳光灿烂的日子》较小说在情节上有所改编，最大的不同便是当主人公马小军想用“强暴”这种最拙劣无能的手段来宣泄自己的怨气时，米兰大喊着：“这样有什么意思”，马小军提着裤子落荒而逃，而小说里则是马小军完成了暴行之后，站在地上对米兰说：“你活该！”然后摔门而去。电影在此处情节的改编，或许是导演姜文对美好的最后一点怜悯。

电影里的情感似乎称不上爱情，马小军对米兰那场无疾而终的单恋，

---

① 王朔．动物凶猛[M]. 北京：中国电影出版社，2004:73.

以及米兰和刘忆苦还在暧昧期的情感萌芽阶段，似乎都无法称之为严格意义上的爱情，只不过是一段异样的情愫，一场无疾而终的单恋。

影片的色彩基调为暖色调，然而影片结尾却用黑白影像表现，黑白象征着马小军对米兰的爱情憧憬和少年时代的英雄梦想的彻底幻灭。马小军、刘忆苦等人虽坐在豪车里喝着名酒，却没有了曾经阳光灿烂的兄弟情谊，导演试图用这样的色调告诉观众，那些年少轻狂，阳光灿烂的日子早已变为过眼云烟，这是一首无声的青春壮歌。

在电影中曾有这么一段旁白让人印象深刻："那是我一生中最美好的一天，晨风的抚摸使我一阵阵起了鸡皮疙瘩，周身发麻。我还记得有股烧荒草的味道特别好闻，可是大夏天哪来的荒草呢？但无论怎样，记忆中那年夏天发生的事，总是伴随着那么一股烧荒草的味。"青春就如同是记忆中一段烧荒草的往事，它燃烧时凶猛热烈，燃尽时，随风飘散。

四、才子佳人戏里的情感天平

在才子佳人小说中，佳人成为男子择偶的争夺目标，男子以能得到佳人为荣，男人为女人而战、而丧命，美人成为一种特殊的财富。上古时代的三位美女妹喜、苏妲己、褒姒都是作为战利品来到君王身边的。美女配英雄，遂成为中国文学作品中的一种情结。

《楚辞·天问》："帝降夷羿，革孽下民，胡射夫河伯而妻彼雒嫔？"讲的就是洛神看上了羿的神勇与本领，竟然来到羿的梦中，与他交欢寻乐。这一神话发展为美女嫁英雄的故事。最为有名的就是尧之女娥皇、女英共嫁舜的故事。二女对丈夫情感，忠贞专一，已为后世文人反复咏颂。《水经注：湘水》曰："湖水西流，经二妃庙南，世谓之黄陵庙也。言大舜之陟方也。二妃从征，溺于湘江，神游洞太庭之渊，出入潇湘之浦，二女以情殉夫，也对后世爱情文学产生了深远的影响。娥皇、女英，佳人也；舜，英雄也。二女共事一夫，舜之兄弟象播乱其间，企图谋害舜，将二女据为己有"。这可以说是才子佳人小说的情节原型。此情节模式在后世文学作品中逐步演化。

解构王朔的小说，他的言情小说中的人物形象也多是英雄美女、才子佳人的模式，如《空中小姐》中的王眉和《一半是火焰，一半是海水》中的吴迪，她们都具有古典佳人的气质，她们都受过高等教育，温柔、纯情，对爱情真挚而又忠诚，向往平静和睦的家庭生活，完全符合传统的佳人形象，而王朔对于“英雄”形象虽然有所颠覆 但仍逃不脱这一模式。《空中小姐》中的“我”转业后放荡不羁，日渐消沉，不思进取。《一半是火焰，一半是海水》中的“我”更是一个坑蒙拐骗，违法犯罪的彻头彻尾的浪荡子形象。这一系列的言情小说的男主人公形象，完全背离了古典才子应有的气质，王朔将顽主形象替换了才子形象，在女主人公的心目里，他们反而是敢于蔑视社会传统的英雄人物。他们与时代的格格不入反而拥有了不愿随波逐流的独特意义，在女主人公心目中具有了英雄色彩。

在中国古典小说中，才子往往是一种社会价值和人生理想的象征。才子抱得美人归，就意味着对这种社会价值和人生理想的肯定。王朔故事中的女性更像是作为一种“价值尺度”或“工具”出现，她们不过是表达他男性写作视野的空洞符号，依附于男性，点缀装饰着男性形象。有人说：

“王朔小说中的女性形象，基本上都是男人眼中的女人，而非文学史中那些洞察人情世故的大作家如列夫·托尔斯泰、罗曼·罗兰以及迄今健在的木兰·昆德拉笔下那种人性展示至为丰满的、文学中的女人。”①

因此可以说在男性写作的视野中，“女人，你的名字是弱者”。她们无论是传统还是 反传统都义无反顾地走上了男人为她们铺就的感情不归路，她们在现代的外衣下重复着几千年来妇女们的老路，她们用“爱”滋养了并不值得她们为之付出的男人，最后使自己的生命萎缩。可以说在通过女性描写达到对人性的深入挖掘方面，小说不但没有向前跨越一步，而是在进一步重复陈旧的模式，这是王朔作品中一道冲不破的藩篱。

① 朱大可．十作家批判书［M］．西安：陕西师范大学出版社，1999:5.

五、绑有荆条的爱情胴体

回首爱情主题在文学中的发展历程，民主自由这些社会思潮常常伴随着爱情自由、婚姻自由，因此爱情问题实质上是一个反封建的政治问题之一。

表 1-2　爱情主题在文学中的发展历程

爱情	传统文学	民国文学	新中国成立初期文学	新时期文学	“下半身”写作	网络文学
身体观	德性身体，礼仪身体	我是我自己	精神的狂欢	我的身体我做主	性的狂想与追逐	肉欲的狂欢与柏拉图式爱恋
婚恋观	合二性之好，上以事宗庙，下以继后世	媒妁之言，门当户对	浓厚政治性色彩	自由婚姻万岁！	欲望至上	开放包容

古典文学对爱情的描述语言委婉，格调高雅。新中国成立初期文学在特定的政治历史语境下，“阶级论”的既定意识形态对该时期小说中的个人化、私密性的爱情描述进行了抑制与改写，爱情结局变得模式化、公式化，“团圆”“分离”“死亡”成为新中国成立初期文学中爱情结局的主要模式。2000 年出现于中国当代诗坛的“下半身”写作，其初衷是为了追求身体的自由，但在具体的诗歌创作中却陷入了“唯肉体”的低级情欲的尴尬困境。随着网络技术的成熟与普及，网络文学对爱情的表现也进入前所未有的自由时期，表现出躲避崇高、发泄欲望的娱乐化、游戏化的倾向，对传统爱情婚姻模式的颠覆与解构，在网络文学欲望狂欢之后又再次引起我们对爱情的理性思考。

因时而异，不同历史时代，爱情在文学作品中的呈现如万花筒般缤纷绚烂。同样，站在不同的主观视角，爱情主题也因性而别。随着女性文学的渐渐兴起，在女性作家的作品中，爱情主题占了很大的部分，许多女作家一生都在两性话题中创作，将爱情主题作为首选。从封建时代的才女到 20 世纪“五四”时期的冰心、庐隐、石评梅，三四十年代的丁玲、萧红、张爱玲，再到改革开放以来的女作家，爱情主题一直是她们创作的重点，新中国成立初期文学，爱情题材模式化。在新时期之初，张洁的《爱，是不能忘记的》，张抗抗的《爱的权利》等作品又重新打破爱情禁区。这一批优秀的女性作家积极地表达了女性对爱情的诉求，她们注重自我内心感受，向往纯洁之爱，渴望地位平等，对传统的男权发出了勇敢的呐喊。

情不知所起，一往而情深。古往今来，没有人能说清楚爱情到底是个什么玩意儿，所幸我们还可以用文字想象，在瀚如烟海的文学作品中得以一窥爱情的模样。

第四章　传单与公共空间

公园相亲角流转的“爱情摩尔斯”

2010年火遍全国的电视节目《非诚勿扰》的一句话成为流行语，“宁在宝马车上哭，不在自行车上笑”。说这句话的女嘉宾马诺受到网民的炮轰，甚至有一位男嘉宾一上台便以居高临下的姿态怒怼马诺。在这位男嘉宾因24盏灯全灭下台后，乐嘉对他说：“你做了英雄，但是你同时也牺牲了。”

反观现实，一些在斥责马诺“拜金”的“英雄们”却在民间话语体系里同样真实地表现了类似的渴望。

“有房吗？在哪里？多少平？”

“是广州户口吗？哪个区的？”

“在哪上班？是国企吗？有没有编制？”

……

在广州天河公园相亲角，雷同的谈话内容在每周末下午2点至5点间重复上演。

公园相亲角可以说是中国社会最有创意的“发明”之一。几乎没有哪个国家的父母如此这般，为了子女婚姻问题着急上火，聚集于公共场所，通过摆摊设点展示子女的条件和对相亲对象的要求，试图为儿女寻找满意的另一半。

“相亲”这种传统的形式为何能在现代城市公园复苏？在这里体现了大众百姓对于婚姻怎样的态度？我们试图对广州天河公园相亲角进行探访，从中拼凑出答案。

一、天河公园：广州“自发相亲”者的重要据点

相亲角位于天河公园一处小山坡的半腰上。在山腰小道两旁的绳子上，密密麻麻地挂着上千份相亲者的简历。树上挂满了，就挨排整齐地摆放在地上。有人打趣说，若是一个外国人来这，甚至会以为这是大型的“人口贩卖”现场。

这个相亲角最早于2013年由一对热心老夫妇组织，随后逐渐壮大，成立了“天河红娘志愿者团队”，主要成员都是五六十岁的阿姨，利用闲暇时间为相亲会做志愿服务。此外，陆续也有很多老人自发组成团队来天河公园张贴相亲牌。在交谈中，我们得知，他们做志愿者的初衷也是为了给自己的孩子寻觅姻缘。

现场相亲角的主要运作模式是志愿者根据相亲者家长或本人提供的真实身份证信息，填写相亲牌悬挂在树上。相亲牌的主要内容包括性别、年龄、学历、身高、职业、户籍、房产、婚姻状况、联系方式等，极少数还会贴上自己的照片。若相亲牌上的信息基本符合择偶标准，家长或者单身青年本人便会联系相亲牌上提供的电话号码或微信号，进一步深入交流。当然，相亲牌上的联系方式也基本都是家长的。

根据我们在天河公园收集到的537份相亲牌信息样本统计，可以得到一些耐人寻味发现。

从文化程度来看，主要以高学历人口居多。逾七成的相亲者学历在本科及以上。在收入水平上，中等收入人群居多。逾四成相亲者的年收入在8万—12万之间，年收入在8万元以下的仅占17%。（当然，不排除在相亲牌的收入状况存在虚报的可能。）从男女性别上来说，女性相亲者的数量为男性的两倍。

在相亲角，一个完整的择偶步骤大概是：首先，快速筛选，主要是查看现场摆好的简历或观察其他人群中的家长，做出预判。其次，建立联系，此阶段主要是选择简历中子女条件满足预期且在现场合眼缘的对方父母，主动前去攀谈。再次，加深了解，此过程中基本属于沟通基本情况，且两方父母通常会把随身携带的孩子真实照片进行互换，如果觉得条件基

本符合就互换联系方式，主要是微信号等社交账号。最后，便是回家征求孩子意见，未婚子女最终决定是否与择偶对象见面以及两人未来的发展。

随着互联网的发展，微信群成为公园相亲模式的新“战场”。

在现场，随处都可以看到各种类型的相亲微信群的二维码。家长或者本人都可以根据自身实际情况，选择扫码入群。

群内，群友个人名片被要求修改为“性别 + 出生年份 + 身高 + 学历 + 工作”的形式，如“独女 94 年未婚 168 硕士国企”。在正式入群后，大家都会编辑一段文字介绍子女或本人情况发到群里面，如有意向就私聊联系。

出于好奇，我们加入了“千里姻缘一线牵 22 群”，群内成员分工明确。有工程师为群设计二维码相亲表，还有以“钟老师”为首的整个义务服务体系，更有以“红柳”为代表的群体，在业余生活中主动向周围人介绍该群，拉入有需求的新成员，为群提高知名度立下功劳。而这些服务都是免费的，是不少退休父母自发响应成立的，目的就是提供场合促成青年人的婚姻。

如今，天河公园已成为广州相亲会的一个代名词。除了广州当地的老人前来参与活动外，也有不少佛山、肇庆等周边城市的家长专程赶来为孩子寻觅姻缘。

替儿子相亲的费阿姨便专程从肇庆赶来。费阿姨直言，“不过，我们这肇庆户口的，在这也不好找。”

二、公园相亲角缘何流行?

相亲角作为一种城市青年的特殊择偶形态，体现了如今城市青年择偶困境。

在绵延数千年的传统中国，繁衍男性子嗣成为婚姻最主要的目的。《礼记 · 昏义》中记载：“昏礼者，将合二姓之好，上以事宗庙，而下以继后世也，故君子重之。”此外，婚姻作为人伦之始，还被儒家赋予了稳定社会的政治功能。既然婚姻与情感无关，“父母之命，媒妁之言”的择偶观便也顺理成章。

此后，五四运动将现代婚恋观引入传统中国，“出走的娜拉”唤起了小部分女性们的自我觉醒。1950 年 5 月 1 日，作为新中国成立后颁布的第一部具有基本法性质的《婚姻法》颁布。从此，越来越多的适龄青年纷纷冲破旧式包办、买卖婚姻的牢笼，经由自由恋爱走进婚姻殿堂。

改革开放以来，人们的婚恋观日益多元化，婚恋自主性也大大加强。然而，进入 21 世纪，父母介入子女婚姻却又成潮流之势。

2016 年，东方卫视甚至推出了“家长相亲”的电视版——《中国式相亲》。节目中，负责“催婚”的父母首次走向台前，“待娶待嫁”的子女坐在后台观察，主持人金星则担任红娘的角色，为父母、子女间的意见互通搭建一个过渡的桥梁。父母坐在前台争抢心仪对象，子女坐在后台，看父母与嘉宾互动。“手冷的姑娘宫寒不能要”“单亲家庭的孩子往往不太好”“好看的脸蛋不出大米”等言论引发网络社交媒体热议。

按理说，现代城市的兴起打破了费孝通先生所谓的传统中国社会的“差序格局”，使人口得到流动越来越频繁，城市青年的交往范围和频率不断提高，那么势必能够使得青年人在婚恋上有更多的自主权，远离旧有社会的包办婚姻。

然而，这样一种延续“父母之命，媒妁之言”思想的相亲活动在提倡思想解放、婚姻自由的 21 世纪已然成为中国的一种婚恋“奇观”。

在实地探访相亲角以前，我们怀着一种预设的偏见，试图去挖掘两代人之间的矛盾分歧，寻找戏剧化的冲突点。

“您过来相亲角，您的孩子知道吗？他支持您吗？是否因为这个事儿发生过争吵？”对于每位相亲者，我们都会提出这样的问题。

虽然也有一两位阿姨告诉我们，“孩子不知道啊，我偷偷过来的。要他知道干什么？”但绝大多数的回答都是：“孩子知道啊。他们也认同了，我们看到有合适的就带回去给孩子看。”“他（孩子）也不说我们什么，到了这个年纪，他自己也急啊，我们父母能帮他看看也好啊。”

当我们走进这里时才发现，相亲角的父母与孩子的关系并非完全对立。相亲角的繁荣，不如说是双方之间的一种“共谋”。

“80 后”的父母辈如今大概五六十岁的年纪，他们年轻时适逢计划经济，房子国家分，孩子还能带到职工托儿所，那会儿他们可以全不靠父母。而离开了父母支持的“80后”似乎有些寸步难行。随着市场经济的迅猛发展，城市高昂的房价与婚姻成本都成了初入社会的年轻人“不能承受的生命之重”。试想，在如今的“80后”群体中，是谁在为他们掏钱付首付？谁在张罗婚宴？谁在帮忙带孩子、包揽家务？由父母买单的婚姻，自然在子女的配偶选择上有了更多的话语权。

同时，“80后”也是第一代独生子女。1982年9月，中共十二大将计划生育确定为基本国策，同年12月写入宪法。在我们对现场349份现场相亲牌数据的调查中，近三成相亲牌都特意将“独生子女”这一项加入“备注”一栏看来。这样一份父母独宠的爱，成了婚姻中极有分量的筹码。而对于父母来说，独生子女也是其老去之后唯一的依靠。为独生的孩子挑选自己中意的配偶，也相当于为自己的未来养老上了一份“保险”。

子女依赖于父母当下的物质保障，父母则将老去的自己寄希望于孩子。这个稳固的“相亲联盟”为公园相亲的流行提供了稳固的基础。

三、作为谈资的物质

谈论婚姻时，我们在谈什么？曾几何时，房子、户口、车子这样的财富标签成了不少父母眼中的“婚姻保障”，它就像一把标尺，丈量了一个人的价值。

当今人类社会还没有走出“物的依赖性”这一历史阶段，人们通过消费商品、占有商品来达到自我认同或是社会的认同，对物的占有和消费就成为人的一种存在方式。在相亲角对于物品的占有率的表述更是直白，房屋平方米数、薪水如何、车子品牌等很直接体现在简历中。一张张简历看似是在表述自己的情况，但实则暗含着一条条的“鄙视链”。当你不知道自己处于社会什么位置时，来到相亲角，你会迅速获知在这种评价体系下你的价值，自己在别人眼中是什么位置。

为了怕自家孩子吃亏？更多相亲角家长更偏向让孩子在“阶层内婚”，相亲角所有的筛选都是为了平衡，为了门当户对，这种观念在相亲角得到了放大。在现场的多位家长表示，在靠奋斗实现向上流动的几乎越来越小的现实情况下，选择门当户对或者找比自己更高阶层的人联姻，能够一定程度保自家孩子阶层下滑，婚后日子变差。家长们潜意识里判定如果两个阶层不同的人结婚，结果不是低阶层的人通过婚姻实现了阶层上升，就是高阶层的人经过婚姻造成了阶层下滑，这是很多父母怕孩子在婚姻上吃亏的根源所在。①

的确“阶层内婚”有一定合理性，能适当规避婚姻风险，马克思·韦伯曾经用三项指标划分社会层次结构：财富，声望和权力，并且认为同一等级的社会成员具有相似的满足自身物质需要的能力，社会成员总是倾向于同自己生活方式相似的人交往。②在现场的肖女士就谈及“孩子如果单靠眼前热恋冲昏头而不去考虑现实条件，那么很可能两人也过不长久，周围朋友家小孩就有这种例子。毕竟日子要落到柴米油盐酱醋茶这种生活琐事上，由于经济条件的不同，资源接触、眼界、观念等方面做到契合是很难的。我们筛选条件也是为了能减少这种问题产生”。同样美国社会学家布劳认为，成员异质越大，妨碍交往的障碍越多。③虽然异质不同不能完全归结于物质的不对等，但相亲角的大部分父母还是以此为重要指标来筛选择偶对象。④

四、爱情是“我们愿意就好”

当代很多青年与父母对于婚姻的看法是有冲突的。对于另一半，父母更愿意以生活经验来筛选，而子女更愿意以恋爱期的感受来做判断。这两者时常产生差异。

我们经常在网络上看到这些发问“婚姻是生活的刚需品么？有婚姻就能保证人生幸福么？我们到底要不要按照父母的心意来选择另一半？父母不同意我们结婚怎么办？”红楼梦中的尤三姐或许早已说出不少年轻人的心声：“终身大事，一生至一死，非同儿戏。我如今改过守分，只要我拣一

---

① 原上草．中国式相亲鄙视链：是门当户对还是利益交换？[J]．黄金时代，2017（09）：54-56.

② 原上草．中国式相亲鄙视链：是门当户对还是利益交换？[J]．黄金时代，2017（09）：54-56.

③ 彼特·布劳．《不平等和异质性》．谢圣赞译，北京：中国社会科学出版社，1991，第118页．

④ 马克思·韦伯．《非正当性的支配——城市的类型学》．康乐、简惠美译．广西：广西师范大学出版社，2005，第80页．

个素日可心如意的人，方跟他去。若凭你们拣择，虽是富比石崇，才过子建，貌比潘安的，我心里进不去，也白过了一世。”

什么才是未婚青年群体看重的？通过分析收集到的简历，我们总结出以下择偶标准：

表 1–3　择偶标准分析一览

择偶标准	选定人数比例	排列次序
有眼缘	87.30	1
人品与性格	84.40	2
物质条件好、注重职业、车房、薪资	80.20	3
年龄范围	76.70	4
聪明，有学历和能力	69.50	5
身高要求	45.20	6
有理想抱负、事业心强	43.80	7
兴趣、爱好一致	33.60	8
身材外貌好	13.80	9

未婚青年把眼缘、个人感觉排在了首位。这是一种很难用特定词汇表达的情感，就像现场多位家长提出合眼缘才是最难达到的条件，也是门槛限制最高的条件，每个人都可能有属于自己的一份标准，也或许是长久以来不清楚自己想要什么的代名词，这种不可预知很大程度归结为感觉。很多情况下，在双方见面以失败告终时，也会归结为“感觉不对”来回应。

人品与性格排在了第二位，84.40% 的被调查者都有提到人品与性格，越来越多的人认为，人品与性格才是两人能否长时间生活在一起的决定因素。

从 2013 年到 2016 年，我国办理结婚手续的人数逐年下降，与此同时办理离婚手续的人数逐年上升。新时代的人们自我意识越来越强，强调注重个人感受，很难一味地迎合另一方。面对婚姻生活中的大大小小事情，双方如果经常因为性格等因素发生争执，会使得彼此感到疲惫，久而久之将可能走向离婚。这是导致离婚率上升的一个重要因素，也是中国人越来越追求高质量婚姻的另一种体现。为了减少离婚这种情况的产生的可能性，越来越多人关注人品与性格。

年龄范围排在了第四位，在相亲牌中，一般都有标注可接受对方的年龄差。有学者就理想结婚年龄做过大规模问卷调查，结果显示根据受访青年的选择情况来看，六成左右的人认为理想的结婚年龄在 26 岁 –30 岁。

有趣的是，根据我们在相亲角统计的数据显示，同一年龄段的大多男性的综合质量不如女孩，所谓综合条件好一点的男孩子的比例很少，那么能与之匹配的男方去了哪里？一般情况下，白领男士在有了比较殷实的经济基础之后，在择偶时主要考虑的不是女方的经济情况，而是把相貌和年龄放在了首位，他们倾向于选择 25 岁以下，年轻漂亮的女孩作为结婚对象，而一般的白领女性年龄都在 30 岁上下浮动，这样一来，就不会列入白领男士的追求范围之内了。因此，白领女性的择偶要求和白领男性的择偶要求之间其实出现了一个落差，正是这个落差造成了大量白领女性仍待嫁闺中。

身材、外貌好的要求排在了最后一位，面对婚姻时，外形条件没有我们之前预想的那么重要，就像网友表示的“长得好能当饭吃么？”“对于婚姻而言，三观大于五官”。通过统计显示，对此项要求上，男士的数量大于女士。

在对婚姻的看法上，不乏大龄女性表示，不愿为了结婚而结婚，婚姻也不是带来安全感的必需品。

这种思想与我们的时代发展是分不开的。西蒙娜·德·波伏娃在《第二性》中谈到，“女人不是天生的”，“第二性”更多的是社会文化建构的观念和产物。在现代社会由于文化知识、财力收入、职业等社会资本的积累，使得她们可以摆脱传统婚姻中对于女性的建构。以前女孩子要靠着男孩子生活，现在女孩子经济独立，不需要依靠男方就可以满足自己养活自己的目标，满足日常自我开销，并不把婚姻想成刚需性条件，有时虽然没有婚姻，但是并不为此感到烦恼。有就有，没有就算了，秉持着宁缺毋滥的态度，不再屈服于经济的或者是子女的目的，更多考虑到自我认知，自我去寻找适合自己的生活伴侣。就像三毛说过：“如果我不爱他，他是百万富翁我也不嫁；如果我爱他，千万富翁也嫁。”不过这之中当然也有这种情况，那就是真正迫使家长着急的是那个为了摆脱单身忧虑而故作潇洒的你。

五、相亲角只是为了相亲？

笔者在天河公园相亲角进行了实地考察，对众多相亲简历进行收集，总共收集简历 544 份，其中排除残缺、信息模糊不清楚的简历外，实际采用 537 份，通过分析得出具体情况如下：

从年龄层次看，以大龄未婚青年为主。25 岁 – 34 岁单身青年占 48.3%，占比最大；35 岁 – 44 岁的单身青年占 43.4%；45 岁以上占 4.1%。从性别来看，相亲资料女方多于男方，女方占比 61.4%，男方占比 38.6%。

从文化程度来看，主要为高学历人口居多。72% 以上的未婚人士学历为本科及以上，占比大，大部分人在追求学历以及学习的路上已经错过了适婚的最佳年龄，导致毕业后又面临工作，故婚姻推迟。学历相对较低群体，进入社会生活早，生活状态趋于稳定，因此结婚也相对较早。

从收入水平看，中等收入人群居多。年收入在 8 万到 12 万元之间的占比 43.4%，在 8 万元以下有 17%，在 12 万到 20 万元之间的占比 23.7%，20 万元以上的占比 15.9%。

在与志愿者团队成员聊天时，我们了解到，在相亲角找到合适配对的概率微乎其微。

志愿者团队发起人钟阿姨已经在此做志愿 5 年，而她的初衷便是为了给自己的女儿相亲。“来这儿 5 年了，还是没有找到合适的。有什么办法呢？”就钟阿姨明确知道已经配对成功，一双手也能数得过来。

“天河红娘志愿者团队”的志愿者 W 已经参与相亲角 2 年多，他能明确已经成功的只有一对。

如此看来，公园相亲可以说是一种十分低效的相亲模式了。即便如此，每周末还是有大批的父母前来，甚至一来便是几年。同时，我们也注意到，来的老人中也有一些围观者——他们并没有为孩子相亲的“使命”。这些老人带上了瓜子与茶杯，与眼熟的老人们互相打招呼，坐在边上的石椅上，一有人来便聊得热火朝天。

相亲角，或许不仅仅承担着为相亲的任务，它还是老年人都市生活中的“公共领域”。

地处广州市中心的天河公园相亲角、位于寸土寸金的南京路的上海人民广场相亲角、与故宫仅有一墙之隔的北京中山公园相亲角……无一例外，相亲角都位于城市闹市区的僻静一隅，这样的地理位置为老人们赶来提供了便利。也似乎只有以“相亲”为主题的活动才能够在市区举行定期大规模聚会。

“我来这里也没别的，就来遛遛。我们家孩子的婚姻问题也不用我们操心。就是在家闷得慌，这里人也挺多的，过来走走。”当我们问起一位健谈的老人为什么每周都来相亲角时，他如是回答。

一位阿姨在聊天的时候说，“我女儿默许我来相亲角帮她物色对象，也是觉得我没事多出来逛逛，跟人聊聊天也挺好的。反正我天天在家也没事儿。”看来，儿女也有自己的“小算盘”。

可以说，相亲角为城市的退休老人提供了一个互相交流的场所，使他们得到了可以说话的空间。如此看来，除了相亲以外，相亲角为一个城市的文化建设、提升城市居民的幸福度也起到了良好的作用。

公园相亲角为我们审视当代中国都市青年婚姻问题提供了一个独特的视角。作为由一个民间话语构成的场域，这里能够更加真实地反映人们对婚姻的真实诉求。借由相亲角的组织状况以及父母与子女两代人之间的不同婚恋观对比，我们希望能从中窥见转型时期中国的社会变化与发展。

第五章　来自底层的仰望

中西方经典民间爱情故事里的择偶观念

婚姻是社会上几乎每个人都在追求的美好事物。择偶观作为步入婚姻殿堂的基础，极易受到外部社会环境的影响或制约。爱情亦是文学作品中一个常见的主题，几乎每个人在成长过程中都会接触到中国和西方国家的经典民间爱情故事。这些中西方爱情故事在熏陶着读者的同时，亦对读者在形成其择偶观的过程中扮演着举足轻重的作用。同时，这些作品亦能反映当时社会的背景文化。自古至今，择偶历来是人生不可缺少的重要一步，目前更是成为了学术界的一大热点。然而，中西方经典民间爱情故事在以往学术界的研究中并没有充分涉及。

关于中西方民间爱情故事和人物类型，以往学术界的研究普遍认为被奉为爱情经典的“灰姑娘”故事在西方社会似乎已经成为一种不了的情结[①]，“灰姑娘”已经成为一个文学典范，被不断地模仿并搬上文学舞台。当下，人们也往往用“灰姑娘”这个词去形容那些勤劳勇敢、心地善良、性格坚毅的女子凭借着自己的人格魅力嫁给白马王子、麻雀变凤凰的故事。相比之下，中国古代社会是一个典型的“大男子主义”的男权社会，然而在中国的爱情文学作品中，却鲜有“小鸟依人”的“灰姑娘”和为心爱的女子遮风避雨的“大男子”，取而代之的是敢爱敢恨的女主人公和贫困潦倒的“灰公子”。唐代段成式的笔记小说《酉阳杂俎》中《叶限》的故事被认

① 张晓芳，曹志宏．西方社会的“灰姑娘”情结 [J]. 西安航空技术高等专科学校学报，2009：6.

为是为数不多的中国的“灰姑娘”型故事的代表，而该类故事并未在中国社会中广泛流传在简单地回顾西方民间经典爱情故事后会发现，西方经典民间爱情故事中的女主人公不仅包括“麻雀变凤凰”型的灰姑娘，也不乏如格林童话《白雪公主》和《青蛙王子》、安徒生童话《豌豆公主》以及希腊神话《美狄亚》中本身就生长在王宫的公主。同时，西方经典民间爱情故事中的女主人公还包括大家族的名媛后代，如《罗密欧与朱丽叶》中的朱丽叶。同时，西方经典民间爱情故事中的男主人公不仅包括王子或贵族后代，也包括希腊神话《美狄亚》中父亲的王位被夺走、境遇不佳的男主人公伊阿宋。这些故事中的女主人公并不是“灰姑娘”型。另一方面，在中国经典的民间爱情故事中，女主人公除了下到凡间的仙女或大户人家的小姐，也包括《秦香莲》中出身家贫的秦香莲和《杜十娘怒沉百宝箱》中的名妓杜十娘。同时，中国经典民间爱情故事中男主人公不仅包括出身贫困的农民或书生，也包括《孔雀东南飞》中的庐江小吏焦仲卿。这些故事中的男主人公并不是“灰公子”型。由此可见，以往学术界的研究将中西方爱情故事中的男女主人公或故事类型简单地划分为“灰姑娘”和“灰公子”的局限性。

针对“灰姑娘”的西方经典爱情故事，以往的研究普遍认为这体现了西方社会地位低下的阶层与上层阶层之间的矛盾以及男权思想受崇，女性在社会、经济地位无法独立的情况下只能被动地将希望寄托在婚姻上、通过爱情迫切要求改变自身地位的人生理想的心理①，男女矛盾和阶级冲突最终在爱情的名义下得以象征性的调和；针对“灰公子”型的中国经典民间爱情故事，以往的研究成果通常认为“灰公子”是中国古代下层社会具有“灰姑娘”情结的“穷书生”，他们往往期望通过婚姻和爱情来巩固自己的地位，获得机会提高自己的综合条件，尤其是仕途，对婚姻怀有一种经济上的、物质上的期待。“灰公子”型爱情故事反映了在讲究门当户对的封建社会中国古代劳动人民的美好愿望：一个勤劳、善良、忠贞、有情的男人，应该有一个美丽、善良、聪明的妻子爱他，不管这个妻子多么有背

① 张晓芳，曹志宏．西方社会的“灰姑娘”情结 [J]. 西安航空技术高等专科学校学报，2009：6.

景，这个男人都配得上她。这种淳朴的思想至今仍然为人们所津津乐道[①]。

然而，鲜有研究从择偶理论的角度去考查这些爱情故事是否符合择偶理论、、在当今社会对人们的择偶观的影响。比如，“灰姑娘”型故事虽然反映了阶级冲突和男女矛盾，但灰姑娘寻求综合条件较高的王子、王子拯救落难的公主并与公主结合是否符合择偶理论？“灰公子”型的故事虽然反映了古代劳动人民的美好愿望，但贫困的书生或农民配仙女或富家小姐的美好愿望是否现实、是否符合择偶理论？原本清贫的男主人公努力提升自己，最终获得了家境富裕的女主人公的父母的首肯或女主人公的芳心进而与之结合，这反映了什么样的择偶规则？原本社会地位低下的男主人公为了飞黄腾达而抛弃了糟糠之妻成为负心汉，这些令人唏嘘的故事又反映了什么样的择偶规则？为了自由恋爱不顾家庭反对甚至殉情、化蝶的壮美爱情虽然可歌可泣，但缺少父母支持的婚恋是否符合择偶理论？这些符合和不符合择偶理论的中西方经典民间爱情故事对人们的择偶观会带来什么启发、造成什么影响？此类问题非常值得深入研究。

在此，从择偶理论的角度审视中西方经典民间爱情故事。基于择偶交换理论、择偶梯度理论、同类匹配理论和父母偶像理论，分析中西方经典民间爱情故事与择偶理论的契合与错位之处，揭示中西方经典民间爱情故事所反映的择偶规则及其对人们的择偶观的影响，为当下中国社会的青年男女形成正确的择偶观提供一定的借鉴和启示，以促进家庭幸福与社会和谐。

一、中西方经典民间爱情故事

文化就是以文来教化人，这既符合我们“以人为本”的建设理念，而且也能够更加丰富和谐社会的内涵。所以我们应该始终坚持“文化育思想”的发展理念。民间故事是文化的一个重要组成部分，是由无数代人的收集和整理而成的，也是劳动人民智慧的结晶。民间故事诞生于各民族的现实生活中，并经过几千年口耳相传，逐渐成形，如同繁星闪耀古今。作

---

① 张春梅.“灰公子”——中国民间故事中的修辞原型 [J]. 濮阳职业技术学院学报，2007:3.

为“非物质文化遗产”的重要组成部分，对延续民族历史，传承民族文明发挥着一定的作用。

从民间故事所包括的内容来看，其广义为那些由人民群众所创作的富含神话传说色彩的，从日常生活取材的民间文学；其狭义概念就是除了神话故事之外的，注重描写人民生活的具有幻想性和现实性的散文类作品[①]。从上面的定义能够看到，不管狭义还是广义基本上都认为民间故事取材于日常生活，描写的都是现实中有血有肉的人。民间故事的形式多种多样，从用途上来看有生活故事和民间笑话，从描写对象来看，有寓言故事，有童话等等[②]。本文所研究的民间故事是广义的范畴。在研究它的过程中对其特征进行了如下总结：语言贴近现实，文章同读者距离较近；情节取材于现实，又有作者的主观想象；传播方式多是口头传播，而且在口头传播当中逐渐的丰富故事的内容；民间故事中的修辞多采用象征和夸张，但都无法脱离生活实际[③]。可以看出，民间故事具有很高的文学价值，人们也容易从民间故事中受到熏陶和感染，所以它既集中体现了民族审美意识，又蕴含了民族心理和文化心理的双重价值取向[④]。

爱情作为中外文学中经久不衰的话题，在中西方民间故事中占据着重要地位。在爱情故事中能够引导故事发展的就是爱情冲突，这也是贯穿故事全局的线。这些故事就是围绕着青年男女的“爱情”来进行诉说。基本逻辑就是男女之间由于某种原因而产生的暧昧，在发展一段时间之后结成了如今的“爱情”[⑤]。中国和西方国家都有许多脍炙人口的民间爱情故事。我国的四大民间爱情传说《孟姜女哭长城》《白蛇传》《牛郎织女》《梁山伯与祝英台》和我国古代最优秀的民间叙事诗《孔雀东南飞》、神话故事《董永与七仙女》、福建省福州市汉族民间传说故事《田螺姑娘》、又称《劈山救母》的中国 古代神话传说《宝莲灯》、民间传说《西厢记》《薛平贵与王宝钏》和《杜十娘怒沉百宝箱》等爱情故事在我国民间可谓家喻户晓。而西

① 杜兆娟，粟斌．民间故事与儿童写作教学 [J]. 西昌学院学报（社会科学版），2010:3.
② 万建中．民间文学引论 [M]. 北京：北京大学出版社，2006:192.
③ 杜兆娟，粟斌．民间故事与儿童写作教学 [J]. 西昌学院学报（社会科学版），2010:3.
④ 田 娟．中国民间故事“灰姑娘”的文化解读 [J]. 科教文汇（中旬刊），2009:2.
⑤ 宋家宏．试论民间爱情故事的起源及发展 [J]，昭通师专学报，1985:2.

方的经典民间爱情故事，如格林童话《灰姑娘》《白雪公主》《青蛙王子》和《睡美人》、安徒生童话《豌豆公主》，除了这些之外，还有享誉世界的爱情悲剧《罗密欧与朱丽叶》，它就是取材于意大利民间的真实故事，然后再经过文学润色之后写成的[①]，希腊神话《美狄亚》也在千百年来经久不衰。

二、择偶理论

选择配偶的简称就是我们要讨论的“择偶”，这是一种以结婚为目的的，在当事人主观意愿之下完成的爱情选择。不过这种爱情选择还会受到一定客观因素的困扰，比如双方的社会地位和家庭背景、价值观念、文化习俗等等。关于择偶问题，代表性的理论有择偶交换理论、同类匹配理论、择偶梯度理论和父母偶像理论。本文将基于这四个择偶理论分析中西方经典民间爱情故事。

1. 择偶交换理论。正如社会学家费孝通老先生所言：“婚姻是社会的。”[②] 从社会交换理论来看待这句话就会发现：社交其实就是资源交换的过程，而每个人在社交过程中都会从自身利益得失出发来考虑这种事是否平衡。择偶也是一种交换行为，是在各自方面发生的彼此获得与给予的交易。正如在电视剧《北京爱情故事》中，程峰的爸爸说的那段刺耳而真实的话：“人这一辈子，说穿了，就是在不停地做着各种交易。人生在世，交易二字，就算是爱情、婚姻，这些听起来很美的词，其本质也许就是一种交易。除了血缘亲情由天注定以外，人与人的任何关系，其实都是各种利益相互需要、相互平衡、相互制约的产物。”而择偶交换理论正是在社会交换理论同家庭研究结合之后的产物。在该理论当中，有一个最基本的前提条件：两个当事人都是能够严格控制自己行为的理性人，而两者之间的爱慕程度则是由双方从彼此得到的资源数量决定的。从恋爱到婚姻的过程其实就是双方交换资源的过程，而交换的目的就是希望得到同等或最大限度的回报。只不过这种交换在双方交往过程中是无形的。其实，由于思维

① 徐红艳，马蕊，张小倩．中西方爱情绝唱的对比研究——〈梁山伯与祝英台〉与〈罗密欧与朱丽叶〉异同之处 [J]. 山花，2010 :14 .

② 费孝通 . 乡土中国 [M]. 北京：人民出版社，2008:65.

的差异，男女在交换时的目的是不相同的，男性所希望得到的是女方的勤俭持家以及相貌；而女性则希望得到的是男方应有的经济能力和社会地位以及必要的内在素养。具体来说，男性在选择女性时考虑最多的是妻子的持家能力和外在；而女性在选择丈夫人选时则看中的是丈夫的社会属性和社会能力①。从这种带有目的性的择偶理论我们能够看到：婚姻或恋爱并不是一味的感情用事，而是双方都能够感觉到结婚比单身好时才能够发生的行为。在该理论当中，婚姻被当作是夫妻双方的合作行为，只有双方合作愉快时才能够体现择偶的正确性。

2. 同类匹配理论。同类匹配理论是社会学家古德提出的：理性是每个人的特质，而且每一个人都会从经济角度来衡量事情。这个理论特点同婚恋择偶相结合之后就有了该理论。从这个特点我们能够看到人们在择偶时更注重的是“同类”，这个同类既可以是相同的居住地，也可以是同等社会地位的人，也可以同样经济条件的人，也可以上面几种情况综合体等等。从这点来看，它的含义其实跟“门当户对”差不多。在中国大地上，自古以来的婚配都是“父母之命，媒妁之言”，而“命”和“言”的一个基本前提就是双方在社会层次上的匹配。因为古代中国门第观念极重，而且这也是衡量双方能否婚配的最低标准。现代社会中，人们都希望自己能够找到最适合自己的人，但是长期浸染于某个领域后就会形成一种“领域自我感”，人们会认为自己在领域表现或价值观都是最优秀的，而在选择时难免会要求伴侣同样具有这个特点。

3. 择偶梯度理论。该理论同样诞生于西方。梯度就代表了等级差别，如果在婚姻中出现了梯度的话，那么就代表了男女双方在某个方面有着明显的差别。在该理论中就秉承着古代延续下的“男高女低”思想，即男性在选择女性伴侣时会选择那些在经济收入、社会地位、文化水平等方面不如自己的，这样就能够在家庭中利用这种优势来掌握主动权；而女性在选择时则恰恰相反，他们会找一个比自己优秀或者是同自己类似的伴侣。其实，这也是女性出于安全感的考虑。“灰姑娘”在现实生活中的确存在，这

---

① 王蕾．中国都市“三高”“剩女”的婚恋困境研究——以电视剧《大女当嫁》为例 [J]. 华南师范大学学报（社会科学版），2012 :3.

类女性会利用自己的外表和持家能力来获取成功男士的青睐；而男性在这个过程中就是用自己拥有的家庭身世、经济地位等无形资产换取了妻子的内外在美，男性的择偶很大程度是出于自己的虚荣心[①]。在该理论中从高到低的A、B、C、D代表了四个层次的男女，那么按照该理论的来看，A男会选择B女，然后以此类推；相应的D女会寻找C男，C女会寻找D男，最终只剩下A女和D男，这两类人是梯度的两个极端[②]。钱钟书在《围城》中对女性的看法有着非常独到的观点："中国的女人念了几句书最难驾驭。"这说明的是当时的社会背景，大量的女子开始接受教育，而正在西式思维弥漫校园中后，女性的择偶标准发生了改变："大学毕业生只能娶中学女生，留学生才能娶大学女生，女人留洋当了博士，只有洋人才敢娶她。"此描写不可谓不精妙，钱钟书先生以极其简单的话语道出了当时的择偶现实[③]。这种根据社会学"择偶梯度"理论而形成的婚恋"错位配对法则"直到今天仍深深影响着绝大多数中国人的婚恋观念。

4. 父母偶像理论。仅看"父母偶像"就可以看到该理论关键在父母对儿女的心理影响。其含义就是以父母的个人特质为基点，儿女在选择伴侣时会受到父母生理或心理方面的影响[④]。在相处了二三十年之后，父母对子女潜移默化的影响会让子女在选择伴侣时过多的将对方同自己的父母进行比对，而一些有情结的人在选择伴侣时的心理因素更大。通常情况下，具有情结的男孩在择偶时会选择那些带有母性色彩的女子，而具有情结的女孩则会选择那些带有父亲光辉的男子[⑤]，具体来说，儿女的择偶会多参照父母的形象。除了这点之外，该理论还认为，幼年时期同自己相亲近的那个类型的人就是自己以后所寻找的伴侣形象[⑥]。如果从家庭关系的角度来分析的话，儿女婚姻的维持和发展很大程度是由父母的支持所决定的。依照心

① 王蕾 . 中国都市"三高""剩女"的婚恋困境研究——以电视剧《大女当嫁》为例 [J]. 华南师范大学学报（社会科学版），2012 :3.

② 杨超 ."剩女"现象产生原因的理性分析与感性思考 [J]. 佳木斯大学社会科学学报 [J]，2009:3.

③ 钱钟书 .《围城》[M]. 北京：人民文学出版社，1994：34.

④ 刘素凡，葛操 . 内隐择偶观的理论假设 [J]. 黄河科技大学学报，2008:3.

⑤ 刘素凡，葛操 . 内隐择偶观的理论假设 [J]. 黄河科技大学学报，2008:3.

⑥ 林胜 . 从择偶的理论到择偶理论——从社会学方法论的争论看择偶研究 [J]. 社会，2002:9.

理学平衡理论来分析这种现象：如果父母对儿女的婚恋对象有肯定的表示的话，那么婚恋双方之间的关系会更加的稳定和长久；而一旦父母表现出了对婚恋对象的反面情绪，那么这段关系也不会长久。在中国，很多人在选择伴侣时会考虑父母的意见或者找一个同父母喜好相一致的。

三、基于择偶理论的中西方经典民间爱情故事比较

根据择偶理论，针对男女主人公的综合条件，可以将二者分为“男高”“男低”“女高”和“女低”四类；针对男女主人公的结合是否得到了的父母的支持，可以分为“父母同意”和“父母反对”两类；按照故事的结局，可以分为美满型和悲剧型两类，进而产生多种组合。在择偶理论的框架下，本文选取具有代表性的经典中西方民间爱情故事作为案例进行分析和对比研究，以探究男女主人公的个人匹配度和家庭支持情况对故事发展和结局的影响。

1.“女高男低”悲剧型的中国民间爱情故事。“女高男低”型是最常见的中国民间爱情故事的类型，这类故事体现着男人的梦想。这些故事中的女主人公往往是仙女或大户人家的小姐，其综合条件普遍高于作为书生或农民的男主人公，他们的交往过程往往充满困难和曲折，通常最终以悲剧收场。而在古代中国所流传下来的民间爱情故事当中，仙女配凡人，富家女爱贫穷郎的情节非常多①。男主人公通常在家默默读书，老实耕田，仅仅凭借品行、孝心、才华或者出于某种特殊原因，如因为贫穷或良好的品德得到上天的眷恋，引来一个比他的地位或能力高得多的仙女下到凡间和他过上柴米油盐的平凡生活；又或是一位大户人家的小姐，倾心于一位综合条件较低的农民或书生。在《白蛇传》中，千年修炼的蛇妖白素贞为了报答书生许仙前世的救命之恩而嫁与他并助其开药铺，治病救人，后和尚法海将许仙骗至金山寺并软禁，白素贞与法海斗法，水漫金山寺，伤害了其他生灵，触犯天条，被镇压于雷峰塔下。在《田螺姑娘》中，田螺变化成美丽的少女，为名叫谢端的穷小伙做饭、打扫屋子、洗衣服，被发现后与男子

---

① 张春梅．“灰公子”——中国民间故事中的修辞原型 [J]. 濮阳职业技术学院学报，2007:3.

成亲，最后离开。这类故事中，女方的家长往往反 对男女主人公的结合。

《董永和七仙女》的故事当中，董永家贫穷得只能依靠卖身来完成葬父心愿。而也正是这种伟大的孝心才让下凡的七仙女为之感动并倾倒。在两人结合之后，女的织布赎身，男的辛苦劳作，本是和和美美的爱情故事，但最后仍然在玉帝的阻挠下以悲剧收场。这类仙凡故事中最经典的的当属《牛郎织女》，两人之间的爱情故事不知感动了多少人，“两情若是长久时，又岂在朝朝暮暮”秦观的一首千古佳句道尽了儿女的情思绵长。“盈盈一水间，脉脉不得语”也说出了两人的愁苦。

除了它，《宝莲灯》也是一代佳作：故事发生在三圣母嫁给书生刘玺之后，三圣母的哥哥二郎神知道后勃然大怒，责怪妹妹私嫁凡人，触犯天条律令，最终将三圣母压在华山下的黑云洞中。在《梁山伯与祝英台》中，女主人公祝英台是祝员外之女，在女扮男装的求学过程中结识男主人公梁山伯并对其产生爱慕之情，祝英台为了完成女儿身同梁山伯相恋的目的而向梁山伯撒谎说家中有妹，想为两人牵线。但梁山伯家贫，未能如期而至。待梁山伯去祝家求婚时，祝父已将祝英台许配给太守之子马文才。梁山伯抑郁而终，祝英台在出嫁之日殉情。

极少有情况是“男高女低”而女方父母同意的情况，而即使是父母同意，故事 也往往逃不过悲剧的结局。在《孟姜女哭长城》中，孟姜女是个秀外慧中、德才兼备的好闺女，是父母的掌上明珠。有一天，她跟着丫鬟出来逛后花园时搭救了正在逃难、以免被秦始皇抓去修长城的落魄书生万喜良。孟姜女的父亲见范喜良知书秉礼，忠厚老实，便留他住了下来，后招他为婿。新婚第三天时，范喜良被抓走修长城。孟姜女跋山涉水寻夫，抵达时却被告知丈夫已死且尸骨被埋在了长城里。孟姜女失声痛哭，哭倒了长城，找到了丈夫的遗骨，跳进了大海。

中国民间所有“女高男低”型的爱情故事都反映了男人的梦想、甚至是幻想，是一种理想寄托和心灵安慰，这与中国古代浓厚的封建意识和男尊女卑的思想有关。这些故事就像在给女性洗脑一样，在向女性传递着这样一个信息：“不管男人有多穷、社会地位有多低，只要他品行好、有才华，就应该嫁。只有爱穷人的女人才是好女人，但凡离开穷男人、提出物质要求的女人都是坏女人。”在旧的《天仙配》故事情节之中，七仙女奉旨下凡来帮助董永织布偿债，所以下凡只是一个任务，她也没有必要同董永生情。虽然在后来改编当中两人情根深种，但七仙女仍旧会天庭复命。她也没有表现出任何为爱而抗旨的意图。不过在新《天仙配》当中，新时代背景下的七仙女在最后回天庭时出现了反抗精神：“我是决不回去的！”这句话既说明了她放不下与董永的情，又表现了她的不屈，但结果还是在玉帝的强势下为了董永的安全而妥协。在这个新的故事当中，七仙女身上有了反抗性的色彩，这也是她能够加入“四大传说”行列的关键所在。

在这些故事中，不仅不爱“低男”的女人不可爱，有钱人也都可恨。新《天仙配》和新时代所有文艺作品一样，对地主阶级剥削本性的揭露是不遗余力的。

《织锦记》中一句“素好善，怜永孝”说出了傅的品行。他是一个德高望重的长者，在日常生活中流露出对董永的同情，所以他能够收留来历不明的织女，能够主动提出减去董永劳赋的命令。不过他的好仅限于老版。因为在新版当中为了让他代表社会某个阶层，所以将他刻画成了一个贪得无厌的守财奴，守财奴该有的品行他都有。虽然这种改变有点脱离实际，但是为了满足表达目的而不得不让他在新版中做出如此大的“牺牲”。

另外，这些故事还设计使女主人公无法离开男主人公的情节，意在强调“低男”一定可以拥有“高女”的自欺、自我安慰的心态。田螺姑娘被发现后，“欲还瓮中，不能得去”。田螺姑娘离开的情节有一说是田螺姑娘找到被藏匿的田螺后离开。在《高山族民间故事选》所记录的类似故事是这样描述的：沙艾特别钟情于勤劳善良的姑娘，所以为了不让姑娘回家而特意将彩色螺壳摔碎。当螺壳碎了之后，姑娘就哀求说：“好心人，你不能打烂我的家啊！”不明真相的沙艾被姑娘的表现所打动，于是他把真的彩色螺壳送 给姑娘。不过在姑娘接的时候，沙艾又把手缩了回来，然后又表达了想要留住姑娘的决心[①]。同样的，牛郎作为凡人，藏起织女得以飞天的仙衣，织女失去仙衣 便无法飞回天庭。仙衣代表着一种异能，或者说

① 周舒娟，赵玲勤 . 浅析民间故事中的“痞性”行为——以《田螺姑娘》为例 . 沧桑 [J]，2012：3.

能力。在这些故事中，“低男”实际上是以类似要挟或者交换条件的方式使“高女”成为妻子。这个情节有很强的象征意义——男性压制女性，而这个女性其实较男性本身更优异。这样的故事安排其实是对女性在精神上的管制和压制，体现着男性对现实中的女性的教导，他们希望女性都能像故事中的女主人公学习：无论自己多么好，都要死心塌地的爱上一个不如自己的男人，不得离去，旨在让女性低头、臣服、忠诚于男性。虽然这种教导并不会帮助“低男”变强、形成真正的男强女弱的配对格局，但会让“高女”形成男尊女卑、男强女弱的心理和心态。说到底，不过还是因为男低。在封建的男权社会，男性为了维持统治，必须压制住所有对他们权威构成威胁的群体。男性和女性是这个世界的两大主体。为了能够在封建社会中找到统治女性的理由，于是在中国大地上就出现了影响深远的三纲五常、三从四德理念，这些理念从精神上压制着妇女，让她们在潜移默化中只知道服从于男性。而缠足、三妻四妾等恶习则将“男大女小”的现实表现得淋漓尽致。

很显然，基本所有“女高男低”型的故事都以悲剧收场。又或许，创作者本身也潜意识地承认这种搭配组合不现实、不可能存在，作者也没有十足的把握写下去，因此结尾都设计分散，故事戛然而止。假设故事继续，祝英台嫁到梁山伯家去，婚后生活未必真的会幸福。在著名的电影《铁达尼号》中，倘若杰克没有死，与罗斯一起生活，他也未必能满足从小娇生惯养的妻子。

倘若真的遵循“女高男低”型民间爱情故事的套路和搭配，在现实的现代生活中，夫妻关系、婚姻生活会变得更加美好吗？根据择偶理论，显然答案是否定的。有学者提出，传统婚配方式已经根深蒂固，要想改变就应该拿“男尊女卑”的思想来开刀，同时，还要努力扭转“男外女内”这种不正确的社会分工[①]，这样的说法是有失偏颇的。我们可以改变社会分工模式，但无法改变自然分工模式，无法改变男性和女性的身体结构。之所以性别歧视和“剩男”“剩女”等社会问题如此根深蒂固、难以解决，归根

① 王蕾．中国都市“三高”“剩女”的婚恋困境研究——以电视剧《大女当嫁》为例 [J]. 华南师范大学学报（社会科学版），2012 :3.

到底都是因为男女有别，毕竟只有女性的身体才能孕育生命。社会上的大多数女性，尤其是都市白领，她们有能力、也发自内心希望能够“主外”，她们在心理上是可以接受“女高男低”的。这些女性从小到大接受着不比男性差的教育，甚至有很多女性从小到大的学习成绩优于男性。而这些优秀的女毕业生在踏入职场、进入社会的那一刻起，却被其需要生儿育女的自然属性所阻碍。主观上，虽然她们希望努力工作，提高自身的社会价值，但职场的性别歧视阻碍着女性的职业发展。客观上，自然界早就将生儿育女这一无比烦冗劳累的工作分配给女性。在目前的科技水平下，除非利用试管婴儿、代孕等方式，女人生来具有的生育责任是无法转移给他人尤其是男性的。况且生完孩子还要养孩子，这是一辈子的事情。由于母性的天性，大多数女性一生中最义不容辞且最沉重的工作就是“当妈妈”。若要求女性在实现自然价值的同时，在社会价值上还高于男性、负责提高整个家庭的社会价值，如经济收入和社会地位，这未免是苛刻的要求。一个家庭肯定是需要经济收入的，即使是田螺姑娘也是巧妇难为无米之炊，现实中的女性总不可能像白娘子一样随意做法就能变出衣食住行所需的金钱和物质基础。即使大部分的女性自立自强，也心有余而力不足，“既主外，又主内”实在是极少数女性可以实现的完美。大多数“既当爸又当妈”的女强人事实上过得非常辛苦。在社会中，很多“女高”的“女强人”一生都没有生儿育女，甚至还有很多没有结过婚。也许这样的生活并非她们所希望，只是生活慢慢将她们推到这个地步。吴仪曾是我国的国务院副总理。关于为什么始终独身，吴仪的回答很简单：“我并不是独身主义者，只不过生活并没有赋予我这个机会。”纵观吴仪传奇一生，她没有谈过恋爱，没有让任何人近距离走进她的生活。想来正是她所说的：“可能我把生活过于理想化了。”她的白马王子应该只存在于爱情神话之中[①]。

而对于男性而言，若按照“女高男低”型故事进行择偶配对，让男性接受：“既然挣不过老婆，那我在家带孩子，让媳妇儿出去打拼吧！”而又有多少男性能够接受自己被看作是所谓的“小白脸”“吃软饭”？即使是

① 迪士．吴仪：独一无二的风采 [J]. 人民文摘，2008:2.

“低男”，也少有能放下身段或心甘情愿“主内”。由于没有自然使命，社会上几乎所有男性、包括“低男”都认为自己的使命是在“外”，是工作和社交，无论是出于其客观的需要抚养家庭、努力工作的社会原因，还是因为打着“为了家庭没办法顾家”的幌子。现在中国社会有许多假性单亲妈妈，这些女性有丈夫，但他们“为了工作”几乎完全不顾家，剩下女性一人照顾孩子，她们就像单亲妈妈一样。而这些男性中有相当一部分是自愿加班，不愿意回家，因为这样可以逃避与妻子共同承担照顾家庭和孩子的任务。假如在这样的家庭中，男性无法提供稳定的经济收入、无法给妻儿带来安稳舒适的生活环境，难道要求这些妈妈背着孩子去“主外”？难道这不是变相的家庭暴力？其实，婚后的“女高男高”组合中的男性也未必幸福。爱是被需要的感觉。若生活中总是被妻子抱怨，得不到成就感、被需要感、满足感，那么这个男人在女人面前抬不起头，相信久而久之也会发现“高女”是高攀不起的，倒不如当初选个合适自己的。这就好像考试与择校。明明只考了一般的分数，非要想尽各种办法进入最好的学校，未必以后能够适应精英环绕、压力巨大的学习环境。毕竟，宁做鸡头，不做凤尾啊！

在遇到自己的宝贝女儿倾心于各方面都不如她的男性时，几乎所有的女方父母都是持反对意见的。得不到父母祝福的婚姻、不被父母看好的婚姻，往往不能白头到老。社会上的一切关系，只有父母与子女的亲情，是由血缘、天注定的。这个世界，只有父母是永远无缘由地希望子女过得好，包括拥有幸福美满的婚姻。但为什么那么多女孩儿，把父母的反对都看成恶意的拆散和阻挠？现代社会里的很多女孩儿，尤其是城市里“孔雀女”，从小过得非常幸福，是父母的掌上明珠，生活在优越舒适的环境中。但她们丝毫不知道父母给自己创造的生活是多么的来之不易，不知道面包有多难买。她们不知道自己的父母有多好，不崇拜、不感恩自己的父母，因此不会按照“父母偶像理论”来进行择偶。且她们往往涉世较浅，未曾遇到足够多的优秀男子，因而当遇到不如自己的男性时，她们多少都带着母性的怜悯和保护的欲望。然而，“女高男低”组合通常过得并不幸福。很多女孩儿最终心灰意冷，但世上没有后悔药。

《美狄亚》中的女主人公美狄亚在遭到背叛后悲叹道："啊，我的父亲、我的祖国呀，我现在惭愧我杀了兄弟，离开了你们。我真后悔啊！"同时，社会上有很多"低男"的父母也并不希望他们的儿子找一位"高女"，就是担心"庙小容不下大佛"。有极少数情况，"女高男低"组合可以得到的父母的支持，但婚后仍不美满。这种情况下，有相当一部分子女，尤其是女儿，会反过来责怪他们的父母，抱怨父母当初没有替他们把好关。因此，无论是女性或是男性，一定要理性，切勿感情用事，"女高男低"组合、尤其是遇到父母反对的情况，一定要慎重！

也许有一天，当人类能够进化到雌雄同体或男性也能够生育的时候，性别歧视才会真正消失，男女才会真正地平等，择偶梯度才会消失，社会上剩下的"A 女"和"D 男"的问题才能够解决，"女高男低"的爱情婚姻才能真正地被这俗世所接受、祝福。

2."女高男低"美满型的中西方民间爱情故事。在"女高男低"型民间爱情故事中，有一种特殊的故事发展：最初男主人公的社会地位、经济条件、门第阶级等方面低于女主人公，男女主人公之间的结合充满阻碍或女主人公并不爱慕男主人公，属于"女高男低"型。但后来男主人公改变了自身状况、综合条件有所提高，由 最初的"女高男低"型改变为"女高男高"型，最后男女主人公之间的障碍被消除、得到了家庭支持或女主人公的芳心，美满收尾，如中国民间爱情故事《西厢记》和 西方民间爱情故事《青蛙王子》等。在《西厢记》中，男主人公张生最初是家境贫寒、父母双亡的书生，而女主人公崔莺莺是相 国之女，崔莺莺的母亲坚决反对二人的婚事。最后，张生在崔莺莺母亲的要求下，进京赶考，考得状元，以河中府尹的身份归来，才与崔莺莺终成眷属。同样的，《青蛙王子》中的青蛙答应帮公主捡回金球，条件是公主答应做它的好朋友。公主虽口头答应，但心里却想："这只青蛙可真够傻的，尽胡说八道！他只配蹲在水潭里，和其他青蛙一起呱呱叫，怎么可能做人的好朋友呢？"公主在得到金球后甩开了青蛙。后来青蛙追到了公主的家，国王听说后十分生气，批评公主言而无信，邀请青蛙进来吃饭、睡觉。公主仍然十分嫌弃青蛙。但最后青蛙王子身上的魔法被解除，变回了人身。遵照国王的旨意，他成为了公主亲密的朋友和伴侣，还结了婚。

这种故事的发展和结局仍然符合择偶理论："低男"无法配"高女"，除非提高自身综合条件，才能相配。在现实生活中，经常有"我等你"的故事，即"女高男低"组合中女方或女方的家长不看好、不同意二人继续交往，要求男方考硕士、博士，或找一份更好的工作，或准备好婚房等，在具备某些条件后两人才可定下婚事。这些条件被视作对"低男"的弥补和提高。能够实现这些条件并有情人终成眷属的情况实属不多。有多少"高女"蹉跎了岁月，没有等到许诺的未来；有多少"低男"疲惫不堪，最终心灰意冷。"我等你"是一种投资，一种赌，可能有回报，也可能血本无归。正是出于不想屈从于命运、想搏一搏的心态，无数"高女"和"男低"不顾现实的规律和父母的反对坚持在一起，想等到那一天。

3."男高女低"美满型的西方民间爱情故事。"男高女低"型是最为常见的外国民间爱情故事的类型，这类故事体现着女人的梦想。在这些故事中，我们所看到的或是《灰姑娘》中的贫女遇到王子，或是《白雪公主》《豌豆公主》和《睡美人》中的王子拯救或施救于落难公主并与之结合 、从此过着幸福快乐的生活的故事。在这些故事中，男主人公的综合条件通常高于女主人公的综合条件，都是王子、国王、贵公子等，都是地位与金钱的象征，似乎只有这样，才能保证"灰姑娘"婚后能够与男主人公幸福地生活在一起[①]。同同时，男主角一般都需要历经魔法之类的重重考验，靠自己的才智和勇气，过关斩将，才能英雄救美、与公主结合。在西方的文学作品中，尤其是童话文学里，经常会出现骑士和公主的故事。为了解救被禁锢在某个黑暗城堡里的公主，骑士历尽千难万险，终于杀死了恶龙，将公主救了出来[②]。在骑士们看来，为了爱情出生入死是一种很高的荣誉。类似的情节出现在《睡美人》中，王子进入被诅咒的王宫、

冲破玫瑰篱笆，救出了沉睡的公主。在这些"男高女低"型故事中，所有女主人公都期待过上幸福的好日子，并且实现了这一愿望。这些女主人公不认为对物质抱有希望是一件可耻的事情，反而，她们认为男性为他们

---

① 田娟．中国民间故事"灰姑娘"的文化解读 [J]. 科教文汇（中旬刊），2009:2.

② 郭宇宽．东方君子和西方骑士 [J]. 中国青年，2012:17.

遮风避雨、提供物质保障是一件很正常的事情。这种想法和搭配事实上是符合择偶理论的。反观中国社会，虽然几乎每个人，无论男女，都在心里承认物质基础的重要性，都渴望获得更多的物质财富，但似乎没有人敢承认。为什么中国的女性没有像西方国家的女性一样的底气，大胆承认自己需要物质？为什么但凡公开表示物质重要的女性都会被贴上“拜金”的标签，被众人尤其是男人唾骂？这正是受到了千百年来“女高男低”型故事熏陶和影响的结果。难道只有嫁给穷人才是真心实意的爱情？

物质是否重要？答案很显然是肯定的。不仅每个女人希望自己是公主，相信每个男人也希望自己是王子。其实，西方国家“男高女低”型故事结局的重点并非在于女主人公从此过上了大富大贵的奢华生活，而是和男主人公过上了幸福美满的生活。而过上幸福美满的生活，确实需要一定的物质基础。社会上绝大多数的女孩子，内心并不会那么拜金，在感情和金钱的天平上，甚至多多少少会往感情偏向一点。即使是这样的女孩子，也需要物质基础，也就是一个家庭能存在的基本条件而已：一所不需要很大的房子，一些生活必需品，二人世界，一些够生活的钱，两份稳定的工作以及偶尔的浪漫气氛和远途旅行。被批评的“中国丈母娘”的要求也并不过分，无非就是希望小两口有组建家庭的必备条件，包括场地、设施、资金等。现实社会里，总说女人物质、丈母娘势利眼而自己赚不到什么钱的穷男人是让人瞧不起的，是明显的“吃不到葡萄说葡萄是酸”的心理——“既然我没办法给你提供婚姻的物质基础、达不到你的要求，那么你就不是好女孩儿。”

4.“男高女低”悲剧型的中西方民间爱情故事。值得进一步探究的是，并非所有“男高女低”组合都是幸福美满的。在中西方民间爱情故事中，有一种如下的故事发展：最初，贫困出身或境遇较差的“低男”与同样清贫或社会地位低下的“低女”恩爱，但后来男主人公为了前途发展、提高自身的综合条件而成为“负心汉”、抛弃女主人公、背信弃义，造成了“男高女低”的悲剧。如中国民间爱情故事《秦香莲》中的陈世美虽出身贫寒，但妻子秦香莲与他恩爱和谐。经过十年寒窗苦读，陈世美进京赶考，中状元后被招为驸马。不见丈夫踪迹的秦香莲携子上京寻夫，但陈世美不仅不肯与其相认，还派人追杀妻子。而在《杜十娘怒沉百宝箱》中，男主人公李甲因寻花问柳、无心读书考取功名，其父断绝了他的经济来源，成了一个身无分文的落难公子，但他终究是官宦子弟。他之所以会负于杜十娘，是因为杜十娘终究是个妓女，而他的父亲又是个布政使。他父亲是绝不会接受杜十娘进家门做儿子的妻或妾的。与其到时父子闹得不可开交，甚至断绝关系，倒不如早些了断，把杜十娘卖了，还能换得千金。

有一些“男高女低”悲剧型故事是由“女高男低”悲剧型故事发展而来，是一种复合型故事：女主人公本为“高女”，为了和“低男”在一起，不顾父母反对并与父母断绝关系，成为“低女”，但后来“低男”选择飞黄腾达成为“高男”，抛弃了“低女”。如在《薛平贵与王宝钏》中，宰相的女儿王宝钏不顾父亲的反对，甚至与父亲三击掌断绝了父女关系，嫁给了出身贫寒的薛平贵，住进了寒窑。虽然日子清苦，但夫妻间恩爱和谐。后来，薛平贵从军征战，远赴西凉，还娶了西凉国的公主玳瓒，当上了西凉国的国王。十八年后，薛平贵归来与王宝钏在寒窑相会，王宝钏被封为皇后，然而十八天后王宝钏就死了。同样的，在《美狄亚》中，女主人公美狄亚是国王的女儿，他爱上的男主人公伊阿宋是一个外邦人，其父亲的王位被其叔叔夺走。美狄亚抛却公主地位、不顾家人的反对要和伊阿宋逃走，甚至在父兄追来时，她竟把哥哥砍成碎块扔到海里，她父亲忙着收殓尸体，没有能够追上他们。可后来由于伊阿宋叔叔的儿子将他们赶出城邦，一家人开始漂泊失所。而最后，伊阿宋选择抛弃美狄亚和他们的两个儿子，去和另一国国王的女儿成亲，以换取稳定富裕的生活。美狄亚走投无路，悲愤交加，她展开了一系列的报复行动，先是用毒衣烧死了丈夫新的爱人及其父亲，然后又亲手杀死了自己的两个孩子，最后乘着龙车飞去，留下一无所有的负心丈夫。

无论是哪种故事发展，这种“男高女低”悲剧型故事阐释了择偶交换理论：男性的择偶动机是获得事业上的助力和优越的生活条件。他们不会选择那些在各方面比自己低或与自己相当的女性作为配偶。他们更倾向于找一位与自己相配、甚至比自己“高”的妻子。“贤妻良母”“才子佳人、郎才女貌”这些过去男人择偶的理想和价值取向并非绝对，这取决于男人对“贤妻”和“佳人”的定义。绝大部分男人出于虚荣心或面子问题，希望找一个年轻美貌而经济实力、社会地位如不自己的女性。极少数的男性，如陈世美、李甲、薛平贵和伊阿宋，将女性作为往社会上层攀爬的踏板，希望找一位有助于其事业发展、提升其经济收入和社会地位配偶。如果分开可以摆脱困境，飞黄腾达成为“高男”，“低男”会丝毫不念旧情，抛弃“低女”，成为负心汉。

在现代社会，随着生活压力的加大，有越来越多的男性都有这样的想法。这些男性现实起来比女人还现实，他们不再只是“以貌取人”，他们会考虑女性的外貌、工作、收入以及家庭背景等，他们非常在意女性的各方面是否配得上他、是否有助于他，他们希望找一个可以让他们少奋斗几十年的女性。

陈世美、薛平贵和伊阿宋错在婚内不忠于配偶，甚至重婚，让人无法接受，于情于法都当谴责。而在现在社会，有很多男性也出现了婚内出轨的行为，如文章等一些公共人物，他们付出了惨痛的 代价，遭到了全民的唾骂。而也有些男性在婚后发现自己对配偶不再满意时，诚恳地提出分手。2015 年，高晓松与小其 19 岁的时尚设计师夕又米（本名徐粲金）离 婚，双方友好分手，将共同抚养女儿长大。据夕又米说：“嫁人之后我从没上过一天班，更不懂社会的种种明规则和潜规则。他（高晓松）教会我认识这个世界，为我打开很多扇窗户。高晓松和我在一起生活他感到不快乐，他想要更多的自由和创作空间。以前的我总在寻找别人为你营造的安全感，后来才明白安全感谁也不能一直给你，只有自己是自己最坚强的后盾。”很明显，高晓松感觉到前妻与 社会脱轨，在精神、文化等方面不再适合自己、与自己不相配、无法满足他。而李甲抛弃了杜十娘，虽薄情遭人愤慨，但杜 十娘与他的确不属于同类，无法相配。也许即使她告知了李甲自己有无数珍宝、提高了其经济状况，也未必能抵消她的身份是妓女的污点。无论是在当时还是在当今的社会文化下，其社会地位都是 难以接受的。

当陈世美中状元被召为驸马、当薛平贵从做粗工的提升为国王、当李甲面对金钱、父亲的原谅和重新做人的机会、当伊阿宋遇到的美丽富裕的公主，他们的心已经不在蓬头垢面的糟糠之妻或被视作“包袱”“累赘”的爱人身上。归根到底，是因为他们觉得二人差距太大，无法 相配。在大型相亲节目《非诚勿扰》中，主持人孟非曾经说过，“现实生活中，男女的平均收入比是 1.5 :1 时，夫妻关系最和睦。女方收入低主要是由于生孩子、带孩子的贡献没有被社会量化，反而成为职场晋升的阻碍。当男女收入比为 1.5 :1，且男女承担相同的家务（带孩子也应当算作家务）时，双方的贡献才相等。当收入比大于 1.5 :1 时，女人承担更多家务；当收入比小于 1.5 :1，男人承担更多家务。”从这一点看，做全职太太并非明智之举。女人要在各方面提升自己，想得到什么就必须先做到什么，想拥有“高男”自己就必 须先成为“高女”。两个人共同进步，共同提升才有助于婚姻的稳定。世界上没有那么多的田螺姑娘，也没有那么多喜欢“灰姑娘”的白马王子。因此，“女性不需要通过事业的成功来体现自身的价值，才能、学识、学历、职业和收入都不重要，重要的是持家能力和美貌”[①]，这种说法也并非绝对。不要用道德来“绑架”丈夫的心，道德也许可以拴住他的人和身体，却拴不住他的心和灵魂。灰姑娘不能只是奢望白马王子从天而降，不论是婚前还是婚后，女性一定要注意个人进步，无论是外貌还是工作、收入、社会地位、才能、学识等，要能够时刻保持对丈夫的吸引力，将拥有幸福婚姻的权利掌握在自己手中，而不是在万一有一天遭到丈夫的嫌弃、背叛或离去时，徒像秦香莲、王宝钏、杜十娘和美狄亚一样悲惨潦倒、抱怨而无济于事。

5. 父母反对悲剧型的中西方民间爱情故事。中西方民间爱情故事中也有一些并非因为男女主人公综合条件不相配、而是因为家人厌恶或家族原因，如仇恨而导致的悲剧，如中国民间爱情故事《孔雀东南飞》和西方民间爱情故事《罗密欧与朱丽叶》。

在《孔雀东南飞》中，男主人公焦仲卿的母亲对儿媳妇刘兰芝十分不悦，逼迫焦仲卿休妻，最终导致二人先后殉情。同样的，在西方爱情故事《罗密欧与朱丽叶》中，男主人公罗密欧和女主人公朱丽叶的两大家族之间有深刻的世仇，而男女主人公不顾家族仇恨，秘密结婚。后来罗密欧又杀

① 王蕾 . 中国都市“三高”“剩女”的婚恋困境研究——以电视剧《大女当嫁》为例 [J]. 华南师范大学学报（社会科学版），2012 :3.

死了朱丽叶的堂兄，可谓仇上加仇。罗密欧被迫流放，朱丽叶被家人安排嫁于他人。最终男女主人公阴差阳错地先后殉情。这类故事中的男女主人公往往具有“罗密欧与朱丽叶情节”：父母越是反对，越坚持在一起，与父母对抗，甚至殉情。

爱情是两个人的事，婚姻却是两个家庭、甚至是两个族的事，充满了复杂的社会关系。现代社会几乎每一个青年男女在确定结婚对象之前都要做一件事——带回家让父母看看。如果父母不喜欢、不认可你的结婚对象而你却非要与之结合，让父母和你的配偶以后将如何相处呢？这不仅会让你的父母不悦，也会让你的配偶作难，最终还是无法让你幸福。爱情不是生命的全部，生活才是生命的全部。每个人都希望过得幸福，可殉情了就能幸福吗？

放下“罗密欧与朱丽叶情节”，不要苛求。正如一句广告词所说：“大家好才是真的好。”大家都喜欢，你才能实现你的喜欢。青年男女应该在清楚地认识到，你不仅是在为你找后半生的伴侣，也是在代表你的家庭、家族找一个最能够融入进来的新元素、新成员。即使你有绝大部分的决定权，但也不能无视“董事会”里的其他成员的意见，否则整个大团体将不能共存、愉快地合作下去。正如电影《美丽心灵》中的博弈论创始人约翰·纳什所言：“最好的结果来自组里的每一个人不仅做对自己有利的事，也要同时做对整个组有利的事。”

Chapter Ⅱ
影视篇

第一章　角色
爱情男女角色配置及动力机制

青春电影发端于美国，中国的青春电影在21世纪得到井喷式的发展，《致我们终将逝去的青春》开启了我国青春电影的全面发展时期。这一时期的青春电影反应了特定的时代特征，里面有梦想、有迷茫、有历史的创伤、有奋斗创业史，亦有现代的伤感怀旧、纸醉金迷。时代更迭，情感永恒。不同时代的爱情模式又有什么特征？爱情中的男女角色的配置又有什么样的变化呢？

青春是永恒的话题，青年人是时代的主力。《写作艺术大辞典》将其解释为："生动地叙写青少年的日常，采用浪漫主义与写实风格以表现主人公的生活，显现青少年的成长历程。"[①] 戴锦华教授在《电影批评》一书中言："所谓青春片的基本性，在于表达了青春的痛苦和其中诸多的匮乏、伤痛和挫败。可以说是对'无限美好的青春'的神话的颠覆。"[②] 可以说青春电影是通过青年人的生活、家庭、爱恋等活动来表达某个时代中青年的独特性的。青春电影题材包含青年人的命运、家庭、爱情等，而本文主要针对青春电影中的爱情题材进行分析。

① 阎景翰．写作艺术大辞典［M］．陕西人民出版社，1990，979.

② 戴锦华．电影批评［M］．北京大学出版社，2004，163.

一、青春电影里慢慢成长的爱

新中国成立之前已有经典的爱情片，如《马路天使》《十字街头》，新中国成立之后，《庐山恋》又一次拉开中国爱情电影的序幕。20 世纪 90 年代后期，成熟的“情人节”档期推出，使得爱情片大放光彩。新中国成立之初的电影，多反映了积极的青年角色，这些青年的儿女情长融进了国家历史的大背景中。

在新中国成立之初，电影多反映战争时期的青年形象，塑造了国家栋梁的形象，人物形象鲜明、经典，带有浓烈的政治历史特征。如《中华女儿》《白毛女》《阿诗玛》《刘三姐》《早春二月》等，可见新中国成立之初，妇女形象也成为荧幕锁定的类型，这与妇女解放的政策背景相符合。

“文革”时期是电影匮乏的时代，是中国电影行业的断层。改革开放以前，中国青年人的形象往往有强烈的政治色彩，青年人的命运往往与时代命运挂钩，而改革开放后，青春电影题材更加丰富，“文革”成为许多作品的背景，“文化大革命”中的人情世故也被搬上大荧幕。尽管有强烈的政治背景色彩，“文化大革命”中所流露出的人情、人性更直击人心，如刘晓庆、姜文主演的《芙蓉镇》。即使在技术条件精湛的现代，生活的空洞与贫乏却使得观众难以看到如此震撼人心的电影。除此之外，中国大陆青春电影也关注社会边缘青年人的形象，以及对这一时期独有的青年文化进行探讨。

新世纪以来，青春电影呈现井喷的状态，电影市场同质化严重，青春电影出现了较明显的特征，成为一种经典的标签。但从豆瓣电影评分以及群众反映来看，“青春”梗似乎被玩滥了，青春片成为“烂片”的代名词。物质极大丰富的时代，青春成为一个伤感怀旧的标签，然而当许多观众怀着激动的心情去电影院怀旧时，却发现在电影产业化、商业化的趋势下，青春电影变成了套着“青春”名号的爱情片，过分地放大新一代青年追求自由、不受拘束、异想天开等特点，飘忽忽而不切实际，使得人们难以看到震撼人心的电影。

新中国成立之后，政治热情对电影创作产生了很大的影响，爱情题材的电影并不是主流。爱情常常不是影片的主线，纵使有令人印象深刻的爱情片段，也是借助于其特殊意义才得以保存至今。如《柳堡的故事》的故事中，战士救民于危难中与儿女之情融合在一起，将“英雄救美”的本质与“革命拯救人民”结合起来。又如《我们村里的年轻人》，这一时期的爱情表现得克制而纯粹。20 世纪 80 年代，电影行业出现了许多唤醒人性、直指人心的爱情电影。如《不是为了爱情》《爱情与遗产》《庐山恋》以及家喻户晓的《芙蓉镇》。

这一时期的爱情故事往往将个人命运与时代背景糅合在一起，将曲折的恋情与时代的悲剧结合，展现了灾难岁月中人民的心灵创伤与人间真情的可贵，以文革为背景的电影题材更是展示了当时的社会情况以及时代灾难中人们对美好生活的向往。这一时期的电影更具有中国民族特色，更具有真实性。

二、爱情角色配置

（一）角色配置一：机灵少女与老实人

在中国爱情发展之初，老实人更多地体现男性的沉稳、内敛和踏实，有中国历史上书生的影子。这一种角色配置中，女性一反在恋情中的害羞、内敛的个性，转而大胆奔放地主动追求爱情，在这一种模式中，主要突出女性活泼、善良的个性，而男性则侧重于表现其内敛、稳重、“禁欲系”的形象，甚至在恋情中相对处于弱势地位，或者因自身的家庭、命运背景而在恋情中存在自卑情绪。

最典型的人物塑造是赵薇执导的电影《致我们终将逝去的青春》中陈孝正与郑微的情感塑造。一个是无忧无虑、任性霸道、敢爱敢恨的郑微，一个是出身贫寒、沉稳内敛，背负着沉重的责任，在人生路上步步为营“一步都不能走错”的陈孝正，男女主角性格的互换，颠覆了人们对传统爱情的认识。除此之外，网络小说改编的电影《何以笙箫默》中，在对何以琛和赵默笙的形象塑造中，年轻时的赵默笙对一无所有的寒门学子何以琛展开强烈的追求攻势。

“女追男”的角色配置并非当下时代所特有，自古以来，千金小姐走出闺阁，冲破传统束缚，反抗家族压迫，追求自己理想的爱情成为歌颂的对象，古有崔莺莺与张生，而近代的大陆青春电影中也离不开这种模式。新中国成立初期电影中的爱情故事，为了响应国家解放妇女的号召，创作者把妇女形象塑造为积极进取，外向开朗的，并且有较好出身、自信的女青年形象，在爱情关系中往往处于主动地位。而男青年则是更有抱负、有志气、沉稳内敛的书生形象。

20 世纪 60 年代的《早春二月》中知识青年萧涧秋与陶岚的爱情，也遵循了这种模式。尽管萧涧秋并非穷书生，但是他作为一个对革命失望的知识青年，委身于芙蓉镇当教书先生。陶岚则是校长陶慕玫之妹，她也接受教育，像萧涧秋求教，是办公室唯一的女老师，并与学生一同打球，可谓是时代中的先进女性了。20 世纪 80 年代的《庐山恋》中洋气的女主角，是一个在美国成长的女孩，在与耿华（男主角）的交往过程中一直是非常积极主动的，而影片中也用“孔夫子”来形容男主角。男主角的沉稳内敛，更衬托出女主角的活泼外向。

20 世纪 80 年代爱情电影中，“千金小姐与穷书生”的角色配置模式，主要在于表现打破阶级层次的爱情力量，其本质是出落于中国古代“才子佳人”的组合，并与时代政策相结合，在荧幕中展现积极、热情、主动的女性形象。相比之下，男主角的角色更为落魄一些。而 2010 年以来我国内地青春电影所展现的机灵少女与老实人的角色配置中，在男女恋情中设置了独立于情感之外的不可控因素，不谙世事的少女与背负许多责任的男性，暗示了青春校园与现实社会之间的差异，而成熟稳重的男性对于女性而言，也扮演了一个引领者的角色。

陈孝正与何以琛都在进入社会后影响了郑薇与赵默笙，出身寒门、背负沉重使命的“老实人”最终实现了凤凰涅槃，而进入社会后的“机灵少女”也烙上了他们影子。这种角色配置的结局，一是少女的天真终究败给了现实，蜕变成为另一个“成熟稳重”的人；而另一种结局则是，出身贫寒的“老实人”终于克服自身的问题，成为某一领域的强者，成为社会的顶层，成为能为机灵鬼少女遮风挡雨的人，而当初的机灵鬼少女已经不见了。

这类青春影片突出了男女性别的差异，重在表现男女主角命运的落差感，表现现实生活中的“错过”“不巧”，也常常表现象牙塔中的校园恋情与社会恋情的差异。就如《最好的我们》里说的：“当时的你是最好的你，而现在的我才是最好的我，最好的我们隔了一整个青春。”机灵鬼少女的形象通常存在于青春时期，展现其可爱、纯真、善良、无所畏惧，而步入社会后，这专属于青春期某个男性特有的“少女的本性”都隐藏起来，变得小心翼翼。步入社会后的“女追男”戏码，通常不被夸赞，如《左耳》中黎吧啦主动追求许弋，是出于心计、出于暗算，并非真心。青春男女经历了社会熔炉的改造，“机灵鬼少女”变得沉稳内敛，“老实人”则变得强大不可一世，在双方关系中又掌握了主动权。由此可见，恋爱关系中，中国电影观众还是更倾向于接受“男女顺配”的爱情模式。

（二）角色配置二：落魄女性与作为拯救者的男性

新时期的电影更多地体现了男性的优越感，更好地迎合了青春片、爱情片受众的情感需求。霸道总裁与傻白甜的组合并不是在 21 世纪才诞生，玛丽苏、杰克苏也许可以追溯到更久以前。然而，随着时代的发展，社会对男女性别角色提出了更高的要求，这一模式也在 21 世纪得到最大的发展。2010 年后出品的许多以“青春”为标签的影片，由于过分夸大青春的遗憾，为了凸显青春期的放任、叛逆而对感情描写过于造作，导致即使将“高考”“校服”等情节搬上荧幕，也难以引起观众的共鸣。

落魄女性与作为拯救者的男性，这一组角色配置中，往往是“霸道总裁与傻白甜”的戏码。绚烂、华丽、浮夸的场景，赋予男性“救世主”的光环，动辄超长悍马、直升机，轻则上市公司、企业“小开”。这一类型的电影通常是以网络小说改编而来，以女性观众为主要受众，目的在于满足受众情感需求。这类电影浮夸、不真实的男性人设，与善良单纯无公害的“傻白甜”女主也常常让人诟病。如《致青春 2——原来你还在这里》中的程铮和苏韵锦，这部电影中的女主角不仅相貌平平、出身贫寒、早年丧父、学业也不佳，而男主角则拥有“全面开挂”的人生，家境优越、长相出众、成绩优秀、篮球场上总有一帮女粉丝为其呐喊，是学校的风云人物。从受众情感需求的角度出发，这样的人物配置体现了许多女性对另一半是“盖世英雄”的美好幻想；而从社会性别的角度看，我们常常说女性主义，但是某种程度上，有女性主义的存在，就会有男性主义存在。在将女性塑造为柔弱、贤惠女子的同时，社会也要求男性刚强、优秀、多金又帅气。

这种“霸道总裁”的玛丽苏戏码也在不断地丰富，以使观众产生眼前一亮的感觉。如 2017 年上映的《喜欢你》中，金城武饰演的路晋，尽管挑剔、毒舌、自大，却有强大的经济实力，个人有极致的品位，对美食、居所有严苛的要求。而顾胜男则是一个有天赋的小厨师，在遭遇情场失败、面临职场被解雇的落魄时候，遇上了赏识她厨艺的男主角路晋，以食会友，展开了恋情。这部影片中，男主角路晋虽然是多金、优秀、有品位的男性，剧本也对他的人设设定了一些缺陷，如毒舌、孤独、自大等等，以期使童话中完美无缺的“总裁型”人设更贴近现实；而周冬雨扮演的顾胜男，也一改传统“傻白甜”的人设，尽管深情却“不傻”，在发现总经理劈腿后提出分手，在“渣男”寻求复合时果断拒绝，她是一个鬼马精灵的少女，对爱情就像对美食一般保持着执着与专一。

这部影片在豆瓣电影中获得相对较高的评分，尽管脱不开霸道总裁玛丽苏的人物设定雏形，却能一改“青春烂片”的口碑，得到观众的认可。除此之外，这部电影还加入了“老少配”的角色配置，大叔萝莉配也满足了受众的情感需求，丰富了霸道总裁与傻白甜的戏码，对霸道总裁与傻白甜人设进行现实化处理。

（三）角色配置三：落难鸳鸯的相互救赎

前三种模式都体现了男女两性之间的博弈，而最终的趋势，大概会是归位于“落难鸳鸯的相互救赎”的模式，即两性之间的博弈趋向平衡，不再是谁处于主导的一方，这也意味着社会大众所期待的性别文化趋于平等。这种模式最早可追溯到 20 世纪 80 年代的影片《芙蓉镇》中，富农婆寡妇胡玉音和右派分子秦书田的爱情，作为被打倒的阶层，“富农婆”胡玉音与“秦癫子”秦书田在“扫街”的过程中渐生情愫。随着时间的推移，创作者的焦点放在都市群体的生活上，在物质丰富、社会环境较为宽松自由的状态下，青年人过多的处于一种迷茫、焦虑的状态，置身于大都市中的人，甚至失去了爱的能力。

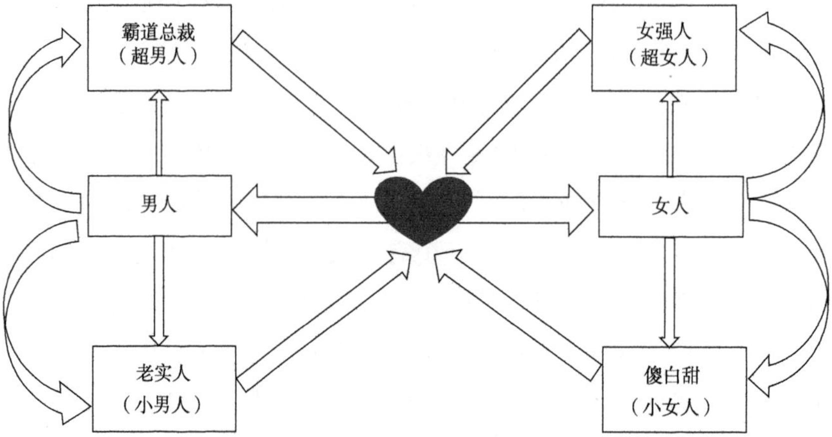

图 2–1 《喜欢你》角色配置

2010 年以来的青春爱情电影中，《失恋 33 天》讲述了黄小仙与王小贱的故事。黄小仙是大龄待嫁女青年，遭遇情场、职场双重失意，个人独立要强，王小贱则是办公室的娘娘腔，甚至让人怀疑性取向。这样的两个人，在互黑互怼中产生了情愫。在这部电影中，导演与编剧刻意对男女性别气质做了颠覆性的设定。尽管王小贱嗲声嗲气，涂抹唇膏，然而在该 man 的时候还是非常爷儿们。而黄小仙尽管面对现实中的各种失意，却还坚持地保持着内心的倔强与独立。王小贱以男闺蜜的身份陪伴在黄小仙左右，陪她走出现实的困境，也改变众人对他性别的歧视与质疑。

除此之外，电影《前任》系列拍了三部，反映了都市中人们对恋情的焦虑关系。最后一部《再见前任》则表现了在爱情中互不退让的男女，最终与真爱擦肩而过，双双成为爱情的囚徒。在纷繁的世界中，爱情最终归于平淡，成为茫茫人海中的相互救赎。徐静蕾执导的《杜拉拉升职记》与《亲密敌人》都塑造了势均力敌男女的爱情，共同克服现实的困难，除了是伴侣、密友，他们更是战友，战胜现实中的重重困难。这种角色配置中，没有过多的强调社会对男女性别塑造的特质，转而跳出男女恋情本身，从爱情与其他情感关系的角度出发，塑造与之对立的社会条件。

同质化的青春爱情电影中总是过度放大了男性、女性的某种特质，而在现实生活中，霸道总裁也好，女强人也罢，都只是男女性的某一面，真实的人物是立体而丰满的。既有霸道的一面，也有需要被依赖呵护的一面，无论是男性还是女性。而爱情本就是对“另一半”的追寻，如果强势、霸道的一方完全替代了另一方，不对等的爱情也将不会长久。爱情本就不是“互相驾驭”，众生皆苦，只有互相欣赏的两个人才能感受到爱情的甜蜜。“共享人世繁华”是琼瑶笔下的爱情，共担人间风雨才是生活中爱情的真实模样。

三、措置的戏剧，现实般冷峻的人面

爱情模式演变的根本原因在于不同的时代阶段，社会对男女青年的性别角色提出了不同的要求，不同时代的爱情表达方式也不断地更新发展。新中国成立初期，普通人物的爱情通常与革命事业相结合，20世纪80年代时期的爱情，则是对文革大背景下普通人民情感的回归。而今，物质条件极大丰富，政治氛围相对轻松，我们越来越强调独立、个性时，中国大陆的青春电影却出现同质化、类型化严重的状况。一批批企图唤醒“80后”“90后”的清纯系电影，为何不能触发人的痛点，不能与观众产生共鸣呢？即使将校服、高考、军训搬上荧幕，影片中刻画的“青春”为何与我们记忆中的格格不入呢？青春电影原本是为了唤醒一代人的记忆，却成了一种情怀消费，也成为“烂片”的代名词。

（一）不同性别创作者的不同表达

据统计，2010年以来的青春电影，有不少是基于网络小说改编而成，网络小说创作者多为女性作者，女性作者以编剧的形式参与影片制作，提供了影片的脚本，导演则以男性为主，此类作品有《失恋33天》《左耳》《匆匆那年》《原来你还在这里》《微微一笑很倾城》《七月与安生》等。

表 2-1　近来主要青春片主创性别比例

	影片	导演	性别	编剧	性别	评分
2011	《万有引力》	赵天宇	男	赵天宇 / 阿美	男 / 女	6.4
2013	《分手合约》	吴基焕	男	秦海燕 / 阿美	女	5.7
2014	《匆匆那年》	张一白	男	李晗 / 刘晗 / 九夜茴	女 / 男 / 女	5.3
2014	《露水红颜》	高希希	男	王九九 / 郭梦昕	女	4.7
2015	《七月与安生》	曾国祥	男	林咏琛、李媛、许伊萌、吴楠	女	7.6
2015	《左耳》	苏有朋	男	饶雪漫	女	5.4
2016	《原来你还在这里》	周拓如	男	周拓如 / 辛夷坞	男 / 女	4.1
2016	《泡沫之夏》	赖俊羽	男	李佳颖 / 明晓溪	女	2.6
2016	《谁的青春不迷茫》	姚婷婷	男	田博 / 仲宁 / 刘同 / 姚婷婷	男 / 女 / 男 / 女	6.5
2016	《微微一笑很倾城》	赵天宇	男	顾漫	女	5.0
2016	《陆垚知马俐》	文章	男	文章 / 冯媛 / 哈智超 / 李晓	男 / 女 / 男 / 女	5.4
2017	《喜欢你》	许宏远	男	李媛、许伊萌	女	6.8

导演、编剧皆为男性						
	影片	导演	性别	编剧	性别	评分
2011	《假装情侣》	刘奋斗	男	刘奋斗	男	6.0
2012	《夏洛特烦恼》	闫非 / 彭大魔	男	闫非 / 彭大魔	男	7.4
2013	《小时代》	郭敬明	男	郭敬明	男	4.7
2013	《天台爱情》	周杰伦	男	周杰伦	男	6.8
2014	《同桌的你》	郭帆	男	高晓松、晋川	男	5.8
2014	《前任攻略》	田羽生	男	田羽生	男	6.1
2015	《栀子花开》	何炅	男	傲立 / 南罗 / 龚佳 / 杨啸	男	4.1
2015	《我的青春期》	郝杰	男	郝杰	男	5.9
2015	《少年班》	肖洋	男	张冀 / 肖洋	男	5.7

创作者单一为男性，如《小时代》《栀子花开》《同桌的你》等，只从男性视角出发，容易对女性形象有所误解、物化女性，情感的把控也不

够细腻。青春电影《小时代》中，一群住在花园洋房里打扮时髦又光鲜亮丽的小青年们追求着名贵高昂的奢侈品，爱慕虚荣成为了整部影片的关键点，脱离了青春本应该有的阳光和纯净，取而代之的是金钱、物欲。在电影《栀子花开》中，大学毕业生对情感的渴求，甚至远远高过毕业季的找工作压力，放大了一些非主流价值，难以激发多数观众深层次的情感共鸣，没有解释青春的真正内涵。

表 2–2　导演、编剧皆为女性的青春片

导演、编剧皆为女性						
	影片	导演	性别	编剧	性别	评分
2010	《观音山》	李玉	女	李玉 / 方励	女	7.1
2010	《杜拉拉升职记》	徐静蕾	女	王芸、赵梦、徐静蕾	女	5.7
2011	《亲密敌人》	徐静蕾	女	王芸、赵梦、徐静蕾	女	5.6
2013	《被偷走的那五年》	黄真真	女	黄真真	女	5.8
2015	《陪安东尼度过漫长岁月》	秦小珍	女	钱小蕙 / 冯靖晴	女	6.1

而创作者单一为女性，如徐静蕾的作品《杜拉拉升职记》以及《亲密敌人》都极力塑造势均力敌的独立女强人形象，偶尔也让普通观众感到不切实际。小说改编电影，本身就存在不同体裁表达方式上的差异。当作品只是一个阅读文本时，正如“一千个读者有一千个哈姆雷特”，阅读的私密性常常使得人物形象在每一个读者的头脑中具象化，而当文本内容真正被具象化，搬上荧幕，一个个读者变成一个个观众，观看着一个个想象中的模糊人物形象日渐清晰，不免有落差感。即使小说作者充当编剧，也不能完全解决这个问题。

（二）被扭曲的性

青春期本就是一个对“性”懵懂、好奇的时期，但对于中国的环境而言，长期以来，性表达都是压抑的。许多创作者借由青春电影，积极展现了青春期的性表达，“堕胎”“初夜”等成为热门话题。但对于大多数人来说，青春期中的校园生活，多是像台湾电影《那些年我们一起追的女孩》以及《我的少女时代》所描述，是男女两性之间纯洁、青涩的爱情初体验。青春影片涉及性表达以及对异性身体的好奇，这本是一件正常的事情。而在中国大陆青春电影荧幕中，长期以来压抑的性表达得到极大的释放，借由荷尔蒙喷发的青春期，对性大肆渲染，不免让人觉得用力过猛。

“脚本理论强调人的性发育不仅仅是一个生理成长的过程，更是个人认同和归化于自己所处的社会的性文化的过程，而且恰恰是后者才塑造了人各种性行为。”然而，在青春题材影片中，性表达往往弱化了人物情感的觉醒与释放，而加大了对女性的身体伤害。[①] 创作者借助于性爱的错位与混乱来表现各个人物在青春时期对爱情的理解。由于对两性关系有理解的偏差，所以也无法承担相应的责任，于是很多影片中都出现了堕胎的情节。

《同桌的你》中周小栀怀孕，私自堕胎引发大出血；《匆匆那年》中方茴怀孕，为了体现青春记忆的刻骨铭心，甚至要求在手术过程中不进行麻醉而用极致的疼痛惩罚自己；《致青春》中，阮莞的男友出轨使另一女生怀孕，阮莞亲自拿钱并陪同她做了人流手术，对方身体的疼痛与阮莞心灵的疼痛交织在一处……为了表现青春的痛感，很多导演和编剧都将堕胎作为一个特征去描述。而这种扭曲的性表达却常常成为影片的转折点，推动故事情节的发展。如《匆匆那年》中方茴的初夜是出于报复陈洵；《左耳》中黎吧啦与张漾发生关系是黎吧啦勾引许弋的报酬，也是造成黎吧啦死亡的原因；《同桌的你》中小栀意外怀孕而林一却说“你觉得接下来应该怎么做”，暗示了他们之间最终不会有结果。女性作者在小说中通常会对性行为进行美化，它是爱的延伸、是情感的表达与抒发，而荧幕中对性的描述只能用前后的行为去展现，而无法真切地表现性行为中的爱。因此，小说中的性是美好的，而搬上荧幕的性却是尴尬疼痛略显粗暴的。

（三）仍在路上的女性主义

在上一个部分归纳的角色配置中，我们发现，前两种角色配置最后都回归到男性主导的恋爱模式中，说明当下社会对男女恋爱模式的接受度

① 秦璐．近年来国产青春电影叙事研究［D］．吉林大学，2016.

依然倾向于男女顺配。即使是徐静蕾塑造的独立女性，也比一般普通女性强大，强大到能够与男性比肩，与之势均力敌，仍旧以男性的标准在审视女性。尽管中国大陆青春电影总体口碑不高，但也不乏好作品，如《喜欢你》《七月与安生》，这两部作品也是网络小说改编而成，女性编剧与男性导演的搭配，《喜欢你》表现了大叔萝莉的组合，而《七月与安生》则侧重对女性细腻的描写。导演在原因剧本的基础上进行修改，如《七月与安生》结尾关于孩子的部分，从而避免落入“闺蜜抢男人”的落俗圈套；《喜欢你》更是使得观众对玛丽苏的情节买单。

《喜欢你》塑造的人物角色，尽管有男性的优越特质，也有其自身的人格缺陷，比如缺爱、孤独；女主角虽然处境落魄，但其也有自身的闪光点，在厨艺方面也是无人能及，有自己的倔强。男女主角在美食中相互欣赏，在某一个领域中互相认可，最终可以并肩看夕阳。无论身份如何，基于生活，他们都只是普通的恋爱中的男女，这就是这部影片所传递的，也是其尽管存在浮夸、脱离现实的情节，却赢得观众的喜欢。

《七月与安生》则是以两个性格迥异的女性成长道路展开，述说她们的悲欢，而交集则是男性角色苏家明。尽管描述的是两个女性，但实际上她们代表着每一个女性的双重性格，时而乖张跋扈洒脱，时而却扮演着乖乖女去迎合社会的期待。而男性苏家明在校园中与乖乖女七月谈恋爱，却在某些时候喜欢着放荡不羁的安生，七月与安生是女性本身的特征，不同的成长历程使得有人成长为七月，有人成长为安生，爱情与友情交织，却避免了狗血的“防火防盗防闺蜜”套路，最后的安生活成了七月，也收获了爱情。

女性角色在恋爱中的定位，反映了社会对爱情的定义。青春有痛感，而更重要的是走过青春实现的人的成长与蜕变。某种具体的符合，如校服、高考并不能代表一代人的青春，堕胎、性冲动更不是青春的代名词。青春期对于爱情的怦然心动更应该成为创作者挖掘的重点，刻意营造的痛点与伤害并不能够让观众产生共鸣。脱离了霸道总裁的套路，不能叱咤金融领域的女性，也可以成为可爱的少女。青春电影中对爱情的刻画，应该呈现出男女各自的性别特征，他们既是社会中的人，更是恋爱中的普通情侣。

中国大陆青春电影中的爱情表达，体现了一代又一代青年人的情感特点。尽管在不同的历史阶段有不同的表现方式，其本质仍是人间最至高无上的真情。作为一个保守的东方古国，“爱情”是神秘、高尚的；随着时代的发展，“爱情”又变成不可描述的禁忌；随着文化政策的改变以及物质水平的发展，“爱情”变成平淡的，而又不甘平淡变成“叛逆”的，“放纵”的……“爱情”是个永恒的话题，青春电影中的爱情表达未来的发展依然会从过去的历史，从现实的生活切入，而有待进一步发展的是表现情感的技巧、人物的刻画，当下爱情电影数量不少，质量却有待提高。尽管营销手段不断翻新，多媒体不断发展，对爱情电影的考核最终会回归到出品内容的质量上。提高电影中人物形象的刻画，体现爱情的普世价值，才能使中国大陆爱情电影进一步发展。

第二章 性别

不同代际女性的爱情叙事

20世纪80年代始，有三部具有时代特征的电影值得注意，它们的叙事纹理中透着50后–70后、80后和90后三个代际女性的爱情焦虑。社会转型期的困惑、迷茫，以及希望又复沉沦的湮灭重重地碾压在这三代女性精神和身体，但似乎好像一切都自然而然，似乎从未发生，鲜被提及。

一、《人·鬼·情》：一个优秀女性的牢狱

提到女性电影，不得不追溯到20世纪80年代的一部电影。有人说这是一部女版的《霸王别姬》，其实，它的内涵与《霸王别姬》完全不同。这部1987年上映的电影，却是中国为数不多的表现女性生存困境的优秀影片，某种意义上，它堪称中国第一部真正的女性主义电影。它就是著名导演黄蜀芹的《人·鬼·情》。

（一）飘摇的女子与身份

电影女主人公秋芸，小时候与伙伴玩耍时，不经意间看见了自己的母亲和一个陌生男人（绰号“后脑勺”）偷情，这让她既害怕自己的母亲会跟着别的男人，离开自己，从而对这种不守礼法的行为感到愤怒之外，更对自己的父亲（李保田饰演的秋夫）产生了深深的怜悯和同情。母亲和“后

脑勺”的偷情行为，深刻影响了秋芸的成长，由于深受传统文化的影响，这让她对母亲的行为感到不耻，所以她这一生都拒绝成为母亲这样的人，即用“性”去吸引和诱惑男人，她甚至害怕自己女性意识的流露。同时，在这件事中，她敏锐地感受了秋父的无助和痛苦，本性善良纯真的她，内心的天平是朝向秋父倾斜的，当然这也跟秋父在母亲与人私奔之后，无私地照顾和抚养她、成为了她唯一的依靠有关。

童年时期还发生了另外一件事，几乎摧毁了秋芸对男性所有美好的憧憬。当几个调皮的熊孩子，围着秋芸，当众羞辱她“快去找你的野爸爸”时，秋芸不禁向她的好伙伴二娃投去求助的目光，却没想到二娃不仅没有勇气出面保护她，反而“随波逐流”，跟着这些熊孩子一起嘲笑她、欺负她。这让小秋芸感到无比愤怒，她甚至冲过去，和二娃扭打在一起，当然她打不过二娃，当她被二娃死死按在地上的时候，她绝望地大声哭了起来，同时，她内心对于依靠男性来拯救自己的幻想，也破灭了。

这样一来，在秋芸朦胧的自我意识里，存在着三种不同的女性。一种是传统礼教的破坏者，例如她的母亲，这是她不愿意成为的对象；另外一种是弱女子形象，与之对应的是男性拯救者形象；第三种是成为男人般刚强的女性，自己拯救自己。很明显，秋芸特殊的童年经历，影响着她，意识中要成为的是刚强的、如男人般有力量的女性。

在传统稳固的社会，具有社会学意义上正常的女性人格的形成，往往离不开正常男性人格的影响。即男人要刚强、勇敢、男性特征十足，女人才能温和、柔软、女人味十足。例如金庸小说《天龙八部》里萧峰和阿朱，分别代表了中国传统文化中理想的男性和女性形象。而如果男人变得懦弱、无能、随波逐流时，那么女人则或者放荡，或者代替男人“挺身而出”，所谓“阴盛阳衰”是也。

秋芸在意识层面，努力使自己成了一代名角，取得了事业上的伟大成就；但是在潜意识里，对自己的女性身份，一直缺乏自信，从而 感到困惑。她第一次因为自己的女性身份被“埋没”而感到委屈是少女时期，由于她经常在舞台上演小生，故而留着短发，穿着打扮也跟男生一样。有一次去女厕所，还被人当成男生给赶了出来，恰好被前来寻找千里马的伯乐——张老师遇见，帮她解了围。

秋芸第二次为自己的女性身份被“埋没”是在她进城之后。由于她底子好、功夫扎实，张老师安排她演武生，故而她大部分时候都是以男人的面貌而出现。当其他女同伴都在议论谁好看时，她的内心也在暗暗较劲，于是她偷偷地将自己打扮成旦角，就是想看到自己作为女性最美的一面。

（二）左手事业，右手爱情

秋芸的情感生活一直不顺利、美满，即她一直都没有能够拥有一个理想的爱人。电影中的张老师，在城里的剧团演头号武生，既英俊潇洒，又才华横溢，可是他却娶了一个没有半点灵气、各方面都平平的乡下女人，还生了四个孩子。他喜欢秋芸，他和秋芸有精神上的共鸣，他是唯一能够理解、帮助且成就秋芸事业的男人，也是秋芸爱的对象，但是他却不能给秋芸一份完整的爱情。

在那个时代，一般女人，都抱着嫁鸡随鸡嫁狗随狗的心态，结了婚，一般都能死心塌地过日子，但优秀女人则不同，她越是有理想、有追求，就越感受到现实生活的庸俗、烦闷与痛苦。

这是电影《人·鬼·情》展现出来的优秀女人的困境，这是20世纪80年代的电影，以秋芸为代表的优秀女性，尽管在事业上兢兢业业取得了巨大成功，但在情感上依旧比较羞涩和保守。改革开放深入发展40年后的今天，不再是20世纪80年代那个蠢蠢欲动、欲语还休的状况了。现在的人，无论男女，思想都比当时开放得多了，男人、女人都可以多元化，像秋芸这样纠结的女性，估计会越来越少。如今的女性，面临的困境，主要还是生存的压力。一旦她们能够经济独立且至少达到自给自足的境界，她们寻找快乐的机会和方式也会多得多。

（三）女人与鬼

秋芸演武生，扮相出众，打戏精彩，招来剧团里男人和女人的共同嫉妒。于是有人暗中陷害她，秋芸受到了伤害，却找不到敌人是谁，于是发出“那看不见、摸不着的才是真正的鬼”的叹声。人心险恶，故而可怕的是人，而不是鬼。鬼反而都是最可怜的。例如钟馗。钟馗曾经是一个才华横溢的人，考中了进士，却因为长相丑陋，而被皇帝拒绝录用，故而羞愤自杀而亡。做了鬼之后，却念念不忘自己在人世间还有个妹妹，为了给妹妹找个好男人，故而辗转反侧来到阳间，这就是电影里“钟馗嫁妹”这出戏的由来。钟馗是个善良而极富正义感的男人，但又是一个不幸而可怜的人。秋芸对钟馗有种莫名的亲切感，既充满向往又深切同情。小时候，钟馗是秋父扮演的，当秋父扮演的钟馗在舞台上喊着“妹子开门来”的时候，却迟迟不见扮演“钟妹”的女演员（秋芸的母亲）出现，原来，扮演“钟妹”的女演员就在那一刻与“野男人”私奔了。只见钟馗在舞台上一遍又一遍不停地呼唤“妹子开门来”，急得满头大汗，那“蠢笨”的身体不停来回走动，传达出来的焦虑，就不仅仅是演员表演的符号，因为真实事件的发生，从而具有了真实的所指。这幕戏，看得秋芸泪水涟涟，也看得观众“惊心动魄”。钟馗，一个善良而又被命运戏耍折磨的“可怜鬼”的形象，与秋父这位老实巴交却蒙受屈辱的男人的命运联系在了一起。

故而，秋芸想要扮演钟馗，至少有三种原因：第一，她在钟馗身上看到了父亲的影子，那是一个弱势者的形象。她想通过扮演钟馗，来完成对自己父亲的救赎。电影的结尾，秋芸衣锦还乡，和秋父把酒言欢时，酒酣之际，秋芸说：“明天，你再扮演一次钟馗，我来演钟妹。”这是对几十年前，“钟妹”在舞台上的突然消失，迟来的弥补。秋芸在城里剧团训练时，就已经知道秋父并非自己的亲生父亲，“后脑勺”才是她的生父。然而，她从来也没有看清楚过“后脑勺”的脸，小时候如此，长大之后，即便坐在了“后脑勺”的身边，由于对方一直端起碗埋头吃面，她还是没有办法看清楚“后脑勺”到底长啥样。印象中，后脑勺只干了两件事，一件事是在草垛里和她母亲偷情，另一件事就是埋头不停地吃。所以，在秋芸的成长过程中，她缺乏真正意义上的父亲，给予她指引和保护。钟馗，这个面丑心善的“男鬼”，因为她养父的关系，给了她父亲般的感受。

第二，她内心真正的愿望，是想嫁个好男人。她渴望有个父亲或者兄长，能够像钟馗这样，操心她的幸福，帮她出嫁。但现实中她并没有这个“福分”。养父虽然无私抚养了她长大成人，但却并不真正懂她的内心。在她的生命中，她一直渴望被拯救，但最终，拯救她的人，都没有到来，她只能自我拯救。故而，她选择演钟馗，既是潜意识里渴望被拯救心理的替代，又是对现实中自我拯救者身份的映照。

第三，不论何种理由，种种心结都让她自觉或不自觉地选择了将钟馗作为自己终生陪伴的对象，说明钟馗已经成为她理想的事业、爱情、人格的符号，在选择扮演钟馗的事业中，她将人生最重要的东西——理想、事业、爱情、艺术都结合了起来，用她自己的话来说是“嫁给了舞台”，嫁给了“钟馗”，嫁给了一个完美却又虚空的符号，在这个符号中，她超越了自己的人生，实现了艺术、理想以及爱的永生。从这个角度来看，秋芸之“嫁”与钟馗，与扮演虞姬的程蝶衣舞台一刎，果然有异曲同工的境界。

这部电影虽然讲述出生于20世纪四五十年代、成长于六七十年代女性的故事，但表达出来的女性生存困境却具有一定普遍性，尤其与50年代、60年代、70年代女性生存体验比较接近，因为她们都是改革开放前出生的女性，社会开放程度远远不够。而接下来的两部电影，则更多体现80后、90后女性情感的状态。

二、无力叙述中的精致女人

电影《后来的我们》以一些琐碎的日常生活细节，营造一种所谓接地气的现实感。

电影的开头部分，相对还能给人惊喜，例如两个人在绿皮火车上邂逅，10年后又在飞机上偶遇；都是因为大雪，导致无法正常通行，从而机缘巧合，让两个人，在不同时空拥有了独处的时间和空间。开头部分电影的大全景、俯拍镜头很美，绿皮火车，在白雪皑皑的原野，沿着漆黑的轨道前行。

夜晚，方小晓和林见清散步，背景是一只只搁浅的船，船上亮的灯，特别像天上的明星，宛如郭沫若《天上的街市》里的诗句。方小晓穿着高跟鞋，在见清的搀扶下，慢慢行走，两个年轻人，虽然相识不久，但却有一种老夫妻般的默契，这是多么温馨幸福的画面。两个人后来在北京租的房子里，有一些琐屑的生活细节，也体现出平凡生活的可爱和温馨。电影有一个拉镜头，将视线从男女主人公两人的世界，放宽到左邻右舍，镜头从上俯瞰人们的日常生活，好几个家庭同时出现在同一个画面，这就是所谓的“万家灯火”；琼瑶的小说《昨夜之灯》里面写道，每一盏灯后面，就有一户人家，有一个故事，意境与之相似。周冬雨的演技很有爆发力，方小晓的角色与她在《七月与安生》中塑造的安生，有灵魂上的相似。

（1）真诚的导演，电影作为叙述的失败

周冬雨饰演的方小晓，具有文艺女青的心理特征，虽然她的工作大多数时候都是做销售，但她骨子里拥有的冒险精神与倔强气质，注定她这一生难以像普通人一样早早过上正常而稳定的生活，虽然她也渴望有个家，但她敏感的天性，使她无法和其他女人一样，仰男人鼻息而生存，她需要一个家，更需要一个男人像崇拜偶像一样将她时刻放在心上，尤其她越是爱一个人，则越看重自己在这个人面前自我的尊严。

这就可以理解，在和林见清恋爱之前，她选择的那些男朋友，大多是物质条件较好的，且都是奔着结婚目的去的，她很容易相信他们，无非是希望以真心换情深，让他们也好好对待自己，可是她的真心付出，并没能赢得他们对她的真心和珍惜，相反，她还一次次遭遇欺骗和背叛，这既说明她的单纯，又说明她异常孤独、极度渴望爱的温暖。

电影里有提到她的家庭，母亲改嫁国外，且在美国产子，家里只有被遗弃的父亲。每次过年，家里都冷冷清清，但即便这样，她也是要回家的，因为除此之外，她并无别处可去。不管平时如何在江湖装模作样、“叱咤风云”，过年回家，则将每一个人打回原形，幸福与不幸福，快乐与不快乐，回家看看就知道。

她的家里从来都没有过别人家过年时的温暖和热闹。孤独的方小晓，很多时候难以抵抗他人对他的好，尤其是恋爱方面，哪怕只是一丁点，她甚至分不清真与假，因为她太需要爱了，所以“病急乱投医”，有时候明明知道对方可能不是好人，但也要傻傻地去赌一把，结果，她从来没有赢过。他们没有一个人真正懂她和爱她，大部分都是利用她，玩弄她，她虽然伤心，却有着小草般的坚韧、坚强，不服输的性格使她越挫越勇。

面对她不在乎的人，她可以像个男人一样喝酒、打牌、抽烟，但一旦遇见她真正喜欢的对象，例如林见清，可以看得出来，她第一眼见到林见清，是火车上，林拾到了她的火车票。

林见清戴着眼镜，清澈的眼神和书生气质，给了她别样的感觉。总之，她在林见清面前特别能够放松自己，可以无拘无束表现自己，也是因为林正清对她的理解、包容和信任。与她的任何前任都不一样的是，他们的认识，是老天爷赐给的缘分，谁都没有刻意去追求，但却注定要在一起。这是爱情发生的前提。

他们是做了很久的好朋友之后，两个人才在一起的。并且发生关系的第二天，方小晓就逃了，用林见清的话来说，就是不打招呼，也不接电话，这让理工思维的林见清难以理解，他以为，能够将他喜欢的女孩子睡了，这个女孩子肯定就会一辈子跟他在一起。可是，方小晓久经情场，对男人的劣根性，知之甚深。她害怕，林见清也和其他她睡过的男人一样，睡多了，就将她抛弃了，与其被他抛弃，不如先抛弃他，这是一种自我保护，在不明白对方心意的情况下，她不敢以对方女朋友自居，甚至还弱弱地问了一句："我们还可以做朋友吗？"这种主动"退而求其次"的做法，在爱情方面的"胆小"和"不自信"，与她平时的张牙舞爪、飞扬跋扈，判若两人，这是典型的底层女孩的自卑心理，也是文艺女青年自尊的体现。她绝对不是那种摇尾乞怜的女人，哪怕她再穷，再不好看，再一无所有，她也不会因为和一个男人上了床，就把自己当成他女朋友，这是前任男友们对她的伤害所留下的心理阴影，但她从不以弱者的姿态而出现。哪怕她再喜欢一个男孩子，她也不会用"上床"作为资本，逼迫对方重视她，娶她。所以，选择了暂时逃避，她宁愿给人"轻浮"的印象，也不愿意首先承认，她爱上了对方，因为她害怕失去，更害怕再次受到伤害。故而，她表面上给人"轻浮"的态度，像个男人一样，她是独立的，玩得起也放得下，但她内心深处，却渴望对方给他一个真诚而有力的承诺，好让她完完全全放心安心。

只是林见清缺乏恋爱经验，他并不懂女孩子的内心，尤其一个将自尊看得比爱情更重要的女孩子的内心。他对女孩子的理解，还停留在传统概念之中。林见清喜欢方小晓，但却从未跟她表白过，他也有顾虑，他觉得自己暂时还一无所有，怕给不了方小晓幸福，所以他就一直忍着，一直以好朋友的身份关心方小晓，但却让方小晓认为，他不够爱她，甚至他和她在一起，还是迫不得已的。贫穷和渺小，让他们对自我产生怀疑，故而，也不敢勇敢面对自己爱的人。他未能理解方小晓的处境和立场，他只想到自己暂时还很穷，不发达，买不起房，还以为方小晓是因为这个而看不起他，跟他不告而别。因此，这两个人都较为自我，只感受到自己的焦虑，且都被不自信蒙了头，从而无法体会对方的困境，更无法帮助对方走出困境。

刘若英说，她想在这部电影中努力表现新时代年轻人恋爱的精神特征，在这部电影中，可以看到她这方面的探索和努力，但因为缺乏更具有表现力的叙述方式，反而让观众陷入难以理解的突兀情绪中，有的甚至因此而觉得反感甚至愤怒。方小晓的内心的确过于纤细敏感，不仅林见清难以理解，就连普通的女性观众在看完之后，也难以理解，她们甚至愤怒，为什么林见清结婚之后，还和前任牵扯不清，分手了，就不应该再见。女性观众，很多都无法将自我投身到方小晓身上，却都对那个没有名字的林太太产生了同情。

这部电影，讲述的不仅仅是对爱情的反思，还有关于女性成长的艰难。鲍勃·迪伦有一首歌，这样唱道："一个男人要走过多少路，才能真正成长为男人？"同样，一个女人，要经历多少失败的爱情，才能真正成长为一个独立的女性？电影中的方小晓，在生存和爱情两方面所受到的挫折，并不会比一个男人，从男孩成长为真正的男人所经历的挫折少；而要成为一个真正独立的女性，对于任何一个女人而言，都不是一件容易的事，而对一个出生在底层、受教育程度不高的女性而言，更是难上加难。

一个年少时期就北漂、没有接受过高等教育的女孩，对一个大学毕业、聪慧、执着、有着坚定梦想（做游戏）最后在游戏市场获得巨大成功的林少清，说出"你要明白你想要的是什么，而不是因为我想要什么你就要什么"这样的话来；在林少清喝醉酒之后与路人打架时，这个女生，对着男朋友狠狠一巴掌甩下去，还做狮子吼。

这样果敢、有见识的女生，为什么在和别的男人交往时，就变成了软弱、善良的小白兔一而再再而三被人欺骗和背叛？为什么在和林见清在一块时，就是一副热爱自由、自信洒脱、刚强勇敢、独立自强的性格，而和其他男人在一起时，就总是想到大房子、好工作、安全感等世俗的东西？

总之，电影对方小晓性格的这种变化（或曰发展）缺乏明晰的交代，而对男主人公林见清形象的塑造，几乎都失败的，除了在维护和关心女主角方面，有些煽情的表现之外，男性主体性基本是缺失的，林见清的存在完全是方小晓的陪衬，缺乏独立的意志。故而这部电影，看上去就是方小晓的情史回忆录，可以更名为《方小晓和她的前任男友们的故事》，方小晓在展览她的故事时，还不忘在男主角设计的游戏里，加上一句“伊恩永远爱凯利”，这很明显是一个自恋的行为。

更为自恋的是，方小晓与林见清的父亲，就是过年的时候，见过几次面，吃过一两次团圆饭，何以会让林见清的父亲，在握着新媳妇的手时，竟然想都未想，就喊“小晓”的名字？林父最后的信，也是电影一大败笔。好的电影不应该通过煽情的方式，来加强观众的代入感，从而忽略电影叙述的薄弱和情节编排的无力。“意志薄弱”的观众，看这类电影时，很容易想起自己的故事，然后被自己感动得稀里哇啦的，哭鼻子抹眼泪，这并非是电影的魅力，要知道，要想刺激这样的女观众，一首软绵绵的情歌，一句虚假的情话，甚至一些花粉，就足以让她信以为真，感动落泪，这并非什么值得骄傲的好品质。

（2）方小晓与女性成长的艰难

方小晓，从一个童年时期就缺乏爱的孤独女孩，到年少时期就步入社会，独自闯荡江湖，这个过程中，她也有过平凡女孩对爱情与家庭的渴望和梦想，一开始，她幻想找一个经济条件好、有身份有地位的男人，助她实现家庭梦、富裕梦、爱情梦，这就是她全部的人生理想；当这一切梦想失落的时候，她只希望找个可以聊得来的人，能时常陪伴自己左右，所谓“一个人失意的生活，是悲惨的，而两个失意的人在一起就是幸福的”，这个时候，她理解的幸福，就是有人陪伴，有爱，有温暖，物质生活不再重要了。

然而她发现，即便是这个简单的愿望，也难以真正实现，因为不管她计不计较，放不放下，“物质现实”始终是阻挠她爱情发展的最主要因素。经历太多，她不再看重有没有钱、有没有房，但对于一个现实中的男人而言，有钱、有房，才能给他带来尊严，这是林见清当时的想法。所以，方小晓再次痛苦地发现，原来能够让林见清真正开心和快乐的，并不是自己，而是一些她从来就不曾达到的目标，从未真正拥有的东西。作为女人，之前没有得到的东西，她现在完全可以放下，她可以是时退出江湖，然后欺骗自己说，我只要爱情，这是女人的理性；但男人则不同，女人闯不出事业来的时候，还可以以爱情或家庭的名义，给自己找台阶下，但男人呢？这辈子，不论成功还是失败，他都必须一往无前，男人要是失败，那就是真的失败了，没有任何借口，没有任何退路，没有任何台阶。这是世俗社会给男人预定的成功法则。而彼时正处于世俗中的林见清，把赚钱和买房，看成唯一成功的标志。他的思维尚未跳出世俗法则。他没有想到，正在他一鼓作气的时候，方小晓，一个自视比他勇敢、有闯劲的女人，却偃旗息鼓了。

后来，林见清功成名就，却发现再也找不到真正值得他爱的女人了。问题在哪里？

任何爱情的旨归，都是为了成就更好的自己。越是爱对方，就越要努力做最好的自己。可是自己越优秀，给对方的威胁也就越大。故而爱情的结果，通常都是，我们都成为了对方眼中优秀的自己，但我们都娶了或者嫁了并不如我们优秀的人。

方小晓为什么拒绝林见清最后的求和？

这个时候的林见清，带着他在北京买的房子，还有银行多位数的存款，说要将他爸爸和方小晓接到北京去住。但是方小晓拒绝了。因为她发现，此时此刻，他们两个人之间，已经不再是以前的平等关系了。一个有产者，一个无产者，财富的悬殊，必然会导致地位和精神上的不平等。方小晓此时，不再是当初那个初出茅庐、好傻好天真的姑娘了，她已经深刻意识到，女性独立的重要意义。比爱情更重要的是，人格的独立。至此，方小晓完成了她女性成长的第一步。

然而，女性成长是一个艰难而漫长的过程，女性独立人格的形成、稳定，也需要一生去维护。

电影里，方小晓独立人格的形成，经历了被迫到主动选择的过程。

可是，最后，若干年过去之后，飞机上的意外相逢，老天爷又给方小晓出了一道难题。

林见清已婚，有了妻子和孩子。

那么，旧情重燃的方小晓，面临成为“小三”的尴尬。

如果，林见清依然爱方小晓，他可以选择离婚，然后再和方小晓结合。

但是林见清做得到吗？为了爱情，放弃现有的一切，这对很多男人而言，都是可怕的冒险。

当然，电影到这里就结束了。它并没有美化“小三”，它只是对新时代独立女性提出了新的问题，当爱情与世俗婚姻出现矛盾，你该如何选择？勇敢而独立的女性，是否会一直坚持下去？ 女性是否会为一些抽象的命题、原则，而放弃世俗利益的争夺？这的确是横亘在独立女性面前，一项艰难的选择。

三、身体属于男人，灵魂属于女人

《七月与安生》这部电影给我们呈现了一副关于女性主体成长的画面。在这两个女孩的情感天地中，只有一样东西，不被女性世界认可的，那就是“身体”。

七月说，她与安生的友谊，是一次被选择的结果。其实，“被选择”的人，并不被动，七月的内心，冥冥中也在等待、期盼甚至召唤一颗灵魂的出现，一颗能够读懂七月内心的实在世界而又能够带着想象去飞舞的灵魂。

自我（主体）具有三个维度：实在、想象与现实，也即前符号领域、欲望领域与象征秩序。

拉康的认为女性在这样的主体中是缺场的。因为，无论是弗洛伊德思想，还是拉康的理论，抑或是我们生存的社会现实，都是建立在以男性为中项的基础之上。即男人才是这个社会真正的主体，他存在，他占有，而女性，则是男性的欲望对象，她们似乎从来也没有取得过在象征秩序的主体地位。

男性世界的“身体”，不过是物化的，欲望的对象，为了满足男性下半身冲动而存在。少数男性，会向往超越，不会迷失在欲望世界。但多数男性，在生活的惰性与惯性中，只会听从下半身指挥。他们会说，“我们改变不了象征秩序，进不了超越的中心，我唯一能感受到自我存在的，就是我的下半身勃起的冲动。”于是，既来之，则安之。用这个“冲动”来面对女性，必然会选择“物化”女性，稍微有一点主体意识的女性，都会拒绝。那么，主体意识缺乏的女性，则会对男性的这一欲望表示迎合。她们或者贪婪，或者弱小，需要从男性身上获得好处，以获取象征世界的地位，例如妻子，例如母亲，这样的身份，平庸而安全，但是没有自我。

安生，是这个女性世界的精神主导，是灵魂领袖。她从小就不是一个安于象征秩序的人，她是旁逸斜出的，她是有自我个体性的。她是一个真正的女性主体，有女性之魂。

但安生的爱情，败给了肉体。首先，在安生与家明的关系中，安生一反传统女性“保守、安静、害羞”的特色，变得粗犷、不羁，粗鲁却不无诱惑。这是一种没有束缚的女性形态，随心而形。而家明，正是被她这一特殊的女性特质所吸引；家明，对安生的爱，源于精神探险的需求。兴趣，好奇，让他对安生产生了欲罢不能的感觉。

但是，七月爱上了家明，七月奉献给家明的，是接触，是吻，是肉感，是身体，这正是传统男性的欲望本能。家明，当然逃不脱这个本能，但却在享受这一过程的时候，感觉到缺失，感觉到不充实，所以，他要暂时离开上海，离开七月，去寻找他精神上向往，却又缺失的东西，那是安生的方向。

灵魂的世界，不分男女，男女共享。但男女的结合，却必须通过现实——身体的连接。

安生，缺乏的就是这样一个具有符号意义的身体。

安生到北京，跟随了一个弹吉他的男孩。与其说是爱情，不如说是逃避对家明的爱。弹吉他的男孩，最终背着安生，与另一个女孩激吻在了一起。那是身体的结合。安生失望地离开。安生，与这个男生的“现实结合”，以失败告终，原因是“身体”的缺失。

安生与七月“互撕”一段。七月敞开了自己的衣服，露出丰满的胸，直接指向安生："你以为男人喜欢你？男人喜欢我这样的。"

这道出了现实的悲剧：安生的流浪，虽然勇敢，却是女性个体一个人的自我多情，她缺乏吸引男生、使男生安稳的"资本"——现实因素；七月，拥有"身体"的资本，但内心却被动忍让，她的"自卑"，不是因为男人不喜欢她，而恰恰是因为她需要在"男人的需要"之外，寻找一个真正的自我，这个自我，她在安生身上看到了。

她输给安生的，不是"爱情"，而是作为主体的女性。

安生输给了现实，以男性为主体的现实。这说明女性主体的弱小，她还不够强大。

实际上是，七月一直努力在跟上安生的脚步，就像她当初踩着安生的影子一样所说的那句话，踩到了谁的影子，就一辈子不分离。而我们都是七月，内心深藏安生。

如果七月俗一点，她肯定会以为自己赢了安生，但是七月没有这样做。她完全可以与家明结婚，但她却放弃了这"拱手而来"的幸福，因为，她的骨子里，是一个强者，她不愿意，在女性的世界和尊严上，输给安生。最后，她死于难产，以死亡的方式，终结她一直不甘心 苟且的"世俗人生"（身体现实，而回到了灵魂的所在——超越，女性自我的追求）。

文中的超越，是一系列的否定。结果，安生以"七月"为笔名，让死去的七月，在精神上复活了。故事不同了，但灵魂还是一样。七月，终于获得了和安生平等的资格（或地位）。安生照顾着七月的孩子，或许，这个孩子，会以否定的方式，将两个人的身体与灵魂合并。这是最后的肯定。而男人的世界，被抛弃在外，等待被改写。女性，终于实现自我的地位。

这是对某些大众媒体塑造和传播的"闺蜜互撕"的"塑料花"姐妹形象的颠覆。她们更接近 90 后女孩。女性之间应该也能有真正的情谊，这是女性联盟的基础。女性的解放，除了依靠女性自身之外，还需要全世界的"女性阶级"团结起来。

第三章　意象

流星作为浪漫的种子

人们什么时候仰望星空不得而知。遥远的天空似乎有一种魔力，无数年来吸引着不同时代不同地域的眼眸。可惜的是，当代人开始失去对星空的迷恋与向往，鳞次栉比的高楼大厦、五光十色的繁华夜景让人渐渐遗忘了星空的璀璨。但，星空的美丽一直存在人们的脑海里，特别是星空里最美的流星雨。

早在远古时期，先民们就开始了对星空的探索，人们对天文星象观察并且记录，将天空星区与地理区域相互对应。追求秩序的古人们不仅将天空规划得井井有条，还将星宿与地面区域一一做了对应，这个对应关系就天文说，称作“分星”，就地面说，称作“分野”。简单来说，就是古人们将天上每个星座都与地上的实体地理区域一一对应，并用于占卜。由此可见，星空在古人眼里是带有神秘而又神圣的色彩的。而被认为是中国最具浪漫色彩的传统节日，更被现代人誉为“中国的情人节”——“七夕”，便来源于人们对自然天象的崇拜。

从历史文献上看，在距今三四千年前，随着人们对天文星象认识的深入和纺织技术的产生，便出现了关于牵牛星织女星的记载。关于牛郎织女的天文星空区域对应地上地域分野，文字记载见于汉代文献，《汉书·地理志》：“粤（越）地，牵牛（牛郎）、婺女（织女）之分野也，今苍梧、郁林、合浦、交趾、九真、南海、日南皆粤分也。”在东汉时，牛郎织女星象出现了人格化的描写：“织女七夕当渡河，使鹊为桥。”东汉的诗歌集

《古诗十九首》中的“迢迢牵牛星，皎皎河汉女”更是诉说着织女牛郎的离别之苦。人们将团圆美满的爱情象征赋予了天上的星星，天空中的星座也因牛郎织女的美丽传说而成为爱情象征，那一片璀璨的星空，在很早以前便寄托着人们对爱情的向往。

从天文学的角度来看，流星是指运行在星际空间的流星体在接近地球时由于受到地球引力从而进入地球大气层，并与大气摩擦燃烧所产生的光迹。流星雨是在夜空中由许多流星从天空中一个辐射点发射出来的流星体碎片在平行的轨道上运行时以极高速度投射进入大气层的流束。似乎用天文现象来解释流星的由来会缺乏诗意，大部分人还是愿意站在感性的角度看待流星，相信当流星划过寂静夜空时，许下的愿望便会实现。流星在现代人的认知里一直都是浪漫的代名词，而浪漫，则是爱情里的必需品。可以说流星一直充当着现代人爱情的催化剂。

虽然浩瀚的星空寄托着人们对爱情的向往，但在古人的认知里，星空中坠落的流星与浪漫并没有任何关联。

最早发现和记载流星雨的是古代中国，早在春秋战国时期，《竹书纪年》就有“夏帝癸十五年，夜中星陨如雨”的记载，最详细的记录见于《左传》中“鲁庄公七年夏四月辛卯夜，恒星不见，夜中星陨如雨”。即公元前687年是世界上最早的天琴座流星雨的记录。从最早有史料可考的甲骨文片便可得知中国古人热衷于占卜，古人对这世界的认识是把人置于宇宙天地这个大系统中，也就是“天人合一”。石申在对自然天象的研究中，发现人与自然在本质上完全相同，于是将对自然的研究成果运用到对人及人类社会的研究中，创立了早期的占星术，著有《天文》8卷（西汉后被尊为《石氏星经》）。随着占星术的发展，流星作为自然现象自然也被古人用来占卜。古人根据流星的形状以及意义的不同对流星进行分类：在天空留下尾迹的被称为流星，不留尾迹者称为飞星，有尾迹而较小者称为使星，意义各不相同。如流星落地时尚未燃烧殆尽，成为陨星，则凶兆更险恶。据《乙巳占》所载：“流星者，天皇之使，五行之散精也。飞行列宿，告示休咎。若星大使大，星小使小。星大则使大而害深，星小则使小而祸浅。……凡流星有芒角者，及有声为怒；色润而迟为喜，疾则事速，缓而事迟……"

在古人的认知里，流星有预示吉兆和凶兆的作用。秦始皇36年，一颗流星坠落在东郡，原齐秦两国的交界地，陨石上刻着“始皇帝死而地分”，秦始皇找不到刻字之人，便把陨石周围方圆数十里的所有人家都处死，并焚毁那块陨石。还有唐代瞿昙悉达的《开元占经》陈卓曰：“流星入梗河，王者诛夷国，不出三年。”引《黄帝占》“凡妖星所处，形状不同，为殃如一。其出不过一年，或三年，必有破国、屠城，其君死亡，天下大乱。兵士出行，战死于野，积尸纵横。战争过后，又有水旱、饥荒、疾疫之灾。”除此，还有《晋书·天文志》记载“有长星赤而芒角，自东北西南流，投亮营，三投再还，往大还小。占曰：‘两军相当，有大流星来走军上，及坠军中者，皆破败之征也。’九月，亮卒于军，焚营而退，群帅交怨，多相诛残。”更多的文献显示，流星预示着凶兆的影响更大，那么在古人的认知里，对着预示凶兆的流星许愿是毫无意义的。由此我们可以得知，在中国古代，流星并没有实现愿望这一功能。

与中国古代不同的是，古代的欧洲，人们相信流星与灵魂有关，甚至是灵魂幻化的。据史书记载，当查理大帝最后一次在萨克森进行远征，迎击丹麦人的国王戈多夫里德的时候，他正从帐篷里走出来，要在日出以前开始进军，他忽然见到一颗流星掠空而过，从右向左横扫晴空，光亮异常。大家正在诧异这个征兆作何解释，他所乘的那匹马突然头朝下跌倒了，猛然把他摔在地上，连他的斗篷的系带都扯断了，他的剑带也从上面滑了下来。当他的侍卫们跑上来帮助他的时候，他们发现他已是盔零甲落、衣散襟开了。后来，查理大帝便病逝了。①

在早期中世纪的欧洲，英仙座流星雨被称为圣劳伦斯的泪水，因为其出现时间与3世纪基督圣罗马的圣老楞佐受火刑罹难的日子8月10日相近，那时不期而至的流星雨仿佛在为他流泪。

不同地区对待流星的看法也不尽相同，阿根廷北部半游牧的皮拉加印第安人认为流星不过是星星的粪便；希腊人认为流星是上升或下降的人类

---

① （法）艾因哈德、圣高尔修道院僧侣.《查理大帝传》[M]，北京.商务出版社，1979:52.

灵魂，而犹太人和基督徒认为他们是堕落的天使或恶魔……国外早期对流星雨的认知，似乎没有中国古人那般沉重。

而“流星许愿”说最早是源于北欧神话的记载，对着永恒之枪冈格尼尔发誓的人，他的誓言必将实现。此枪是阿萨神族主神奥丁的所有物，用世界之树的树枝做成，坚硬得任何武器都无法破坏，而且一旦掷出就一定会命中目标，可以击穿所击中的任何东西，随后自动回到主人手中，当奥丁将此枪掷出时，会发出划越空际的亮光，人们称之为“流星”，另有人称之为“闪电”。当然，具体有文字记载的，还要追溯到19世纪。列举如下：

目睹星辰坠落，我自灵魂发愿。

——1839年爱尔兰歌曲作家山姆·勒夫尔

你可以在看见流星时许愿，如果能够在流星消失前陈述完这个愿望，它就会实现。——1887年康沃尔的民俗传说

“流星许愿说”是在19世纪中叶到20世纪初开始成为西方流行的民间传说。这段时间正值西方列强入侵中国，西方列强对中国进行大规模的文化输出，但因为当时国人思想保守，而且当时关注点都在“自强”“求富”的改革与革命上，所以向流星许愿这一传说传入中国时并没有产生大规模的影响。而同样被列强入侵的亚洲国家还有日本，日本于1868年进行明治维新改革，提倡“文明开化”，人民思想觉悟提高，积极地吸收西方文化。据可考文献显示，向流星许愿的传说在日本集中出现在昭和10年（1935年）。这一传说在日本流行开来，融合当地文化，产生了很多好的作品。

藤子·F·不二雄著名的科幻漫画作品《哆啦A梦》，于1969年12月开始连载，向流星许愿只是千百种实现愿望的方式之一，《许愿仙女棒》里大雄说：“我听说只要在流星没有消失之前许下愿望的话，任何事都可以成功。”《哈雷的尾巴》里对每76年环绕太阳一周的唯一一颗裸眼直接从地球看见的短周期彗星的惋惜“76年才一次，那一辈子能不能看见一次还不知道呢”。《流星诱导器》中哆啦A梦更是科学地解释了流星的由来以及流星的罕见。20世纪中期的人们开始慢慢用科学的角度看天文现象，但人还

是会把感情放入科学里感受流星的魔力。

鸟山明于1984年到1995年连载的格斗冒险漫画《龙珠》，传说神创造了七颗龙珠，散落在世界的各个角落，只要集齐这七颗龙珠就可以召唤出神龙，而神龙将帮助你实现一个愿望，实现后便会自动飞散并变成石头，其中超级龙珠散布于不同宇宙中，每一颗的体积相当于一颗星球。这好比从天而降的可实现愿望的流星，落在地球上就会成为陨石。车田正美于1985年至1990年间连载的《圣斗士星矢》，创作灵感来源于作者看到狮子座流星雨，引发出流星拳这一意象。武内直子的魔法少女漫画《美少女战士》中第23集里水冰月看到流星雨后说“向流星许个愿，如果涅夫莱特也喜欢纳留，就不要再做坏事了”。《美少女》动画片于1992年在日本首播，中国香港于1994年在翡翠台首播，1995年于台湾华视首播，后来在大陆广州电视台等也相继播出。

向流星雨许愿渐渐成为日本的一种民俗文化，反映在文学影视作品中，随着漫画、动画片等大量传入中国，国人对流星雨的观念也开始慢慢发生改变。而神尾叶子于1992年至2004年连载的《花样男子》这部霸占了日本第一畅销的少女漫画更是加速了流星雨的浪漫化。

这部漫画被翻译成各国语言，远销海外，传入台湾并于2001年翻拍成偶像剧《流星花园》。在这部剧中，霸道的道明寺，自幼过着优越而狂妄的生活，直到遇到他的灰姑娘——董杉菜，而杉菜喜欢的是忧郁而温柔花泽类。富家少爷道明寺初尝爱情的滋味，只懂得用霸道而幼稚的行为去表达自己的感情。几经波折，杉菜慢慢对道明寺产生了好感。而让两人定情的是那场“举世瞩目”流星雨。虽然等待流星雨时两人一如既往的吵吵闹闹，但看到流星雨的那一刻，气氛变得浪漫。“在这颗流星陨落之前，如果被世间情侣所看到的话，他们俩会被紧紧地锁住，就像被爱神的翅膀紧紧地托住一样，会被永远地记上爱情的记号。杉菜，我们正式交往吧。”“如果我爱你只有你爱我的十分之一，你还是愿意跟我交往吗？”“我会努力地把其他九分都补齐的。”

美丽的流星雨、浪漫的对话、流星雨下的拥吻，爱上一个人只需要0.2秒，杉菜或许就是在这浪漫的一刻爱上道明寺的吧。这一场流星雨，见证了杉菜和道明寺爱情的开始，也让大江南北的观众记住了这一刻流星雨下的浪漫。流星戒指作为线索贯穿《流星花园 2》，道明寺在西班牙打算买流星戒指向杉菜求婚，岂料发生车祸、失忆的变故。后来流星戒指唤醒了道明寺的记忆，但两人的感情之路依然波折。最后的那场流星雨让人唏嘘不已，两人互相表露心意，但现实有太多阻碍和责任。杉菜说："是流星让我们的爱情开始的。如果今天晚上有流星雨那我们就什么也不要管；如果没有，就是结束。"可惜两人错过了老天爷为他们落下的漫天的流星雨。浪漫的流星雨下，上演的也可能是悲伤的故事。

另一个和流星雨相关的故事是 1999 年的香港电影《星愿》。男主角洋葱头是个又盲又哑的男孩，他在医院工作期间认识了护士秋男，两人在相处中渐渐相爱，一起看流星雨时，秋男许下了"洋葱头重见光明""两人永远在一起"的心愿。后来洋葱头却车祸意外身亡。醒来后被天使告知他是第 600 亿个死后来到北极星的人，每 100 亿个人可以许下任何一个愿望。洋葱头想返回人间，天使答应以数天后的流星雨为限，五天内回到人世，但不许泄露身份。被天使改变了容貌的洋葱头出现在秋男面前，试图告知其真正身份，但总不如意。在最后不到半小时时，秋男终于知道了洋葱头的存在……故事的最后，在漫天流星雨下，洋葱头永远的离开了。横亘在生死间的爱情，流星雨凄美得让人心痛。

由此可见，民间对流星雨的解释越来越科学，对流星雨的民俗认知也在不断发生着改变，从封建的"凶兆说"，到后来新闻报道、小说文献里代表"短暂的辉煌"或偶尔带有贬义的解释"质量不高，站不住脚跟，陨落迅速"，再到后面受国外文化影响（主要是日本文化），人们对流星雨"凶兆说"等的认知才逐渐转变成"向流星许愿"的"浪漫说"。

"许愿说"具体何时开始在国内传播我们无法得知，但西方文化大面积传入是在 1915 年后，而父辈祖辈对"许愿说"的认知则早于 1960 年。但多篇文学作品反映出国人对"流星"的认知在 20 世纪八九十年代前还是多指短暂地发光、生命逝去、昙花一现等，即使偶尔与爱情相关，也多是以短暂且悲剧的故事收尾。

流星的"浪漫说"影响主要来自邻邦日本，二战结束后日本人民生活艰苦，希望能从精神上得到慰藉和满足，漫画作为一种比电影广播等都廉价的娱乐方式，自然成为了为生计所累的人的第一选择。流星许愿民俗在日本漫画里经常出现，改革开放后越来越多的“西洋”物件成为中国人的“家常便饭”，而日本漫画更是让当时的中国青年无法自拔，上述的日漫都是20世纪对中国影响极深远，成为他们的记忆，随着影视在国内的普及，向流星许愿这一民俗传说也日益深入人心。

《星愿》于1999年年末在中国上映，虽曾引起一番轰动，但与当时的经典作品（如《古惑仔》《大话西游》等）对如今的影响对比可得知，即使电影里流星和爱情相关度很高，但其传播面还是有限的。根据推断，流星成为与爱情浪漫的代名词是在《流星花园》后，剧中直接用影像的形式记录了流星雨以及流星雨下的爱情故事，让很多没见过流星雨的观众感受到流星雨漫天划过的美丽景象以及爱情在流星雨下的浪漫。据数据显示，《流星花园》在台湾地区的收视率刷新了电视剧收视率的历史纪录，网络传播量更是不可计量。F4首张专辑《流星雨》以20元一盘创造了盒带“第一天价”，其销量更是火爆，开售第一天甚至造成“官方网站”两度瘫痪，其小说销量更是多达每天30万。当年甚至有一种F4“病毒”，小至十几岁、老至五十几的人（尤其是女性）都对F4有着疯狂的痴迷。不论是港台还是内地，多家电视台都争相购买版权放映，视频的点击量更是可观，满街的F4海报、CD、个人写真，唱遍大街小巷的主题曲，无一不在显示着这部偶像剧空前的热度。

数据反映，21世纪初，中国内地的电视普及率已高达94%，而在20世纪90年代开始婚恋、娱乐类节目在电视节目中占比渐渐加大，相比于报刊、小说等文学形式，其传播力度更大。再加上网络的日益发展，《流星花园》的传播速度更快。因此可以总结中国“流星许愿”说大范围传播离不开日本的文化输出，而“流星浪漫”说的大范围传播则离不开《流星花园》。

1998–2001年间，中国上空有过几场著名的流星雨。其中1998年狮子座流星雨和2001年狮子座流星雨最为震撼。1998年正是回归周期为33年的狮子座流星雨极大期，当时正值国际互联网以图文并茂的资料和信息冲击传统媒介时期，中国众多媒体通过中国科学院紫金山天文台网站对流星雨进行直播，新型的传播形式、33年一遇的极大期吸引了众多学生、天文爱好者等观看。而2001年流星雨则是21世纪第一场流星雨，据多地新闻报道，人们纷纷相约去看流星雨：天津市天文学会组织多达数百人的观测队伍观星，广东从化近800人观星，香港数千人赴石澳观星，北京天文馆组织群众观星、热线电话响不停，南京高校组织观星、网络传播等。2001年的流星雨也不负众望，成为“流星暴”，多“火流星”和“亮流星”。

这场流星雨的难得一遇让人们纷纷相约看流星雨，圆了那场少时向流星雨许愿的梦。2002年《当代学生》杂志上刊登了一篇《对流星许下的心愿》记录了高中生面对流星许下的各种愿望，比如“希望地球转回到最初的纯净、无污染的时代”。[①]孩子们的想法天真而烂漫，他们对世界对未来满是憧憬。

这之后，在爱情倾诉与表述中，“流星”一时似乎成为共同的语言资源。《流星雨》唱道：“陪你去看流星雨落在这地球上，让你的泪落在我肩膀。要你相信我的爱只肯为你勇敢……”《星语星愿》的生死之恋：“告诉我星空在哪头，那里是否有尽头。就向流星许个心愿，让你知道我爱你……”《我的少女时代》徐太宇说：“那个夜晚，我向流星雨许愿，希望她的愿望里也有我。即使我知道，能让她快乐的是另一个人。”《你的名字》里“以彗星为龙，以彗星为绳结，描绘出割裂的彗星舞动的形态，又是一轮岁月”。以流星开启的故事同样让人泪目……

流星雨的浪漫化解读，是此类符号诠释系统中的一种，浸透着人类的无限想象与渴盼。流星穿越了重重天际与时光，与我们相遇，虽然转瞬即逝却迸发了积蓄一生繁华的惊艳。如今，高楼林立，灯火繁华，活在匣子里的每一个个体或许只有在各种媒介中追随一场场流星雨，毕竟人的一生很短，流星来的路很长。

---

① 忆茗：《对流星许下的心愿》.《当代学生》[J]，2002(3).

第四章　明星

名人婚恋八卦之阴与阳

一、从爱情观说起

爱情观也即个体对爱情所持有的态度和看法。有关爱情观的研究最早起源于心理学，自 20 世纪 30 年代弗洛伊德研究爱情以来，大批学者开始追寻研究爱情本质。弗洛伊德将爱情解释为力比多，在他看来，爱恋的情感会从自恋向“力比多”转移，这就是恋他之爱。

爱情的本质，1944 年 Reik 认为是寻求救赎。[①] 马斯洛进一步发展，他认为爱的需求可能包含了弗洛伊德所理解的属性，但对于自我实现的人而言更高层级的爱，可以为自己而爱别人，而不是补救自己的缺陷。[②]

然而学者们发现，由于受到生理、心理等多方面影响，爱情的概念过于复杂而难以界定。因此，国外对于爱情的研究多对爱情类型的量化测量，研究人们的爱情观。例如诺克斯和斯帕克斯基认为，浪漫主义爱情和现实主义爱情是爱情的两种基本态度，而赫特菲尔德和沃尔斯特从类型学的角度把爱情分为伴侣型爱情和狂热型爱情。[③] 他们提出，对于一直在一起的夫妻，热情的爱情会随着时间的推移而发展成为同情的爱情：亲密关系从情感强度和强烈的物理吸引力转变为基于“感觉到他人与我们的生活密

---

① Reik, T..A psychologist looks at love[M]. New York: Farrar & Rinehart, 1994.

② Maslow, A. H..Toward a psychology of being[M]. Princeton, NJ: Van Nostrand, 1962.

③ Berscheid, E., & Hatfield, E..Interpersonal attraction[M]. Reading, Mass.: Addison-Wesley Pub. Co, 1978.

切相关”的感情。

除了较早的临床心理学领域，爱情理论更多的来源于社会学、心理学，倾向于讨论爱情风格、爱情的组成部分和影响因素等。1976年，有学者认为，受到文化和社会的影响，爱情基本分为6种模式，大致可归纳为主要模式和次要模式。其中，浪漫型（eros）、游戏型（ludus）和朋友型（storge）是爱情的主要模式，次要模式则为理智型（pragama）、占有型（mania）、奉献型（agape）三种。① 这一理论模式得到了西方学者们的广泛认可，基于此，亨德里克（Hendrick）编制了爱情观量表（Love Attitudes Scale）。② 该量表以6种爱情模式为基本维度，采用5点计分，共42道题的方式测量人们的爱情观；后来，为了方便研究，亨德里克又基于自己的研究基础精简题目，最终确定了共计24道题的简版爱情观量表。经过大量跨文化研究的验证，该量表被认为是较为客观、科学的测量爱情观的工具，并在各类研究中得到了广泛应用。

1987年，Shaver根据Bowlby的依附理论，提出爱情关系的三种依附风格，发展了爱情风格学说：他将成人的爱情关系视为一种依附的过程，即伴侣间建立爱情联结的过程，就如婴幼儿在幼年时期与双亲建立依附性情感连结的过程。这三种类型分别是：安全依附型（secure style）、焦虑/矛盾依附型（anxious/ambivalent style）、逃避依附型（avoidant style）。③ 恋爱关系风格的连续性部分归因于自我和社会生活心理模型，理论认为一个人的依恋风格部分是由童年与父母的关系决定的。

与依附理论认为爱情风格受父母的影响不同，有学者倾向于爱情风格是不断变化的认知。爱的三重理论（Sternberg）④ 认为爱可以分成三个组成部分，分别是亲密关系、激情和决策/承诺，“三重爱情理论”中提出，伙伴

---

① Lee, J.. A Typology of Styles of Loving[J].Personality And Social Psychology Bulletin，1977，3（2）: 173–182.

② Hendrick, C., & Hendrick, S.. A theory and method of love[J]. Journal Of Personality And Social Psychology，1986，50（2）: 392–402.

③ Hazan, C., & Shaver, P.. Romantic love conceptualized as an attachment process[J]. Journal Of Personality And Social Psychology，1987，52（3）: 511–524.

④ Sternberg，R J.. Construct validation of a triangular love scale[J]. European Journal Of Social Psychology，1997，27（3）: 313–335.

关系的亲密，激情和承诺在关系过程中可以预测地发生变化：激情和某些方面的倾向减少，而承诺增加然后逐渐平息。据此 Sternberg 进一步开发了三角理论量表，研究人们爱情风格的变化。

在爱情风格之外，学者们进一步研究了国家文化、原生家庭、性别角色与自尊心对爱情观的影响，以及爱情观与性态度之间的关系等。1966 年，心理学家保罗·罗森布拉特在一系列文化调查中，将文化传播与社会组织的相关模式与浪漫爱情的出现作为结婚的基础。在 20 世纪 60 年代的功能主义环境下，他假设像其他所有人一样，现实的社会建构对私人情感的建构和表达有相应的影响。① 基于文化研究的理念，Jankowiak 和 Fischer 采用了 166 个国家和地区标准跨文化样本，考察了跨文化差异对浪漫表达风格的影响。研究结果是显而易见的：文化传统将个人的情感结合到与他人的依赖网络中，从而重新宣传或消除个人情感体验的强度。反之，这种依赖网络破坏了个人对恋人或色情幻想的倾向。②

在性别角色对爱情观的影响方面，1987 年，Bailey 和 Hendrick 探讨了性别角色定位与爱情、性态度的差异有关的可能性。结果发现：男性在恋爱观和性态度上更多玩世不恭，性开放和仪式化。女性更以情感为导向，追求实际和依靠，有时更追求负责任和共有的态度。男性相对较多目标导向，而女性相对较多关系导向。③

人际关系也被视为影响爱情观的重要因素，1970 年，Rubin 从爱情是一种人际关系的假设开始，制定了内部一致的爱情观量表。浪漫爱情的概念包括 3 个部分：附属和依赖的需求，帮助的倾向，排他性和吸收的方向，并预测大学生情侣会比已婚夫妻多一点时间相互凝视。④1997 年，Montgomery 和 Sorell，使用 Hendrick 爱情观量表对四个家庭生活阶段群体中六种爱情风

---

① Coppinger, R., & Rosenblatt, P.. Romantic Love and Subsistence Dependence of Spouses [J]. Southwestern Journal Of Anthropology, 1968, 24 (3):310–319.

② Jankowiak, W., & Fischer, E.. A Cross–Cultural Perspective on Romantic Love[J].Ethnology, 1992, 31 (2):149–155.

③ Bailey, W., Hendrick, C., & Hendrick, S.. Relation of sex and gender role to love, sexual attitudes, and self–esteem[J]. Sex Roles, 1987, 16 (11–12):637–648.

④ Rubin, Z.. Measurement of romantic love[J].Journal Of Personality And Social Psychology, 1970, 16(2):265–273.

格的认同差异进行了调查，样本包括四个组中的250名成年人：分别是单身的青年大学生，子女未成年的已婚人士，子女成年并与自己一起生活的已婚人士，子女成年不与自己一起生活的已婚人士。研究讨论了所有生活阶段爱情观与关系满意度之间的关系，发现不同群体在爱情观认知度上的差异，大多数差异发生在未婚和已婚组织之间。[①]这项研究的结果模式与格拉施和施特劳斯的观点最为一致，两位学者认为随着年轻一代进入完全成年状态，经历了人际生活中的角色结构转变，爱情观态度的连续性变化可能会更加明显，此后，婚姻过程中的爱情观几乎没有变化。

除了人际关系的作用和经验，大众媒介也在形塑我们对爱情和婚姻的想象中扮演着重要的角色。Signorielli在1991年提出，对于大部分人来说，电视是最常见最普遍的一种影响关于爱情行为和想法的媒介了。[②]大众媒体不仅销售产品或服务，还出售特定的观点。学者们认为，即使在最不浪漫的时刻，电视仍然存在着浪漫主义。黄金时段的电视节目比大多数节目的快乐结局更积极，虚构的电视节目中恋爱关系与现实生活中不完美的爱情往往矛盾，媒体似乎饱含了关于浪漫关系的消息。然而，很少有面向浪漫主义的媒体与人们对爱情关系信仰之间联系的研究。

不现实的浪漫主义信仰对婚姻满意度和稳定性是有害的，但这些信仰起源却不被人们了解。虽然婚姻期望可能通过人际关系的经验形成，但实际上许多作者指出媒体影响是婚姻浪漫化和理想化观点的重要来源。例如，Jones和Nelson认为在没有突出的榜样的情况下，人们“将更容易接受社会和媒体提供的浪漫婚姻观”。更具体地说，“对于大部分人而言，电视可能是最常见的一种关于婚姻和亲密关系的观念来源”。Bachen和Illouz提出美国青少年渴望拥有理想化的浪漫文化模式和浪漫关系的态度，是由于密切暴露在媒体呈现的图像中。在一系列媒体和浪漫案例的研究中，Illouz还指出，受访者经常声称媒体需要对自己的浪漫观念负起责任。

Segrin和Nabi认为，我们社会中高离婚率的一个解释就是许多人对结

---

① Montgomery, M., & Sorell, G.. Differences in Love Attitudes across Family Life Stages[J].Family Relations, 1997, 46 (1): 55–61.

② Signorielli, N.. Adolescents and Ambivalence Toward Marriage[J].Youth & Society, 1991, 23 (1):121–149.

婚抱有理想主义期望。[①] 媒体被认为是这些期望的主要贡献者；然而，没有经验也没有证据支持该控诉。2002 年，基于培养理论和使用与满足理论，两位学者对 285 名未婚大学生展开调查，试图研究电视观看与对婚姻的理想主义期望和结婚意图之间的关系。回归和路径分析结果表明，整体电视观看与理想主义婚姻预期呈负相关，观看浪漫的流派节目（例如浪漫喜剧，肥皂剧）与理想主义对婚姻的期望呈正相关。此外，这些期望与婚姻意图之间的强烈和积极的联系也被证实了。

2010 年，Hetsroni 研究评估了电视观看和爱情风格之间的关系。基于爱情观量表（LAS），研究调查了 338 名未婚以色列学生的电视观看习惯，恋爱现状和婚姻意图之间的关系。研究结果可以解释为支持弱培养理论，只有三种爱情风格与电视观看显著相关：游戏型、实用型和激情型；[②] 友谊型，占有型和奉献型的爱情观并没有关联。研究结果与爱情观量表所定义的三种主要爱情风格并不一致，因此在未来的调查中研究假设如何制定也值得思考。

以上研究揭示了大众传媒对受众爱情观的培养效果。新媒体出现后，在浪漫关系升级中，社交网站正在成为流行的沟通形式，网络的媒体接触成为了媒介与受众爱情观研究领域中新的研究对象。2001 年，Cornwell 和 Lundgren 比较了网络空间聊天室和日常环境中的面对面恋爱态度之间的关系。研究假设，在恋爱中的参与度方面，尤其是承诺和正式态度，网络空间的恋爱参与度往往比真实空间更低；在失实陈述方面，特别是年龄和身体特征，网络空间中失实陈述往往比真实关系更高。[③] 研究结果表明恋爱关系的空间影响了参与程度，从而影响了失实陈述的数量。网络空间受访者比真实空间受访者年龄大，在性别或教育程度上很少有差异，这打破了早期爱情研究中对于性别角色差异的假设。不过，最近的一项针对青年人群

① Segrin, C., & Nabi, R.. Does Television Viewing Cultivate Unrealistic Expectations About Marriage?[J].Journal Of Communication，2002，52（2）: 247-263.

② Hetsroni，A.. Associations between Television Viewing and Love Styles：An Interpretation Using Cultivation Theory[J].Psychological Reports，2012，110（1）:35-50.

③ Cornwell，B.，& Lundgren，D.. Love on the Internet：involvement and misrepresentation in romantic relationships in cyberspace vs. realspace[J].Computers In Human Behavior，2001，17（2）:197-211.

在 Facebook 上的恋爱承诺表明（Facebook“恋爱中”的个人资料展示，可以圈定自己的恋爱伴侣），女性在这一承诺上的态度和强度高于男性。①

新媒体媒介接触被证明在浪漫关系中发挥着其特定的作用。2005 年，Tracil · Anderson 在他的博士论文中研究了网络使用时间和偏好与对网恋的看法之间的关系，针对 177 名从未参与网恋的人群展开调查，评估了在线恋爱观念和互联网使用量，互联网亲和力，网络感知现实和浪漫的信仰之间的关系。结果显示，网络接触时间和网络亲和力与在线浪漫关系的积极态度呈正相关；而感觉到的现实主义和浪漫的信仰与在线浪漫关系的看法无关，这意味着媒介接触对受众爱情观具备涵化作用。但研究采用的是早期涵化理论研究的模式，局限于网络接触时间对受众爱情个的影响，缺乏对受众个人经验、网络接触动机和偏好的控制。在新媒体全面浸入人们生活的当下，基于媒介特性和受众个人媒介使用习惯和经验，大众传播对受众爱情观的影响，仍然有新的理论价值待开发。

二、明星婚恋八卦的历史检视

明星八卦伴随着娱乐八卦的发展，而逐渐成为媒体主流报道的一部分。Bergmann 将八卦定义为两个、多个或全部参与者熟知的缺席的第三人非正式的谈话模式。②他认为，八卦谈话，很大一部分吸引力来自于八卦事件的公开性和事件主角寻求自我隐私的紧张感。八卦，因此不只是关于拥有信息，还关于评估和分享信息，帮助构建八卦社会网络和理解文化世界。八卦谈话的主要功能是将个人绑在一起，创造出一种在现代社会更大范围内的亲密关系。基于社会行为处理和共同判断的文化生产行为，许多学者认为八卦实际上是社会的互动重要手段。

---

① Fox, J., & Warber, K.. Romantic Relationship Development in the Age of Facebook: An Exploratory Study of Emerging Adults' Perceptions, Motives, and Behaviors[J]. Cyberpsychology, Behavior, And Social Networking, 2013, 16 (1): 3-7.

② Bergmann, J. R.. Discreet indiscretions: The social organization of gossip[J]. HOEPLI EDITORE, 1993.

2.1 明星婚恋八卦的发展

尽管自 18 世纪初以来，报纸上的八卦故事一直是新闻界的惯用手法。但值得注意的是，斯隆提到，我们对煽情主义的欲望并不是随着小报的兴起而出现。人们早在第一次报纸出现之前就一直对耸人听闻的消息感兴趣：

“这种感觉的欲望自 1609 年德国出现第一份报纸以来已经延续了几个世纪。它可以在 16 世纪流淌的流浪舞者的血腥流行歌曲以及民间人群涌向中世纪的公开斩首活动，古罗马的可怕的‘游戏’中发现，并且一路追溯到史前时代。”显然，煽情性并不是现代传播的发明，更不是由超市八卦小报创造。然而，在 20 世纪 50 年代中期至 90 年代末期的近半个世纪中，这些标签的作用却增加了一种不可抗拒的新风味——一个如此令人难以置信的令人难以置信的诱人的辛辣，大量的公众变得沉迷于阅读它。”①

第一个真正的八卦专栏始于 1730 年，当时本杰明·富兰克林为宾夕法尼亚州宪报作了专栏。但是这些短暂的八卦贡献还不足以称其为八卦小报，因为小报的每一页都充满了有吸引力的人情味报告和图片：

“虽然小报这个术语是指仅有正常一半大小的报纸，但现在几乎总是用来表示耸人听闻的新闻——兜售人情味报道，重在图片说明并且短小精悍，内容高度一致的文章。”②

八卦小报的根源在于 19 世纪 30 年代商业新闻出现——《便士报》。这些便宜的报纸是自给自足的，从广告和现金购买中获得资源。第一个出现的耸人听闻的报纸是太阳报，由本杰明·戴 1833 年 9 月创办于纽约。这份报纸的故事都很简短，并且用活泼的风格作清晰描述，这种新的新闻形式影响到了后来新闻的风格。

众所周知，小报新闻的开始是“黄色新闻”。约瑟夫普利策在 1883 年开始了这个新的新闻传统。印在黄纸上。随着报业的扩张，普利策推动了美国消费社会的发展。他的创新很快被其他人模仿，如威廉·伦道夫·赫

① Sloan, B.."I watched a wild hog eat my baby ! ": A Colorful History of Tabloids and Their Cultural Impact[M]. Amherst, New York: Prometheus Books, 2001.

② Bird, S.. For enquiring minds: A cultural study of supermarket tabloids[M]. Knoxville: University of Tennessee Press, 1992.

斯特（William Randolph Hearst），他在旧金山开始办报，之后创立了《纽约报》。赫斯特与普利策的竞争，导致19世纪末黄色新闻的泛滥，这些小报与我们今天所知道的小报非常相似。

赫尔斯特在1924年推出了《美国日报》，承诺90%的娱乐和10%的信息不会枯燥无味。那时候，就像现在这些小报被批评，甚至叫诽谤一样，黄色新闻在当时被认为“毒害”无辜读者的头脑。不过，到了20世纪30年代，小报形式被确立为美国新闻的永久特征。

普罗索教皇在现代小报的兴起和演变中是一个非常有影响力的人物。他是《国家查询者》成功故事背后的人物。威廉·格里芬（William Griffin）于1924年创立了这个小报，至今仍然很受欢迎。这个被称为“GP”或“老板”的“普通教皇”，在20世纪80年代把它变成了一个非常成功的小报。这本充满无法解释的奥秘，不寻常的人文故事和明星八卦的杂志吸引了数百万读者。很多人复制了GP的创作，造成了20世纪80年代小报市场的爆炸式增长。

今天的八卦小报自动与明星联系在一起。但是并不总是如此。在小报渗入超市之后的第一个10年中，明星报道是其内容编辑组合的一个重要但仍然相对较小的部分。“他们投入了更多的空间，更加突出地体现了‘令人惊讶的’因素的故事——不明物（空间外星人，不明飞行物，心理学，电话运动，身体外体验，死后生活），无名英雄，破烂物财富，古怪的发明，奇怪的消遣等。即使是医疗突破、政治问题，或是其他社会问题也经常在头条上出现。”

明星八卦的变化发生在1969年1月17日。当天的查询者问题描绘了杰奎琳·肯尼迪·奥纳西斯的负面形象。杰基与亚里斯多德·奥纳西斯（AristotleOnassis）——一个年龄是她两倍的希腊花花公子的婚姻，震惊了很多人。普罗斯教皇在这里嗅到了一个成功的故事。他采访了前肯尼迪的保姆，他们对杰基发表了一些不好的话。“对于许多媒体人士，包括教皇的一些教职员工，这似乎是浪费钱。美国读者是否真的关心一个老英女的怨恨？”然而普罗索教皇再次打破了纪录。

普罗索教皇为小报开辟了新的道路：名流八卦诞生，受到观众的高度赞赏。对于像玛丽莲·梦露和埃尔维斯·普雷斯利这样的明星，斯隆称之为明星堂，来得稍晚。虽然他们当时还活着，但新闻界并不关心他们的日常生活或成功故事，明星八卦只涉及杰恩·曼斯菲尔德的车祸等丑闻或可怕的事件。不过，在Jackie之后，许多其他人会跟随成为尖叫小报八卦的封面。20世纪最大的明星故事是Jackie的婚姻，充斥了20世纪60年代和70年代的新闻界。随之而来的是辛普森在1995年的审判，1997年戴安娜的猝死，“明星八卦将于何时何地终结可以是任何人的猜测，但毫无疑问，他是与Jackie一起开始的。”

在美国，像其他地方一样，流行文化在很大程度上与明星文化是互换的。自八卦小报之后，明星八卦杂志是成为流行文化的代表之一。他们自媒介改革后一直在上升期，现在已经成为企业巨大成功的代名词。八卦杂志的读者主要是被认为在阅读这些杂志能够得到愉悦的女性。同时，这些杂志代表了“刻板，狭隘和落后的妇女的经验”。[①] 像其他在她之前女权主义研究者一样，安德烈·麦克唐奈尔认为这些元素的组合在政治上有问题。

麦克唐纳做了很多精细的观察，得出明星八卦杂志旨给读者创造一种印象——他们都属于一个社区。杂志的内容和读者之间有一个相似之处：杂志描述年轻女性明星的生活吸引了年轻女性读者。另一方面，有些矛盾的是，明星近年来一直以普通人的身份重塑自己。至于他们的观众联系，明星必须看起来是真实的，为此他们将自己呈现为普通人，以加强与读者的密切关系。

这些杂志和明星一样谈论自己。确实，麦克唐纳的采访透露，年轻女性在明星八卦中发现杂志以及与他们有关的材料。这是她们喜欢阅读这些出版物的首要原因。年轻女性想要阅读关于明星的婚礼、婴儿和分手，因为这些是在这个阶段，他们或周围的人正在发生的事情和生活。作为一种社会活动而言，闲话与客观新闻不同。明确的故事在明星八卦杂志上发表传达重重的道德判断，明确预期个人作为社会成员（在这种情况下，年轻女性）的文化规范。这就是明星八卦杂志在政治上令人失望的地方，因为

---

① McDonnell, A.（2014）.Reading Celebrity Gossip Magazines. Hoboken：Wiley & Sons.

它们对女性的宣传与传统意识形态基本一致：结婚，有孩子，用尽一切手段保持瘦。

视听媒体和视听媒体八卦的历史较短，首次出现于19世纪。在Furnham等人的研究中，发现通过不同的媒体渠道回忆新闻信息的程度不同。他们得出结论，与以前的研究相矛盾，当电视新闻包含图片时，人们再回想起电视新闻比印刷新闻更多。音频信息完全没有更好的回忆结果，但是当添加图片时，成年人和11至13岁的儿童在回忆测试中得分更高。①Furnham等人用双重编码假说解释了这种影响，声称包含图像和语言代码的视听信息比单一表示更强大。从进化的角度来看，这代表电视的效果可以用图像的强大影响来解释。看到事情发生了，就好像"你是事情的一部分"一样，应该引发更强烈的情感和记忆触发，而不仅仅是听力或阅读。我们的思想，不适应媒体环境，愚弄我们，让我们相信我们已经陷入了我们所看到的情况，无论是真实的还是通过媒体形象的。Furnham等人的结果肯定了这一想法，它们表明在电视上添加图片可以增强回忆的表现。

随着八卦媒体从印刷走向新媒体，八卦社群的内部互动更加频繁。Meyers对八卦博客的研究表明，一系列受众的解读可以并且确实存在，更重要的是，这些解释是在内部协商的gossiper的社交网络，而不仅仅是行业控制。Meyers的研究认为八卦博客为博主和受众建立了一个虚拟社区，八卦博客的信息内容对受众具有明显的影响。②这一方面是由于社区关系形成了一个虚拟的人际传播环境，另一方面则是由于信息本身的影响力。交流八卦作为分享文化的手段，确定什么是或不是正确的人生方式，加强了作为集团成员之间的联系。

2003年，明星八卦市场得到了空前的发展，帕姆提供了这样的解释："整个明星的魅力以前都受明星丑闻和国家查询的限制，被认为是低档的。但现在，由于改善了呈现方式，这已经是一个普遍的话题。"③ Wenner补

---

① Furnham，A.，De Siena，S.，& Gunter，B.. Children's and adults' recall of children's news stories in both print and audio-visual presentation modalities[J].Applied Cognitive Psychology，2002，16（2）:191-210.

② Meyers，E. A.. Gossip talk and online community：Celebrity gossip blogs and their audiences，2002.

③ Wilson，J.. Star Testing：The Emerging Politics of Celebrity Gossip[J].The Velvet Light Trap，2010，65（1）：25-38.

充说："我们正在赢得那些年轻而有趣并且收入相当高的读者，这意味着是明星八卦从小报的市场，以及读者的成见中解脱出来，从而激发了更大的行业知名度。"[①] 名流八卦的激增通过放松管制的媒体经济实现，如今关于明星丑闻的叙述或趣闻故事成为主流媒体内容中令人印象深刻的一部分。互动，融合的媒体持续不断促进了这些与明星相关的八卦的跨平台讨论：美容咨询和时尚提示仍然是主流，特别是对于年轻女性来说；明星浪漫，婚姻或离婚是他们最喜欢的商品；电影迷与当代的明星八卦杂志同样令人震惊。

由于媒体融合和新的视觉技术，"狗仔队"机构出现，并作为娱乐业的重要力量。鉴于这些机构的创造能力并分发独家故事，"狗仔队"内容的全球化日益受到新形式的娱乐信息的影响。"狗仔队"已经成为"旧媒体"娱乐新闻崛起的主要动力，无论是在丑闻、浪漫还是动作环境方面，都创造出有名望的新闻媒体（和宣传丰富）背景的证据。[②] 这些图片提升了传统新闻媒体的经济成就，在名流杂志不断发展的今天，"狗仔队"图片的价格也在不断上涨。鉴于新媒体的兴起，"狗仔队"业务蓬勃发展，伦敦和洛杉矶等主要城市的机构数量也在增加。随着这一扩张，明星照片的产量也有所增加，为国际上的报纸和杂志创造了更多的娱乐饲料。"旧媒体"印刷的小报如英国《太阳报》和《世界新闻》，或美国《人民日报》和《美国周刊》仍然是"狗仔队"图片的最大买家，其流通量大幅增加证明了商业需要这样的图像。

大量的"狗仔队"团队由自由摄影师组成，直接向新闻和娱乐出版物销售图片和消息，该领域现在多数由拥有自己品牌娱乐跨国公司主导。事实上，由于员工摄影师的下降以及媒体对各种自由职业者的依赖程度的增加，鼓励了"狗仔队活动"。伴随着非企业作家撰写的娱乐博客的兴起，加剧了关于明星的图像和故事的流通。这正是目前娱乐八卦盛行，明星八卦

---

① Wilson, J.. Star Testing: The Emerging Politics of Celebrity Gossip[J].The Velvet Light Trap, 2010, 65 (1): 25-38.

② McNamara, K.. The paparazzi industry and new media: The evolving production and consumption of celebrity news and gossip websites[J]. International Journal Of Cultural Studies, 2011, 14 (5): 515-530.

信息过热的另一原因。

我国明星婚恋八卦的发展是在明星经济的产业带动下发展起来的。改革开放以后，由于经济的发展和人们观念的转变，文化产业得到发展，在经济主体中所占的比重加大，人们不仅开始消费娱乐，也开始把更多的注意力转移到频繁出现在大小荧屏上的演艺人员。从20世纪80年代，新闻报道开始出现娱乐化倾向，到娱乐新闻从传统新闻中分离出来，经历了三个阶段：

第一个阶段在20世纪80年代末到90年代初，其特点是文化新闻的娱乐化倾向开始出现，具体表现为报纸成立报道明星新闻与娱乐消息的专版。例如，1988年《解放日报》成立“娱乐”专版，该板块集中于娱乐演艺圈的新闻报道，尤以当红明星刘晓庆等人的新闻居多，图文并茂地向读者介绍明星们的动态和作品，报纸娱乐化的倾向初现端倪。除《解放日报》外，《广州日报》《文汇报》《光明日报》等报纸也在文化新闻中开设娱乐专版，加重娱乐新闻的报道以满足读者对明星们的好奇。娱乐专版吸引了众多读者竞相传阅，这一时期娱乐新闻的成功实践成为后来者模仿的典范，娱乐新闻从传统新闻中分离的脚步也由此加快。

第二个阶段出现在20世纪90年代中期到20世纪末，其特点是娱乐新闻不再依附于文化新闻而逐渐独立出来，成为一种新的新闻板块。1995年出现的报纸扩版热，为娱乐新闻从传统新闻中独立出来创造了条件。自1995年起，《文汇报》扩版为12版，原有的《文化天地》扩版为4版，其中娱乐新闻占据两个版面以上。由于娱乐新闻的广受欢迎，多家报纸开始以跟风娱乐热点，报道娱乐新闻为办报方针。同时，娱乐新闻不再局限于北京和广州等发达城市，逐渐向内地延伸，一些新创刊的报纸，自成立之初就设立娱乐板块，娱乐新闻由此进入蓬勃发展期。

第三个阶段是21世纪初，娱乐新闻的地位愈渐凸显。报纸不仅每天供应娱乐新闻，有些报纸甚至将文化新闻改版为娱乐新闻；与此同时，电视也开始播报娱乐消息。1999年7月，北京光线电视推出电视节目《中国娱乐报道》，搜罗明星新闻。声画结合的电视娱乐新闻，自出现就赢得了广大观众的追捧。《中国娱乐报道》的成功，也预示着电视娱乐新闻此后近10年的兴盛不衰。

报纸娱乐新闻和电视娱乐新闻从传统新闻的分化，加剧了明星婚恋八卦信息的传播。尽管内地演艺圈的文娱作品不断涌现，然而20世纪初之前，明星八卦文化主要依托于港台明星的感情生活，这一方面是因为内地娱乐圈发展水平较低，港台娱乐圈明星文化向内输出，吸引大批粉丝关注追星；另一方面也是由于文化氛围所限，娱乐新闻报道较为正统，尚未形成大规模的影响力和传播力。在网络媒体之前，明星婚恋八卦信息及其他八卦的广泛传播，主要还是依托于八卦杂志和狗仔文化的影响。

受到英国小报文化的影响，中国香港最先出现八卦杂志。1990年，香港著名八卦杂志《壹周刊》正式创办，主要报道明星的隐私和感情生活。在这样的办刊理念下，《壹周刊》的销量大幅增长，引起其他报刊杂志的竞相模仿，至此，一股消费明星八卦的风潮开始出现。

1997年香港回归后，受到香港文化发展的影响，内地的娱乐事业也开始转型，文艺界开始过渡到娱乐圈，娱乐记者应运而生。

目前我国明星婚恋八卦的消息来源主要有三种：“狗仔”爆料、明星公开、网友或知情人士上传公布。

我国明星八卦的发展起步较晚，八卦与网络社区八卦几乎同步出现。1999年，天涯论坛成立，以人文关怀的名号迅速吸引了大批网民集聚；2004年6月天涯论坛“娱乐八卦”从影视评论板块分出，专门为热爱明星八卦但对影视作品关注度比较低的用户开设。尽管天涯在八卦论坛中早已享有“北天涯，南高登”的“声誉”，为天涯“娱乐板块”的影响力奠基事件当属“艳照门”事件。作为娱乐圈史上最大丑闻事件，给社会造成了一定的负面影响，“艳照门”也成为人们对娱乐圈的婚恋关系混乱的刻板印象的始作俑者。

明星公开婚恋情况是娱乐圈婚恋八卦的另一消息来源。在过去，很多明星为了保持粉丝们对于他们的狂热喜爱，必须保持单身，以便满足粉丝们的幻想。随着粉丝追星态度的转变，大众不再单纯将明星视为理想情人，而是希望能看到明星之间戏剧化的浪漫爱情，于是曾经“影响星途”的八卦事件也变成了明星情侣或夫妻“娱乐盛宴”式的炒作。最早被视为娱乐圈金童玉女的张柏芝、谢霆锋，自1999年初次合作《老夫子》以来，两人的关系就在娱乐新闻的大肆吹捧下备受瞩目。由于八卦新闻对浪漫爱情的鼓吹，明星的恋情与婚姻生活是否幸福也越来越受到观众的关注。在这样的文化背景下，2009年刘德华隐婚事件被爆之后，很快得到了粉丝的祝福，其人气及演艺事业并没有受到影响。微博女王姚晨入驻微博后，曾多次发布博文记录与丈夫（现为前夫）凌潇肃的婚姻日常，被粉丝盛赞为“有亲和力”，可见明星八卦文化的风向转变。受此文化影响，微博频频成为明星公开恋情或秀恩爱的主力阵营。统计微博年度热门话题可以发现，自2010年起，明星婚恋八卦始终占据当年热门话题前十，如2010年“汪小菲微博高调宣布与大S订婚”、2011年“谢娜张杰大婚”等事件，均是在明星主动公开的情况下引发网友讨论。除了此类公开恋情或婚讯的博客，明星情侣或夫妻也以微博争夺话语权。

纵观明星婚恋八卦的发展史，大概经历了从报纸媒体的文化新闻，到八卦杂志刊登的“狗仔”丑闻，以及新媒体时代八卦主体多元互动的常态，随着明星婚恋八卦的全民关注化，占据大众媒体资源的演艺明星，感情生活状态越来越频繁登上新闻头条。接触明星婚恋八卦信息，是否对受众爱情观具有潜移默化的影响？2017年6月27日，为加强网络用户账号管理，积极传播社会主义核心价值观，营造健康向上的主流舆论环境，有关部门采取措施遏制渲染明星八卦隐私，炒作明星炫富、低俗媚俗之风，全民星探、卓伟等19个追星账号被关闭。这在一定程度上佐证了对于明星婚恋八卦对受众产生影响的担忧，因此本研究将在进一步理清明星八卦新闻中的主流爱情观的基础上，探析明星婚恋八卦信息接触与受众爱情观的影响。

2.2 新媒体语境下的明星婚恋八卦的议题

作为明星婚恋八卦的主要消息来源之一，微博对娱乐新闻的影响，首先建立在“明星微博的兴起”和“微博作为记者的专业工具”这两个背景之上，娱乐新闻记者/编辑“关注”明星微博是这种影响的起点。截至2017年9月，微博月活跃用户达3.76亿，继续保持稳定增长。由于大量用户和明星聚集，微博已成为娱乐圈八卦的集中讨论地，对娱乐新闻的影响也愈见分明。2010年，美联社发布《中国记者在社交媒体工作使用习惯调查报告》，报告指出60%的记者都曾将微博作为新闻来源，其中过半记者使用新浪微博。微博的媒介特性使得近年来爆出的如黄晓明baby大婚等话题，频频引起社会热议。本研究选取“新浪娱乐”这一新浪官方娱乐账号2017年发布的微博文本作为样本，进行文本分析，以期发现明星婚恋八卦新闻中的主流爱情观。

“新浪娱乐”作为微博官方的娱乐板块，于2009年8月28日开通账号，截至2017年12月31日，已发布微博逾12万条，粉丝数超2257万，无疑是明星八卦发布主体中最具影响力的媒体之一。本研究利用网络爬虫工具，搜集并整理了“新浪娱乐”2017年发布的10997条博文，并利用中文分词工具jieba做出词频分析，结果如下：

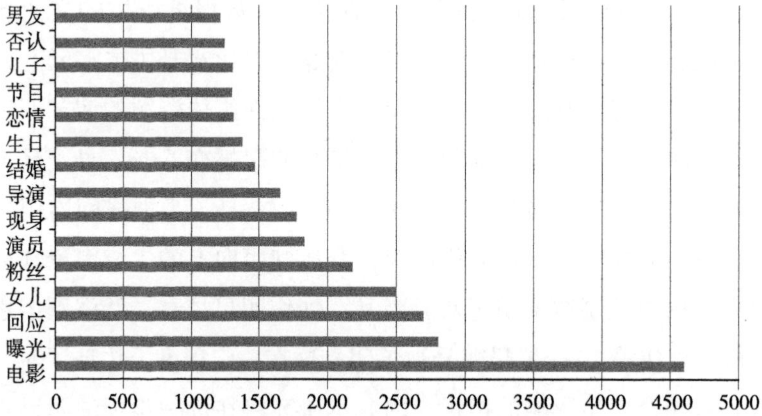

图2–2 “新浪娱乐”微博词频排名情况图

排除“转发”“微博”等无异议词语，“新浪娱乐”微博词频排名前十五中涉及明星婚恋八卦的词汇有“结婚”“恋情”“男友”，占排名前十五词频的20%，在一定程度上可以代表明星婚恋八卦在娱乐新闻中的占比。由于关键词多为中性词，无法进一步价值判断。在此基础上，研究采用话题分类，从“新浪娱乐”2017年全年微博中以微博评论量为指标筛选出300条微博，并对其进行内容定性是否为“明星婚恋八卦”，在300条微博样本中，最终统计了97条与明星婚恋八卦有关的微博。其中讨论热度最高的微博为7月5日发布的双宋大婚的消息，博文为“#宋仲基宋慧乔结婚#据韩媒报道，主演《太阳的后裔》男女主角宋仲基和宋慧乔发布婚讯，两人预计在10月31日完婚”。此条微博转发超13万次，评论逾8万，点赞数44万，热门评论以近9万左右点赞数的结婚祝福被置顶。在微博话题#宋仲基宋慧乔结婚#下，共计23.5亿次阅读，89.5万人次讨论。宋仲基宋慧乔自合作2016年爆款韩剧《太阳的后裔》出演情侣以后，就多次传出八卦，直至7月5日公开承认恋情并宣布结婚，成为最受祝福的娱乐圈情侣。网友盛赞为“天生一对”。

我们接着选取“新浪微博”进行内容分析，探究明星婚恋八卦信息中反映的爱情观。在本次微博所选热门话题中，公开恋情式罗曼蒂克新闻出现的频次共计50次，超过负面新闻。由此可知，人们对明星婚恋八卦存在情感分裂正面新闻宣扬恋爱双方的身材相貌天生一对；负面新闻主角游戏于多个异性之间。正如亨德瑞克的爱情理论揭示，也即负面新闻对应游戏型爱情观；正面新闻对应浪漫型爱情观。

三、探索阴阳八卦

八卦，最早指代人际关系中不确切的消息和非正式的新闻，DeBacker将人际八卦定义为基于八卦者之间密切关系的可靠信息。[①]但明星八卦并不以信任为基础，因此通过分配媒体渠道，明星八卦这种形式的八卦与人际关系八卦相比不太可靠。大众传播名流八卦存在可靠性问题，在行动上更倾向于谣言。但明星八卦的传播力如此广泛，以至于不得不以两个兼容的假设来解释人们对明星八卦的兴趣。De Backer将其定义为战略学习八卦（SLG）和声望八卦（RG）。战略学习的习假设解释了对明星八卦的兴趣，有助于使人们获得让自己变得更受欢迎的信息。Parasocial假说/社会假说认为名流八卦导致人们误以为知明星士他们社交网络的一部分。初步结果支持两种理论，表明在我们的整个生命周期中，明星从成为老师转变成为

① De Backer，C.，Nelissen，M.，Vyncke，P.，Braeckman，J.，& McAndrew，F.. Celebrities：From Teachers to Friends[J].Human Nature，2007，18（4）:334–354.

朋友。

战略学习八卦的价值在于接收者可以从别人的成功与失败中学习。并且通过参考有关人的经验信息，让成本最小化。其价值是独立于八卦的确切身份的，当然有一些身份标准可以是有价值的，如八卦者的年龄和性别。提出我们在整个生命周期中面临着不同的问题。年轻人面临的问题，如自我发展或寻求爱，与老年人面临的问题不同。

因此，将战略学习八卦分为：社会、交配和生存三种，每个人都面临不同的选择压力。社会战略学习八卦指的是教诲个人关于社会规范的八卦。交配战略学习八卦涉及健身相关信息教导，包括八卦接收者如何处理吸引和守卫伴侣的问题，生存战略学习八卦则传输关于生命/死亡策略的信息：什么是安全的生活场所，什么是安全的食物，等等。战略学习八卦关注有关行为方式的一般信息，声望八卦则主要专注于八卦和八卦者的名声。这种信息的适应价值取决于声誉的事实重要性。

而声望八卦的接收者有快速学习个人在社会环境中的声誉的好处。交换的另一个效果是由于知识的共同特征，八卦者利用八卦提升团结感，如格洛克曼从功能主义概括了八卦，八卦嵌入我们的关系，被个人用来更好的理解其他的网络成员和建立关系。[①] 因为八卦关于八卦者熟悉的人，它创造了一个环境：分享八卦的人必须相互信任。

在学习假设说中，接触明星八卦是因为它教导我们适应相关策略。着重于战略学习八卦，通过媒体传播，接触关于明星的八卦。明星八卦是一个快速而且具有成本效益的手段填补我们对成功重要的策略的知识差距。学习假说将我们的大众明星视为“老师”。虽然大众媒体观众可能有这样的感觉：他们知道这些明星，与这些人的实际遭遇是（虚拟的）不存在的，在这个意义上，明星是陌生人。

社会性假说预测了对于名流八卦的兴趣，有关明星声誉八卦的个人也是如此。声望八卦使我们了解具体个人的声誉和操纵这些声誉。乍一看，了解我们在现实生活中将永远不会遇到的人以及操纵无人们不相干人的声

① Goldsmith, D., & Baxter, L.. Constituting Relationships in Talk A Taxonomy of Speech Events in Social and Personal Relationships[J]. Human Communication Research, 1996, 23 (1): 87-114

誉，似乎是浪费精力。[①] 可以说，这些八卦故事传播交流战略学习型八卦，教导媒体观众如何处理有破裂的问题。

正如 1984 年 Caughey 在“虚构的社会世界”中所说，许多人忽略了大多数人有虚幻的朋友，如幻想人物，精神和媒体明星。“人们将未圆满的媒体人物描绘成与他们密切相关的特征”。[②] 因此，我们以某种方式将媒体明星看作是我们社交网络的一部分，这就解释了为什么我们想要操纵他们的声誉，就像我们与社交网络的真实成员一样。

一个可能的答案是，大众媒体可以激活响应于社会信息获取的选择而演变的心理机制。我们在卧室里看到他们，当我们吃饭时，我们听到他们的声音。如果这个假设是正确的，我们怎么不把它们看作是我们的亲戚，我们的朋友，甚至是我们的对手？因此，我们会自动寻求关于明星的信息，关于他们的相对地位的变化，首先是关于他们的八卦信息。[③]

以上两种假说解释了受众接触明星八卦信息并受其影响的机制，结合涵化理论中的仪式化观看，明星八卦信息接触将分成三种动机，接触动机和爱情观之间的关系，也是本文拟将讨论的问题。

另外，明星八卦被置于娱乐文化、消费主义等领域进行批判性研究。以明星经济为代表的娱乐文化的发展，带动了国内对于八卦文化的研究。

在八卦研究和八卦文化的研究中，国内学者多采用消费主义视角。2017 年，王月从当前消费文化从消费明星到消费网红的角度入手，指出从消费明星到消费网红的变迁，既是传播媒介的更迭，也是大众文化向消费社会的转型。[④] 这种消费化、八卦化的倾向也随着体育明星的出现一度影响着体育新闻的报道。2005 年，叶志明以体育新闻对王励勤、福原爱等体育明星的“狗仔心理和媒婆心态”的报道为例，对体育新闻的八卦化倾向进

---

① De Backer, C.. Like Belgian Chocolate for the Universal Mind. Interpersonal and Media Gossip froman Evolutionary Perspective[D]. Unpublished doctoral dissertation, Ghent :Ghent University, 2005.

② Caughey, J..Imaginary social worlds. Lincoln[D]: Univ. of Nebraska P, 1984.

③ Cosmides, L., Tooby, J., & Barkow, J. H.. Introduction: Evolutionary psychology and conceptual Integration, 1992.

④ 王月 . 消费社会的转型：从消费明星到消费网红 [J]. 现代传播：中国传媒大学学报，2017(2).

行了批判，提出体育新闻应当回到其正常的轨道上。[①]

对于八卦文化的研究不仅仅是批判。八卦新闻与八卦媒体文化的迅猛发展是当代媒介环境下全球性的一个显著的媒体与社会现象。八卦风格与八卦逻辑渗透到了传统新闻生产的各个环节之中。伴随着传播技术的发展，媒介环境日新月异，文化发展和消费的诉求日益多元，八卦新闻的内涵与外延都在不断扩展，成为了一个充满张力变动的复杂场域。

综上，在爱情观研究和明星八卦研究方面，已经有诸多学者在这两个领域取得了丰硕的成果。研究表明，爱情观会受到多种因素的影响；不仅销售产品或服务，还要出售特定的观点的大众媒体，被指责饱含着浪漫主义信息。尤其在八卦信息泛滥、消费文化盛行的当下，明星们的分分合合不断登上八卦头条，引发大规模的关注和讨论。区别于电视时代的单向传播，新媒体用户赋权背景下的八卦有更强大的生命力。关注八卦信息对受众的潜移默化效果，也是回应文化消费以及消费主义气质培养的应有之义。

① 叶志明，好奇，偷窥，狗仔心理与媒婆心态——体育报道的绯闻化倾向批判 [J]. 新闻记者，2005(10).

第五章　声音

从声波荡漾开去的“耳鬓私语”

在漫长的人类社会发展史中，传播方式历经四次大变革，从口头传播到文字传播，再从印刷传播到电子传播。在碎片化阅读时代信息传播的图像转向（pictorial turn）已成为常态，由严密逻辑思维支配的文字的“统治”地位下降，由启发性认知所支配的图像在信息传播中成为主角。但细究整个传播媒介的变迁史，人类对声音的重视大可用“不离不弃”来形容。在口头传播时代之后，文字作为一种发明被用来记录和保存口耳相传的信息，印刷时代的书籍以一种高贵典雅的姿态和深奥晦涩的形式为达官显贵所支配。

口头语言却以丰富多样的形式在民间应用。在电子媒介出现后，声音更是“如虎添翼”，借助无线电这种介质以强大的穿透力成为媒介霸主。而后即使在电视强大统治的时代，声音依旧未被人们忘却，它此时成为图像的得力助手，满足人们对视觉信息的完整感知。

同样，在网络传播时代，图像宰治的论调似乎声势浩大，但仔细考虑便知，除了新闻之外，大部分视听产品失去声音的辅助便成为了单腿走路的瘸子，无法满足人的感官体验。人眼对图像的感知受制于光线、距离等因素，在黑暗中，图像获取系统便会彻底失灵，听觉却不会受制于昼夜更替，可以 24 小时运转。尽管某些时候，声音不在场的情况下，图像可以单独进行意义呈现，但对沉浸式体验的痴迷已经说明了人类不仅是视觉的动物，更需要听觉甚至嗅觉等其他信息识别系统来建构完整的外界感知。麦克卢汉认为听觉是一种360度全方位感知系统，比视觉更加高级，这种神谕般的呓语虽难以理解，但AR和VR已来，人类对全方位感官体验的追求似乎慢慢揭开这句话的真相。

Casey O'Callaghan在《声音——一种哲学理论》中说，图像给我们的认知带来了一定的偏见，因为在现实中，健全人接触的环境里图像和声音都是必然因素。图像的确能给人的认知带来偏见，比如我们常说的“一见钟情”。假设白娘子在那西子湖畔对许仙是一见倾心，反问在此过程中白娘子是否完全没有听到“西湖的水”（场景音）或者许仙与他人交谈所发出的声音？答案想必是否定的，因为“一见钟情”发生的时候，图像并非唯一在场因素，许仙和白娘子的交流，许仙和他人的交流以及周围的环境声音共同影响着白娘子对许仙的印象建构，而在图像的背后，声音这个主要的因素却被忽略了。比起图像的直观，声音是在长期的社会文化背景中形成的，它既有社会文化的烙印又是个人独特的标识。故许仙在见到白娘子与其进行语言交流时，也已经进入了共通的意义空间，倘若许仙一开口便是粗声野气或如同刀锯之余，怕是也没了白蛇报恩的千年传奇。白素贞钟情的是腹有诗书，彬彬有礼的许仙，同理，七仙女也是倾心于憨厚老实，牧牛放歌的董永，因为正是图像和声音共同作用才形成了所谓的“一见钟情”。

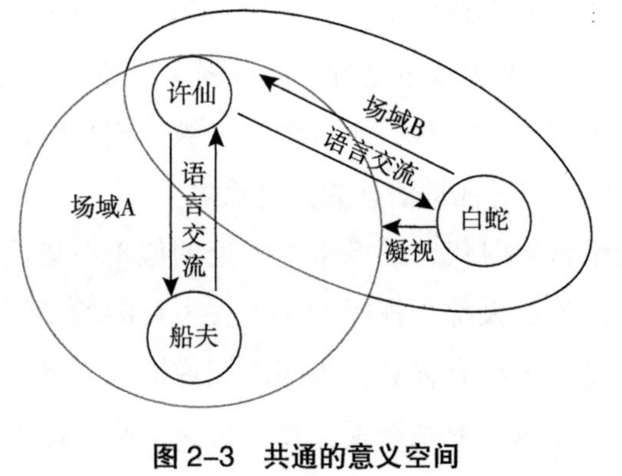

图2–3　共通的意义空间

提及爱情与声音的渊源，从神话传说到历史传记，那些离奇曲折的故事口耳相传了几千年却经久不衰。在四大传播媒介中，自古以来爱情便是争相歌咏的主题。在口头传播时代，人们以歌唱和吟诵的方式来表达、记录、传播和赞颂爱情；在文字传播时代，人们将所听所见记录下来，以有所考据；即使在印刷传播时代，这种看似与声音无关的媒介实际上也依旧是将人类想发出的声音传递到更远的地方；在电子传播时代，声音借助广播和电视让爱情的故事“遍地开花”，广播和荧屏上的爱情叙事占据了半壁江山，流行歌曲成为当代奇观；在数字传播时代，各种媒介相辅相成，碎片化的爱情叙事方式充斥着整个网络世界，人们在倾听窥视他人情感世界的同时也在聆听自己的内心，爱情的声音通过互联网这种介质前所未有地被分享与传递。倘若借用语言学上的概念来讲，声音（尤其歌曲）对于爱情的塑造是最为反生活常态的，是一个“标出项”。与平日说话不同，歌唱或吟诵所使用的声音极大地丰富了人类声音的表意手段，不论是音乐性还是仪式性都超出了语言本身。

一、远古遗音

倘若我们以一个浪漫的方式来开始这一小节，当然，动物之间本身是不会有爱情的，它们的求偶活动仅仅是一种先天性行为，作为繁衍后代这一目的的开始。然而有时，我们听到鸟类在求偶时所发出那种愉悦的声音，那似乎的确是它们谈情说爱的证明，甚至连人类都有点羡慕。鸳鸯成双、燕语呢喃、比翼双飞等词语表达了人类对鸟类那种相处状态的赞美，据说燕子、鸳鸯等鸟类对伴侣十分忠贞，一生只拥有一个伴侣，一只死了另一只也会逐渐死去。

鸟类如此，作为人类的近亲，雄性黑猩猩会在求偶的时候直立起来并拍打胸脯，同时，它们还会发出叫声来彰显自己的强壮，从而获得雌性的青睐。达尔文经过长期的观察发现，雄性动物大多在发情期以鸣叫作为吸引异性的手段，他以此联想推演出人类可能也是出于求偶目的获得了音乐的能力。而德国学者里克尔也曾提到印度某种类人猿能清晰地唱出八个音阶，且完全可以用乐谱记录下来，而这些“歌声”经常出现在繁殖期。人类的爱情究竟始于什么时候可能无从考证，但可以推测的是：在文字诞生之前，声音不仅是情侣之间表明心迹的重要载体（其他的媒介可能包括图画、物品等），也是记录爱情最为重要的媒介。历史学家们认为：早在茹毛饮血的蒙昧时代，人类已经开始有了音乐意识。重庆市奉节县发现了距今 14 万年前的由钟乳石加工制作而成的“石哨”；德国也发现了 3.5 万年前的“骨笛子”；大量新时期时代遗址出土的乐器实物反映了人类在野蛮时代已经有了较为普遍的音乐活动，说明人类多数肯定已与音乐相伴。我国河南舞阳县贾湖新石器时代遗址出土的“贾湖古笛”则证明：早在八九千年前，中原大地上的祖先们就吹响了笛声，这只古笛的音阶至少是六声音阶，也可能是七声齐备的、古老的下徵调音阶。距今 8000 年左右，我们的祖先不仅有了极其精微、规范的五孔笛、六孔笛、七孔笛、八孔笛，而且还在音乐实践中运用了多宫的六声或七声音阶，其中有些笛子甚至可以和现代乐器完美相融。①

乐器在人类的爱情历史中扮演着独特的作用。可以想象的是，在语言尚未形成之前，乐器就已经成为古人类求偶手段的一部分。直到今天我国部分少数民族依旧保存着类似的习俗。日本学者鸟居龙藏曾在中国西南地区进行实地考察，他在《从人类学上看西南中国》里提到了贵州安顺花苗地区一种独特的婚俗。② 当地男子若是中意哪位姑娘就会在月明之夜来到心上人的门前吹奏笙。若是别的男子也爱慕这位姑娘，二人就要进行吹笙的竞技比赛。花苗女姑娘以竞争男子吹奏的笙音进行判断，吹奏得最优美的男子会被选中，成为姑娘的终身伴侣。

且不论人类祖先的音乐生活有多么丰富，倘若没有语言进行表意也似乎不足以用艺术和文明来形容。现有出土的文物证明，世界上最早的爱情诗出自苏美尔人。这首情诗采用苏美尔人发明的楔形文字撰写，镌刻在一小块泥土板上，诗的作者已无从考证。据说这首情诗是献给苏美尔一个国王舒辛的，他于公元前 2037 年至 2029 年间在位。苏美尔（Sumer）是美索不达米亚文明中最早的文明体系。根据苏美尔人的信仰，国王的一个神圣的职责，是每年要娶一个女祭司，并举办婚礼，以使来年土壤肥沃、五谷

① 刘再生 . 中国古代音乐史简述（修订版）[M]. 北京：人民音乐出版社 2006：6–8.

② 曹咏梅 . 日本学界的中国西南少数民族对歌研究 . 民族艺术研究 [J]2016. 108–116.

丰登。这首诗有可能就是在婚庆大喜之日，由新娘唱给国王舒辛的，仪式中伴随着音乐和舞蹈。

其英文版诗歌如下：

Bridegroom, dear to my heart/Goodly is your beauty, honeysweet, /Lion, dear to my heart/Goodly is your beauty, honeysweet/Bridegroom, let me caress you/My precious caress is more savory than honey/In the bedchamber, honey-filled/Let me enjoy your goodly beauty/Lion, let me caress you/My precious caress is more savory than honey/Bridegroom, you have taken your pleasure of me/Tell my mother, she will give you delicacies/My father, he will give you gifts/You, because you love me/Give me pray of your caresses/My lord god, my lord protector/My SHU-SIN, who gladdens ENLIL's heart/Give my pray of your caresses.

上古时期，诗歌与音乐往往是相得益彰的，诗乐歌舞本不分家。倘若没有了音乐，辞藻再美，唱功再好，恐怕那清新脱俗的意境也要大打折扣。然而乐器却不仅仅是声乐的附属品，它本身作为媒介可以表达意义甚至超语言的含义。乐器是人类最早发明的辅助性表意工具之一，随着人类社会的进步，乐器的表意功能逐渐得到了强化，人类为乐器的演奏制定规则，并为特定曲目赋予意义，作为社会文化的一部分，乐器和乐曲本身具有传承功能，在漫长的发展过程中，乐器也进化出了超越语言的表达能力。举例来说，只要播放《哀乐》，人们便感到肃穆庄严，心情沉痛。而听到《春节序曲》则会感觉喜气洋洋，欢乐祥和。除了在重大庆典和仪式上创造氛围，乐器早已成为人们生活的一部分，表明爱慕之意的曲目也流传已久。“五陵年少争缠头，一曲红绡不知数”“欲待周郎顾，时时误拂弦”“弦凝指咽声停处，别有深情一万重”“弹到断肠时，春山眉黛低”。这些声情并茂的诗作都印证了乐器传情之说，难怪晏几道词云：“琵琶弦上说相思。当时明月在，曾照彩云归。”

由于古人并没有先进的技术来记录他们的音乐，如今我们只能从文字资料和建筑以及雕刻来窥探人类最早的音乐——古希腊音乐。闻名世界的说唱文学《荷马史诗》便是一部音乐和诗歌高度结合的产物。在《伊利亚特》中，伊利昂的二王子帕里斯乘船到希腊，受到斯巴达王墨涅拉奥斯的款待，但他和墨涅拉奥斯美貌的妻子海伦一见钟情，两人私奔逃回伊利昂。阿开亚人非常气愤，便由墨涅拉奥斯之兄——迈锡尼王阿伽门农倡议，召集各部族的首领，共同讨伐特洛伊人。他们调集1000多艘船只，渡过爱琴海去攻打伊利昂城，历时9年都没有把这座王都攻下来。到了第10年，阿伽门农和阿开亚部族中最勇猛的阿喀琉斯因为争夺一个女子，而爆发了矛盾，阿喀琉斯愤而退出战斗。古希腊先民以非凡的智慧，用传唱诗歌的方法将上古历史记录下来，其中的爱情故事往往惊天动地，令人赞叹。《荷马史诗》往往由职业艺人吟唱并用里拉琴或基萨拉琴伴奏，吟唱时所用的曲调被称为“诺莫斯”，它是一种讲究格律的传统曲调。①

在“荷马时代”之后，“古典时代”和“希腊化的时代”甚至出现了结婚歌和情歌。②古希腊闻名的悲剧和喜剧便是由祭祀酒神的颂歌合唱表演而来。著名的《美狄亚》等作品中都有关于主人公爱情的歌唱，这些悲剧一般采用歌队演唱以及吟诵的“朗诵调”来推进剧情，使用阿福洛斯管伴奏。而在欧里庇得斯之后，独唱日益受到重视，成为戏剧的主要组成部分。在中国，最古老的情歌，恐怕要属《诗经》里的《国风·周南·关雎》关关雎鸠，在河之洲。窈窕淑女，君子好逑……这首歌词采用“兴”的表现手法，首章以雎鸟合鸣兴起淑女陪君子的联想，以下各节又以采荇菜这一行起兴同时暗喻主人公对女子疯狂地相思与追求。整首歌曲语言优美，善于运用双声、叠韵和叠词，可谓一唱三叹、百转千回。难怪孔子曾说“《关雎》之乱，洋洋乎耳哉！”（《论语·泰伯》），他认为这首歌曲的高潮部分情感强烈，搭配恰当的音乐仿佛灌满了耳朵。因此这首歌曲可能有很多人同唱，或者有器乐的伴奏与烘托，大概是一种声乐、器乐交相辉映的效果。特别是歌词中所提及的小型的“琴瑟之乐”和大型的“钟鼓之乐”反映了两种不同的组合的器乐演奏形式。

《诗经》现存305篇，按照音乐类型分为“风”“雅”“颂”三个部分，“风”即民间歌曲；“雅”即宫廷歌曲；“颂”即祭祀乐舞。其中“风”包括十五国风，共有160篇之多，其中散布着大量的爱情歌谣，每一篇都璀

---

① 李秀军．西方音乐史教程[M]．上海：上海音乐出版社 2013.

② 崔佳编著．人类音乐的历史[M]．北京：中华工商联合出版社．2014:3.

璨夺目，各有千秋。宋代朱熹言“风”：“多出于里巷歌谣之作，所谓男女相与歌咏，各言其情也”（《诗集传续》）。随着时光的流逝，诗经的曲调部分已经亡佚，但很多学者认为，《诗经》就是民歌的开端。尽管在文字传播时代，痴男怨女们已经可以遥寄锦书，互诉衷肠。但相比于此，恐怕把手言欢，一唱一和才是情侣最想要的状态。故《诗·王风·采葛》有云：“彼采葛兮，一日不见，如三月兮。彼采萧兮，一日不见，如三秋兮。彼采艾兮，一日不见，如三岁兮”。

早在《诗经》时代，人们便已通过诗歌，记录爱情，通过吟诵，歌唱爱情。当时人们的思想还未受到封建礼制的束缚，社会风气开放，人们对于爱情的追求显得更加热烈、自由、大胆，既有男女同时坠入爱河的甜蜜，又有男子对心上人求而不得的失落，还有女子对男子 的热烈追求，也有女子被抛弃时的决绝果断。孔子曰：“诗三百，一言以蔽之，曰思无邪。”一语道出了热烈奔放的语言下，是纯洁、真挚的本质。《周礼》记载：“仲春之月，于时也，奔者不禁。”郑国统治者因战争频发，人口减少，为了增加人口，就允许适龄的未婚男女们在仲春相会，给青年男女们恋爱自由和婚姻自由。《邶风静女》中就有描写道：“静女其姝，俟我于城隅。爱而不见，搔首踟蹰。”描述的正是男女恋爱时相互捉弄逗趣的场面，女子调皮地躲在城墙的角落，故意不出现，男子见心上人久等不至，急得抓耳挠腮地来回走动。短短两句就写出了恋爱时的甜蜜。《郑风褰裳》则将男女恋爱时的自由奔放描写得更为大胆，“自惠思我，褰裳涉溱。”“你若是想念我，就提着衣裳淌过溱河水来和我相会。”这样的大胆直白，即使在今天也是会令人侧目的。

《诗经》中既有对爱情的大胆热烈，也有对爱情的忠贞不渝。当自己的爱情受到阻挠的时候，为了捍卫爱情，女子不惜反抗自己的父母、亲人。《鄘风柏舟》中讲的就是女子有了自己的心上人，却遭到了家长的强烈反对，受到世俗礼教的阻挠，没有父母之命，媒妁之言的爱情遭到了巨大的舆论压力，为了捍卫爱情，柔弱的女子也发出“之死矢靡它。母也天只！不谅人只！”的呼声。她的大声疾呼既是对阻碍婚姻自由者的控诉，也是她对忠贞爱情的自我宣言。

面对爱情的浪潮，《诗经》时代的女子们没有被冲昏头脑，相反还能保持着一种清醒和理智，这是难能可贵的。在《卫风·氓》中讲述的就是在恋爱时期，女子义无反顾地和氓在一起了，但婚后的生活却仿佛坠入地狱，面对丈夫的残暴，兄弟的嘲笑，她依旧任劳任怨，努力维系这个家，最终却还是被抛弃，清楚地看清现实之后，她没有自暴自弃，反而是理智地说出“士之耽兮，犹可说也。女之耽兮，不可说也”。即使被丈夫无情地抛弃之后，这位女子不仅大胆控诉丈夫的种种暴行，还敢于喊出“信誓旦旦，不思其反。反是不思，亦已焉哉”的决绝之声。这是一种置之于死地而后生的勇气，当爱情不在，“我”也能勇敢走出婚姻的漩涡，即使婚姻破裂，也能保持一种难得的理智和自主，保持了人格的独立，这也是女性意识的觉醒。

各种爱情的形态都能在《诗经》中探寻一二，对爱情的自由追求和理性洒脱在当今社会依然能够给予我们无限启发。可以想象，那时的人们在劳动中歌唱，歌唱万物，也歌唱爱情。当诗歌有了曲调，先是被口口传唱，最终再化以文字记录下来，在传唱中，渐渐勾勒出几千年前的爱情风貌。

二、言不足以，歌以咏之

《诗经》之后，中国古代诗歌历经汉魏六朝乐府、唐诗、宋词、元曲等发展。古人以是否入乐来区分诗歌，不合乐的为诗，合乐的称为歌，现代一般统称为诗歌。诗歌起源于上古的社会生活，是因劳动生产、两性相恋、原始宗教等而产生的一种有韵律、富有感情色彩的语言形式。《尚书·虞书》记载：“诗言志，歌咏言，声依永，律和声。”《礼记·乐记》记载：“诗，言其志也；歌，咏其声也；舞，动其容也；三者本于心，然后乐器从之。”由此可见，早期，诗、歌、乐、舞是不分家的。

（一）诗歌乐舞，天作之合

汉乐府有《上邪》《白头吟》《陌上桑》等多篇作品描写儿女情长，其中与《木兰诗》合称乐府双璧的《古诗为焦仲卿妻作》（又名《孔雀东南飞》）亦是爱情为题材。

以《上邪》为例：

上邪／我欲与君相知，长命无绝衰！山无棱，江水为竭／冬雷震震，夏雨雪／天地合，乃敢与君绝！

这首歌曲属于汉乐府中鼓吹曲一类，此种音乐形式以击乐器和吹乐器为特色，通常以鼓、排箫、和笳为作为主奏乐器，中间穿插歌唱。《上邪》属于汉乐府《铙歌》，是一首典型的北方民歌。开篇直呼上天，并表明誓言，接着以五组天方夜谭之事进行反证，再配以，鼓，铙，排箫等极具气势的乐器，一个痴情，坚决，悲壮的女子形象跃然纸上。

唐诗中的情话更是数不胜数，不仅李白、杜甫、李商隐、白居易等名家皆有此题材的作品，晚唐更是出现了以描写男女情爱见长的“花间派”。“吟诗”曾是古人重要的社交娱乐活动。《孔颖达疏》中解释“吟”为：“动声曰吟，长言曰咏，做诗必歌，故言吟咏情性也。”“在天愿作比翼鸟，在地愿做连理枝”（唐·白居易·《长恨歌》）“玲珑骰子安红豆，入骨相思知不知”（唐·温庭筠·《南歌子词二首唐·新添声杨柳枝词》）“有花堪折直须折，莫待无花空折枝”（唐·佚名）“身无彩凤双飞翼，心有灵犀一点通。”（唐·李商隐·《无题》）“曾经沧海难为水，除却巫山不是云”（唐·元稹·《离思五首·其四》）这些妇孺皆知的千古名句皆是因爱情而产生，因爱情而传唱。

唐代诗歌入乐的情况也十分普遍。任半塘先生提出“唐诗声”的概念，指唐代结合声乐、器乐、舞乐之齐言歌词——五、六、七言之近体诗，及其少数之变体；在雅乐之歌辞以外，在长短句歌辞以外，在大曲歌辞以外。唐代薛用弱所作《集异记》中也载有著名歌伎争相演唱诗人名篇的事实。由此可见，唐诗中的大半作品皆是可以歌唱的。

唐诗的唱法虽已失传，但我们仍然可以从保留在琴歌中的《阳关三叠》感受到唐代声诗作品的辉煌的曾经。唐代声诗作品语言凝练，意境深远，情感真挚，配以数目庞大，种类齐全的乐器，再加上歌舞教坊，歌伎名伶的专业演唱，难怪白居易写道“五陵年少争缠头，一曲红绡不知数”。

如果说唐诗是先诗后乐，那么源于燕乐的宋词则是先乐后诗。发展到北宋时的“曲子”，已经演变为一种高度和音乐结合的文本。宋代词坛的婉约派更是以写男女情爱为特点，作品大都旖旎绮丽，含蓄蕴藉，情景交融，声调和谐。因此宋词中言情的名篇名句更是层出不穷。单单是写思念，如柳永般茶饭不思是：“衣带渐宽终不悔，为伊消得人憔悴。”如张先般心思巧妙则是“天不老，情难绝。心似双丝网，中有千千结”。如李之仪般望穿秋水则应唱：“我住长江头，君住长江尾。日日思君不见君，共饮长江水。”若是范仲淹般无处诉说只能“明月楼高休独倚，酒入愁肠，化作相思泪”。

不似唐诗的唱法无迹可寻，由于宋词一开始便注重乐感，它的唱法得以广为流传，后人也因此有所追溯。上面这首《杏花天影》收录于姜夔《白石道人歌曲》中，此书是现存的少数带有乐谱的宋词，由此我们可以管窥宋词的音乐风格。这首《杏花天影》依旧传承了南宋“风雅词派”的风格，以健笔写柔情，清空高雅，如孤云野鹤，去留无痕。词的上阕由写景入手，柳丝低拂，鸳鸯成双，作者由此想到史上桃叶唤渡的情境，故而引发了思念合肥旧好之情，将思念寄予春风，忘春风知意，传情于伊人。下阕遥想当年，曾金陵看她莺歌燕舞，如今只能自我安慰，盼潮水知我离愁之苦。秦淮四处是绿草，犹如相思蔓延，伤感浸透漫山遍野，而日暮将近，金陵稍停之后便要泛舟远去，不知何向是归处。

姜夔《白石道人歌曲》中的“自度曲”，是他在运用某些成曲的基础上，将自己的感受融入作品之中进行再创作，歌曲所表达的离愁别恨的伤感情绪就具有了更强烈的艺术感染力。《宋姜白石创作歌曲研究》中提到：姜夔在用韵、句逗之间加入了许多节奏表情记号，如‘す’‘//’等符号。用于表达他歌曲跌宕起伏的情感，让歌曲更具表现力。比如在去声字的使用上，《杏花天影》：（列举上阕）“绿丝低拂鸳鸯浦，想桃叶，当时唤渡。又将愁眼与春风，待去；倚栏桡更少驻……”词中的“绿”“渡”“去”“驻”字都是去声，在转接提顿处都发挥着重大的作用，加强了声情上的感染力。烘托出了一种离别伤感的气氛，给人以无限的哀伤，极具感染力。领字的音调与押韵的音调互为呼应，这就加强了整首词的旋律，显现了激越苍凉的情调。

除了意境高远的词乐，宋代的说唱音乐也极为流行。从市井街头到乡间小路，这种形式多样的民间艺术对当时的音乐和社会生活产生了广泛而深刻的影响。宋代说唱乐形式多样，主要有鼓子词、唱赚、诸宫调等，其中著名的作品《元微之崔莺莺商调蝶恋花词》《愿成双令》《西厢记诸宫调》等皆是男女情爱、家庭婚姻为主题。

（二）元曲——唱念坐打道不尽悲欢离合

以诗词这种形式传达爱慕之意，恐怕只有李清照和赵明诚这样的知识分子情侣才能够享受其中的乐趣。但因古诗词能配乐演唱，且爱情主题的诗词大多通俗易懂，即使目不识丁的人也可口耳相传。诗歌发展到元代状况有所不同，元曲首先在民间流传，被称为“街市小令”或“村坊小调”。据考证，元曲来自所谓的“蕃曲”“胡乐”，随着元灭宋入主中原，它先后在大都（今北京）和临安（今杭州）为中心的南北广袤地区流传开来。滥觞于民间的元曲似乎一开口就是人间烟火的气息。“碧沙窗外静无人，跪在床前心忙要亲。骂了个负心回转身。虽是我话儿嗔，一半儿推辞一半儿肯。”（关汉卿·《一半儿》）“爱他时似爱初生月，喜他时似喜梅梢月，想他时道几首西江月，盼他时似盼辰钩月。”（无名氏《塞鸿秋·失题》）“三十三天觑了，离恨天最高；四百四病害了，相思病怎熬。”（郑光祖·《倩女离魂》）。诸如此类，仿佛就是情侣之间日常的嬉笑怒骂，痴嗔癫狂状就在眼前。

元代时期戏曲已经发展到完备形态，唱念坐打一应俱全，赫赫有名的四大爱情剧（关汉卿的《拜月亭》、王实甫的《西厢记》、白朴的《墙头马上》和郑光祖的《倩女离魂》）经过市井街头的商业化演绎也早已家喻户晓。戏曲相比诗词歌赋而言，其较为通俗的语言和生活化的场景，再加上模式化的唱演降低了文化作品对于受众素质的要求。同样作为文学载体，戏曲的基础是叙事诗，不同于诗词歌赋，其情节更为完备，细节更丰富。历经几个世纪的发展，戏曲发展出了多种样式，不同的地区在唱法，架势，造型和舞台布景虽有差异，但究其主题来看，传唱和演绎爱情依然是重要的主题。诚然，戏曲是综合的舞台艺术，可戏曲讲究的四大基本功中，唱排在第一位。我们讲戏曲通常说“唱戏”，“听戏”讲影视剧才说“演戏”“看戏”，这也反映了戏曲的核心是以声音为媒介的。

戏曲以唱腔为核心，综合多种元素对现实生活进行夸张和美化。“树上的鸟儿成双对，绿水青山带笑颜，你耕田来我织布，夫妻双双把家还”，“我考状元不为把名显，我考状元不为作高官，为了多情李公子，夫妻恩爱花好月儿圆，喜洋洋”，“天上掉下个林妹妹，似一朵轻云刚出岫”。这些经典唱段无不反映了对美满爱情的向往。

爱情是古今中外戏剧作品的永恒的主题，以《西厢记》为例，明朝贾仲明有“新杂剧，旧传奇，《西厢记》天下夺魁”之说，清代著名剧作家李渔在《闲情偶寄》中说“吾于古曲中，取其全本不懈，多瑜鲜瑕者，唯《西厢》能之”。《西厢记》讲述了书生张珙在进京赶考的途中游玩普救寺，期间偶遇相府小姐崔莺莺后与她一见钟情。后来河桥守将孙飞虎带领5000人包围普救寺，要强索崔莺莺为妻。崔母许下承诺：“有退得贼兵者以莺莺许之”。于是张珙写信给好友白马将军杜确求救，最终解了孙飞虎之围。可崔母嫌弃张珙为一介布衣而悔婚。崔张二人悲痛欲绝相思成疾，后来在莺莺的侍女红年的撮合下，于西厢幽会，生米煮成熟饭。事后崔母发觉，拷问红娘，红娘据实以告。崔母无奈，只得答应把女儿许配给张珙，又借口不招白衣女婿，要求张生先考取功名。于是又有了崔莺莺送张珙赴京赶考，十里长亭，两人挥泪离别，“碧云天，黄花地，西风紧，北雁南飞，晓来谁染霜林醉，总是离人泪。”这般缠绵惆怅的千古绝唱。

《西厢记》之所以能赢得古往今来无数读者的喜爱，不光是借助了戏剧的表现形式，通过动作、神情演出了崔莺莺、张珙这对有情人追求真挚爱情的义无反顾，在人物命运戏剧变化中显示出深刻的反封建礼教的思想性和时代精神，更是字里行间、唱念应对中流露出精湛优美的艺术性，华艳优美的曲辞，醇厚动听的唱段，结合剧中“愿天下有情人终成眷属”的美好愿景，直指人心。因此有人评价中国古戏剧千百本，古人首推《西厢记》。

《西厢记》从元杂剧到昆曲，再到京剧，不断被改编创作，唱词也根据京剧的唱腔演唱特点，逐渐从高雅过渡到通俗。张君秋大师是京剧发展史上一位划时代的人物，他吸收各家之长，为我所用。张派的声腔艺术，不单是在唱法上（节奏、气口、用气、共鸣、音色变化）出新，表现了雍容华贵，华丽柔美的风格，其发声位置和方法也借鉴了西洋的美声发音方法，形成了独树一帜的风格。在经典唱段“碧云天”中，一句“碧云天，黄花地，西风紧”表现出莺莺无限的忧郁和离别时低沉的愁绪，后接“北雁飞南翔，问晓来谁染得霜林绛？总是离人泪千行”。在演唱后面五个字的时候，行腔翻高音，拖出一个长音，表现此时莺莺的惆怅与无奈。“斟美酒”是《西厢记》里的最后一段唱腔，“斟美酒，不由我离情百倍。恨不能与张郎举案齐眉。张郎啊……”张秋君先生行腔至此，抑扬顿挫，尽显柔肠百转，表现了莺莺的强烈渴望与张郎相守共偕之心。一段段行腔的处理千回百转，行云流水。正是因为张君秋先生在继承传统的基础上，发展了京剧的声腔艺术，创新了独特的润腔方法和演唱技巧，这些技巧大大增加了京剧演唱艺术的表现力，将人物刻画得淋漓尽致。正是有如此美妙的唱腔，扣人心弦，如同玉落珠盘，余音绕梁，《西厢记》才广为流传，经久不衰。

（三）民歌——千里“音”缘一线牵

从诗歌到戏剧再到民歌，文本的形式不断简化，意义的表达更加直白，传播的速度更快，距离更远。关于民歌目前尚没有一个准确的定义，民歌一般指某个民族在古代或者近代时期创作带有自己民族风格的歌曲，这些歌曲的作者，大多无从考证，以口耳相传的形式，流传于世。全国民歌按特色可大致分为七大区域。包括以江南小调为代表的“江南水乡风格”、以北方号子为代表的“粗犷刚劲风格”、以信天游花儿为代表的“西北高原风格”、以云贵川山歌为代表的“西南高原风格”、以长调为特色的“北方草原风格”异域风格的新疆民歌以及高山雪原上的民歌。[①]尽管地理区域和文化传统造就了多种多样的民歌形式，但在民歌吟唱的过往中，爱情是永恒的主题。

1. 陕北民歌——“酸曲”满山飘

“张口便来，即兴作唱”，在粗犷豪放的北方民歌中，陕北的“信天游”便是代表。“信天游”离不开爱情这个基本主题，以人的感情交流和自

① 吴永生，冯健和张小林 .2005. 中国民歌文化的地域特征及其地理基础 . 人文地理 [J] 88–92.

然繁衍为根本，因其大胆直白的男女情感和性爱描写，爱情题材的“信天游”又被称为“酸曲”。在酸甜苦辣咸五味当中，酸味所带来的感官刺激与两性接触时的体验最为相似，露骨直白，听者震颤实为“酸”。不同于江浙民歌中的委婉含蓄，这些歌曲乡土气息浓厚却不失大胆率真，在男女情爱的表达上丝毫无隐讳之意。

“对坝坝的那个疙梁梁上长着十样样草，十样样那个就像妹子你就样样好；满天那个星星一颗颗明，有两颗颗最明那就是咱二人。”“想哥哥想得害了场病，好了好不了还不一定；见了妹妹亲了个嘴，肚里的生铁化成了水。”“三月里桃花花开，妹妹你走过来，蓝袄袄那个红鞋鞋站到哥哥跟前前来，想你呀真想你，实实地想死个你，睡到半夜我梦见你梦见咱俩一搭搭里。”这种毫无遮拦，张口就来的态势让人想起了《平凡的世界》中人与天斗的宏大场景，散发着一种原始、激烈的美感。

恶劣的自然环境和落后的经济条件使得陕北人回归到对生命本身的渴望和重视。在天灾人祸和封建纲常的双重胁迫下，陕北人对生命体验返璞归真，对男欢女爱之事毫不遮掩、直吐心意。爱情是陕北民歌的生命，多情、痴情、苦情、怨情、甚至是婚外情、畸恋、孽恋等都在其吟唱题材之内。如《芦草烧火锅杠气》唱道：“支起来柴火坐下锅，拿起个狠心撂下我。干柴煨着嘶溜个窜，小妹子年轻活人宽。芦草烧火锅杠个气（杠气：陕西方言，意为水蒸气往外冒），路过门门儿交伙计。”[①]

由于自然环境恶劣和经济发展落后，陕北人的婚姻、情感关系比较复杂，买卖婚姻、童养媳习俗以及入赘婚等制度较为普遍。适龄青壮年由于贫穷无法自愿组建家庭，情感处于压抑状态。[②]而沟壑纵横，贫瘠落后的陕北高原上的歌声，实际上浸染着一种苍凉的浪漫。

2. 壮侗民歌——“无字而唱，情溢歌中”

说起歌舞，少数民族能歌善舞的形象总是深入人心，西南地区是我国少数民族的主要聚居地。在这些少数民族中，属于壮侗族、苗瑶等语族的成员长期没有自己的文字，因而保存了极富特色的“无字文化”。其中以

① 霍向贵主编.《陕北民歌大全》[M]. 陕西人民出版社 :2006:182.

② 王新惠. 陕北民歌的文化地位及其艺术特色. 渭南师范学院学报 [J].2007 88–90.

歌舞、祭祀和服装、建筑等为代表。而在这些文化形态中，“歌”是首当其冲的，这足以见得，歌曲在无字族群中的传播地位。因为没有文字这种媒介，单纯的交谈又难以抒发全部的意义，这些族群便在声音这种传播媒介中“下足了功夫”。从呱呱坠地到咿呀学语，从少不更事到成家立业，壮族人从小到大，从老到死都是在歌的海洋里度过的。在壮族人的社交礼仪和生产生活中，歌唱甚至超越语言，是一种更高地位的表达方式，在各种生活情境中，壮族都更倾向于用歌声来表达意义。尤其是在男女求偶方面，壮族儿女必是要能歌善舞才能获得更多异性的青睐。

阳春三月，万物复苏，水暖花娇的壮乡里令人叹为观止的歌唱集会便要盛大登场。历史上的壮族青年男女在歌圩上答歌为婚，倚歌择配。如今，每年的三月三日，男女老少依旧遵照传统，身着盛装从四面八方赶赴当地歌场，歌圩依旧是“勒貌”（小伙子）和“勒骚”（姑娘）以歌相会，结交情缘的重要场所。不仅广西壮族有盛大的节庆对歌，西南地区其他少数民族也有着类似的风俗，比如苗族的“坐堂歌”、彝族的“花音坡”、布朗族的“邀贯奇”、侗族的“耍歌堂”，这些传统歌唱均是以谈情说爱为主体的集体歌会。“浪冒浪哨”被称为“行冒”“行哨”，汉语意思为“陪姑娘、陪小伙，与姑娘、小伙交朋友”。“浪冒浪哨”是布依族青年男女步入社会的重要一步，在整个布依族社会文化系统中占有绝对重要的地位。[①] 布依族青年男女进行公开社交活动时，主要通过“歌唱”的形式来“以歌会友”、交流感情，“以歌为媒”、谈情说爱，因此他们唱：

一路唱歌一路来 / 一路唱得百花开 / 花开引得蝴蝶舞 / 花开引得蜜蜂来。一路唱歌一路来 / 一路看见百花开 / 妹是花开香千里 / 哥是蜜蜂万里来。三月初三登歌台 / 唱歌连情表心怀 / 阿哥好比金鸡蹄 / 唱得阿妹心花开。妹是高山红棉树 / 远近闻名好歌才；生怕花谢哥来迟 / 打起火把连夜来。

倘若你以为这些对歌活动只是简单的男女对唱那可就大错特错了，

---

① 张荣．“浪冒浪哨”：布依族男女对歌文化探析．温州大学学报(社会科学版)[J].2015，81–86.

对歌并非按照固定的歌词进行演唱，而是按照一定的格律即兴对唱。在对歌的过程中有一个环节叫做猜歌或者盘歌。猜歌的内容以生产劳动工具和家庭日用品为主。猜歌不仅是农村文化娱乐的一种形式，其中也蕴含着别出心裁的试探，男女在初恋的情歌对唱中以这种方式来考察对方的思想情况和智力是否健全。除此外，声音本身作为性别特征，是每个人独特的标识，本身就具有吸引力。壮族人完全将山歌当作一种社交语言，除了“猜歌”在“盘歌”和“对歌”中，青年男女不仅借山歌来互表心意，更以此来相互挑逗嬉戏，斗智斗勇，山歌对的好不仅要唱功好，更要想的块，会的多。热闹的对歌现场，男女双方以歌代言，时而犬牙交错，时而“苦苦相逼”，时而静观其变，时而出其不意。俨然是火药味十足的样子，但在这样的场面中却充斥着欢乐祥和的氛围。

广西象州在清乾隆二十九年蒋日莱编《象州志》“诗抄篇”抄明代桑悦的《记壮俗六首》诗中有“小语相侵随致怨，清歌互答自成亲”之句。可见很早就有了对歌成亲的习俗。这种习俗在现代依然流传，如近代壮族歌圩的程式：（1）见面歌或相见歌，（2）邀请歌，（3）盘歌和赛歌，（4）抢歌、斗歌〔转场地〕；（5）倾慕歌（初交歌）；（6）盟誓歌（深交歌），（7）送别歌。[①] 在壮乡里，爱情对话成了对歌，甜言蜜语需要大声唱出来。正如一首山歌唱的那样：

竹篙打水浪飞飞/我俩结交不用谋/不用猪羊不用酒/唱首山歌牵妹回。

学者们认为，对歌是一种调和两性关系的特殊机制，它具有聚合、中介、打破和过渡的功能。传统农耕经济将这些地区的男女牢牢束缚在土地上，男耕女织的简易二元分工以及社区间交通的不便使两性处于相对隔离的状态。春季对歌活动则创造了一个社会交际平台，它打破了原有的社会常态，使得两性间的隔离状态得到缓解，在节庆期间，对歌可以看作是“两性关系自由”的前奏。[②] 壮族有缓落夫家的习俗，男女双方在女方怀孕

---

① 覃桂清 . 论广西民歌中的“对歌”. 民族艺术 [J].1994，127–139.

② 肖璇 . 中国西南、西北两性对歌的比较研究 [J]. 西北民族研究，2015(02):161–168.

之前都拥有相对的性自由，此间他们可以与不同异性对歌、交往，女方怀孕是这种两性自由交往状态终止的节点。怀孕是女方正式被新社区成员所接受的标志，之后男女双方进入相对稳定状态，重新进入新的社会结构。即使在实行一夫一妻制，没有“缓落夫家”习俗的西北汉族地区，男女在对歌期间亦可打破常态，与婚外对象进行对歌，发生关系。[①]在某种程度上讲，对歌活动即是一个恋爱的平台，在这里人可以暂时打破以繁衍为目的家庭结构，进入相对的性自由状态——也即一种恋爱自由。

不仅中国具有对歌的习俗，世界各地均有类似的活动，地中海一带有着“歌曲竞赛的”习俗，在日本人们称之为“歌垣”。古代日本的“歌垣”多以“歌垣”或“嬥歌”来记述，日语读为“utagaki”或“kaga-hi”。活动的举办地点多在山间、水边、集市等，时节多在春秋两季，也有临时举行的情况。情歌对唱的参加者既有未婚青年，也有已婚男女。[②]

以歌为媒，陌生男女从相识到相知再到相恋，这并不是传说而已。民歌传唱至今不仅仅是在记录爱情，它更能创造爱情，正如月老手中的姻缘线一样，成为触发爱情的媒介。不论是陕北高原上豪放遒劲的爱情礼赞，还是西南地区万人空巷的爱情仪式，又或是江南水乡的你侬我侬。在幅员辽阔、民族成林的中华大地上，各地区、各民族的“善男信女”用声音传唱着爱情，仿佛朝圣的信徒，前赴后继，五彩斑斓，美丽动听。

三、电子传声

加拿大学者麦克卢汉曾提出媒介是人的延伸这一观点，千百年来，人类一直在探寻更为快捷经济的信息传播方式，力图打破自身传播能力的限制。进入电子传播时代之后，声音里的爱情变得越见清晰。

1837 年，美国人莫尔斯发明有线电报。用电报怎么谈情说爱呢？这

---

① 肖璇．同“俗”同“歌”不同“调”——中国两性对歌的共享与差异 [J]. 中国音乐，2016(02):108-113+121.

② 肖璇．近代学术转向影响下的对歌研究四种取向——中国两性对歌研究述评 [J]. 民族艺术研究，2017，30(03):145-154.

恐怕只有发报员情侣才可以做到，试想一下，在相隔遥远的地方用莫尔斯密码表达甜言蜜语应该也是一件浪漫的事。笔者以为这是自己天马行空的想象罢了，然而“电报恋爱”却真实地在历史上上演。汤姆·斯丹迪奇在《从莎草纸到互联网》一书中为我们描述了这样的情景。19 世纪 50 年代，闲着无事的报务员利用电报在“线上”相互问候、闲聊，甚至下象棋、玩跳棋。不仅如此，有时一个八卦会引发方圆百里几百个人同时讨论，时间和空间突然消失了。这些电报员为了方便交流还发明了一些简易代码，比如“II”（点、点，点、点）代表“我准备好了”，“GA”（画、画、点，点、画）代表“请讲”。[①] 就这样，很多人通过“滴滴答答”这种遥远的代码交流成为亲密的好朋友，甚至成为恋人，这似乎就是今天网络聊天的雏形。一旦这种跨时空的美妙感觉被发现，人类就再也不想放弃这种远在天边却近在眼前的感觉。1876 年美国人贝尔发明了电话，这一工具使得人们可以真正传递人声，而不再是电报“滴滴答答”冰冷的声音。在 2011 年播出的电视剧《春暖花开》中，女主人公叶晓薇经常去邮局给远在美国的丈夫打电话，邮局门口总是排着长队且每个人要限制通话时间。影视剧中的这一情景正是 20 世纪七八十年代我国社会的真实写照。家用电话最初只是上流社会的特权，普通人是无法接触到这种通信工具的。我国家用电话真正普及是在 20 世纪 90 年代，也是从那时候起，相隔千里的情侣再也不用去邮局排队打电话了，也不用在说情话时顾及旁人的眼光了。

（一）手机——声音的罗曼史

受制于电话的体积和电线的限制，这种传递声音的媒介并没有进化到人们想要的地步。1973 年，一名男子在纽约的街头掏出一个约有两块砖头大的无线电话，并开始尝试通话。这个人就是手机的发明者马丁·库帕。世界上第一台商用的手机有 3 公斤重，可谓实实在在的砖头。然而在无线电话诞生的 18 年之后，其体积已经缩小到 250 克，彼时，手机开始普及。时至今日，手机几乎人手一部，甚至几部了。提及手机在人类爱情史上的

---

① 汤姆·斯丹迪奇.《从莎草纸到互联网》[M]. 北京：中信出版社 2015:268.

作用，其他的媒介可能望尘莫及。何润东演唱的歌曲《恋爱电话》或许最能描述这一传播工具如何作为爱情的催化剂，让恋人神魂颠倒的。

哦恋爱的电话 / 那熟悉的号码 / 等待的时刻总是叫我挂肚牵肠 / 所有的浪漫都已经发芽 / 变成美丽童话 / 哦恋爱的电话 / 浪漫的夜太长 / 心里说了千遍的爱你怎么表达 / 甜蜜的情话幸福的火花 / 都在电话的两端被融化 / 想你现在的模样 / 有没有披头散发 / 穿的是什么服装 / 嘴里咬着什么啊 / 脸红心跳的慌张 / 连说话都变得结巴 / 连双手都不知道该放在什么地方 / 都在电话的两端被融化……

除了这一整首都在描写手机两头的那种恋爱氛围，中外有多首歌曲都提到了电话（手机），下面列举一部分：

表 2–3　和手机有关的歌曲

歌名	演唱者	歌词（部分）
hotline	Drake	You used to call me on your cell phone，late night when you need my love
假装若无其事	T.O.P	很久没打电话给你了吧 就是想对你说对不起
call	EXID	你用那些话语融化了我 再一次 我接了这个电话
pick up the phone	Ciara	I been calling all night long cause you not pick up the phone.
I never told you	陈冠希	突然收到一通电话 看到很熟悉的号码
telephone	Lady gaga	And now you won't stop calling I'm kinda busy
哔一声之后	王菲	请在哔一声之后某某名字别提
电话	陈冠希	未接来电都是你的 每天 27 个 也许我应该更改号码
all by myself	BJ 单身日记	when i dial the telephone，no one's home
不接电话的你	2AM	已经连电话都不接的你 已经连我的脸都不愿看见的你
不要骗我	张惠妹	喂 我是阿妹 你不要再打电话来了

从功能的角度来看，电话（包括手机，下同）的作用是实现远距离人声通信。因特网未出现之前，电话率先将整个世界联结成一个无形的网络，因为每个电话号码具有唯一性，从某种意义上来说，它就是人们在这

张网络中的虚拟地址。让我们来试想一下电话在爱情中的作用：第一，减少信息传递的成本：这里不仅指经济成本，更指时间成本。现在的通讯技术几乎可以做到在任何地方进行联络，并且只要对方接听的状况下，听到对方声音的时间只需要几十秒；第二，增进感情：手机的即时通信功能可以让恋爱男女们保持一种联络状态，这种隐形的状态可以缓解遥远距离对情感的侵蚀。哪怕在以前人们可以鸿雁传书，遥寄思念，但这恐怕远不及在电话的这头听到心爱的人说一句“喂？”第三，缓解思念：在人声通信技术未实现之前，人们主要的远距离联络方式是书信，尽管在表意功能上，文字与声音不相上下，但声音作为每个人独特的标志，具有不可替代性，远距离人声通讯带给情侣的不只是更加快捷迅速的意义传递，更是在性心理上的一种满足感。手机诞生之后，电话性交也应运而生，不受电线控制的手机轻易便走进了私密的个人卧室，不像电话的公共性或者共享性，手机与私密空间的结合为相隔遥远的寂寞男女提供了更加亲密的相处机会；第四，开放性。手机号码所提供的虚拟地址与现实的住宅不同，它可以轻易被他人“翻越”。假如一个男子爱慕一个女子，在现实中就需要登门造访的勇气，或是请第三人协助认识。但手机却提供了另一种可能，在现代爱情故事中，可能有无数的感情是从获得对方电话号码作为开始的。

（二）广播——全城热恋

实质上，在电话出现并进化成手机普及大众的这一阶段，另一种电子媒介也改写了参与了人类的爱情进化史，这就是广播。1920 年 11 月 2 日世界上第一座真正的电台——美国匹兹堡 KDKA 电台正式开播。此后，广播迅速传遍了全世界。广播诞生之初仅作为传播文字稿件的附属工具，大多应用于军事目的。随着时间的推移，人们逐渐认识到了这种媒介得天独厚的优势，它具有无与伦比的穿透力，传播范围十分广泛，并且这种媒介能够解放双手双眼，具有一种伴随性。

20 世纪八九十年代至 21 世纪初，情感电台成为划时代的媒介奇观。彼时，电台的节目形式有情感类访谈、广播剧、点歌祝福、评书、新闻、音乐、交通等。除了新闻和交通节目之外，其他类型的节目均涉及了爱情的主题。在大学宿舍、在出租车上、在餐馆里、在个人卧室的床头，收音机里总能传来主持人耐心安慰情感受挫者的声音。电台情感节目创造了一个临时场的场域将听众聚集起来，倾诉者在表达内心苦闷的同时会有一种被人关注和理解的感觉，而听众在众多分分合合的故事中也投射到了自己身上，仿佛感同身受。广播与电话结合之后还提供了互动功能，广播创造了一个和谐的情感共同体，感情世界受伤的人们在这里相互倾诉，寻找慰藉。于是我们看到电影《致青春》中的一幕，女主郑微发现自己爱上性格孤傲的陈孝正时慌忙打电话求助情感电台主播“紫鹃姐姐”。在《爱情公寓》中，搞笑又知性的曾小贤凭着幽默的语言和耐心的倾听成为都市夜晚的“爱情魔法师”。在电视台停播和没有互联网的年代，广播电台对于人类情感世界的沟通与建构丝毫不亚于影视作品中的夸张。与情感热线类的节目不同，广播剧则把文字著作进行再度创造，通过旁白，背景音，对话等元素为听众打造一个想象的爱情世界。点歌祝福类节目则借着流行歌曲的东风扩散了想说的情话，让整个城市听到歌曲背后所寄托的分分合合。

（三）影视——声画交错，“音”为爱情

自1895年12月28日诞生以来，电影已经走过了120余年的历程。作为“第七艺术”的电影在诞生之初是个不折不扣的“哑巴”，只有在融入了各种听觉艺术，尤其是音乐之后，电影才有了突飞猛进的发展。在默片时代，片商们为了吸引更多的观众走进影院，他们请来讲评人填补上角色的对话或者请乐手使用钢琴或手风琴演奏与符合电影氛围的乐曲。1921年，有声电影开始出现，1927年华纳公司出品的《爵士歌王》空前火爆，而主角所说的那句：“等一下，你们再也不是什么都听不到了吧。”更是标志着一个电影新时代的到来。《爵士歌王》不仅是一部歌舞剧，并且其中的爱情主题也为整部电影增色不少，女主玛丽亚成为男主杰基追梦路上的贵人，他们有着共同的语言——音乐，有着共同的理想，在临别时，他们难舍难分。可见，电影这门综合的艺术在诞生之初就与声音是不可分割的，爱情在电影艺术中也是经久不衰的绝对主题，没有之一。

1. 音乐电影

1929年第2届奥斯卡奖颁奖典礼上，《百老汇旋律》成为首部获得奥斯卡最佳影片奖的有声片，除了动听的音乐和精美的舞蹈，薇妮和汉克两姐妹与歌舞团经理艾迪那一段浪漫的恋情也为影片增色不少。在这之后，共有十部音乐电影获得了奥斯卡最佳电影这一最高荣誉，分别是《歌舞大王齐格菲》《与我同行》《一个美国人在巴黎》《金粉世界》《西区故事》《窈窕淑女》《音乐之声》《雾都孤儿》《芝加哥》等。而2016年末上映的《爱乐之城》虽未能获得奥斯卡最高荣誉，却也获得了全球影迷的追捧，横扫金球电影节。上述这些音乐电影，无一例外都涉及了爱情主题，放眼全球来看，只要是音乐电影，其中或多或少都会涉及主人公的爱情经历。

作为一门综合艺术，电影融合音乐、摄影、美术、服装、建筑等多种艺术形式一体，这种最年轻的艺术至今也发展出了多种类型片，为全世界的人们带来绝妙的精神享受。然而在其123年的发展历程中，声音却几乎从未缺席，尤其是集中表达人类情感的音乐。电影之所以发展出了音乐电影这一类型片不仅仅是初生时吸纳借鉴音乐剧来填补内容的空白，另一个深层次的原因是音乐、舞蹈、爱情叙事（表演）这三个主要的因素在音乐电影中完美融合。与其他电影类型相比，音乐电影突出了音乐和舞蹈在影片中的表现力，由剧中人物直接演唱（至少在观众看来是这样）的歌曲与电影音乐对观众来说是两种不同的体验层次。音乐电影在这种形式的声画组合能够丰富电影本身的可看性，欣赏在这里不光是探索剧情的单一乐趣，音乐和舞蹈的标出使得情感的表达不再仅限于语言，听觉和肢体表达的能力被放大后，观众的听觉器官被充分调动，而对舞蹈的欣赏也需要更深层次的理解。在这个观看过程中，原本主要由视觉系统来完成的观看现在要分出更多的注意力给听觉系统，在视觉和听觉共同作用增强时，观众的情感体验也就增强了。此时，爱情这个本身就与人们息息相关并令人向往的主题就镌刻得更深刻了。

2. 电影声音

音乐电影成为电影艺术中一个引人瞩目的类型并非偶然，自诞生以来，电影就一直在寻求如何更好地表现和利用声音。从开始的现场述评和伴奏到同期声再到如今的多种表现手段，在电影发展史中，如果没有声音那么它可能就成为人们口中的“折翼天使”了。

电影声音包括人声、音响、音乐。在这三个部分中，人声最为简单，这里我们主要分析对白。与日常说话交流不同，电影中的对白是经过精心设计的，或者服务于人物性格刻画，或者与剧情线索有关，或者烘托主题，在什么场合说什么话都要经得起推敲，而这又不仅仅是文本的创作。最终通过声音所表现出来的对白，是导演、编剧、演员以及幕后等多个部门共同创作的结果。时间会冲淡我们对剧情的记忆，但经典台词却恒久流传，列举如下：

You jump，I jump ——《泰坦尼克号》

我希望我知道怎样戒掉你。 ——《断背山》

说的是一辈子！差一年，一个月，一天，一个时辰，都不算一辈子！

——《霸王别姬》

我也只是一个女孩儿，站在心爱的男孩面前，等他爱我。

——《诺丁山》

世上有那么多的城镇，城镇有那么多的酒馆，而她却走进了我的。

——《卡萨布兰卡》

I see you...（你在我眼中） ——《阿凡达》

不如我们从头来过。 ——《春光乍泄》

如果，我多一张船票，你会不会跟我一起走？ ——《花样年华》

曾经有一段真挚的感情摆在我面前我没有珍惜，等到失去时才后悔莫及。人生最悲哀的事情莫过于此。如果上天能再给我一次重来的机会，我会对那个女孩说三个字：我爱你。如果要在这段感情前加个期限，我希望是一万年！

——《大话西游》

我爱过你，就再也没有爱过别人。我永远也不，那是千真万确的。

——《魂断蓝桥》

我忍不住，我爱你。 ——《阿甘正传》

我爱你不是因为你是谁，而是我在你面前可以是谁。

——《剪刀手爱德华》

电影中的另一类声音称作音响，主要是指作为影片场面背景出现的各种声音效果，主要有自然音响、机械音响、动作音响、特殊音响。这类声音的主要作用是搭建时空感觉，烘托氛围，反映人物心理变化等。电影音响即是对生活听觉真实的再创作，但它又超越现实，利用音乐心理学原理，将观众通过听觉系统和电影“连接起来”，使得电影有了更为丰富的感官体验。

至于电影中的音乐——与诞生之初一样，即使在现代，电影音乐也是吸引观众走进电影院观看电影的重要因素。电影是音画艺术，眼睛和耳朵两个器官是在第一时间接收信息的。电影能从无声发展到有声，这也正是人们对动效和声音的需求，期望能有除了摄影美术之外的表达形式。如今几乎任何影片都在苛求电影音乐与画面的完美融合尤其是好莱坞的商业大片，从开始到结束，大量的音乐被用来塑造人物或者时空。火爆全球的《复仇者联盟 3：无限战争》中，镜头进入瓦坎达时，背景音乐会加入非洲元素，使人瞬间感到时空的切换。在大反派“灭霸”出现时，音乐也会产生变化，甚至是正反派在发动攻击时，音效也是不同的，正派人物的攻击动作酷炫且声音和谐甚至美好，而反派的攻击动作丑恶并伴随着噪音。随着剧情的不断发展，甚至于当电影出现某种色调时，音乐都能起到增强作用。

电影具备多种节奏功能，比如主观节奏、客观节奏、导演心理节奏和观众心理节奏等。音乐通过不同的音乐语言，比如旋律、节奏、节拍、速度、力度、音区、音色等来迎合电影不同的类型、场景，从而完美契合电影的节奏。从某种程度上说，音乐对电影的作用是任何形式都不能替代的。王黎光曾对他的研究生们做过一个实验，为他们放映《加勒比海盗》的同时，将国际声道的声音频道全部关掉，结果不出 20 分钟，有人就看不下去了。

苏珊·E·朗格指出，音乐所反映的是“感情的结构形态”。这种结构形态，连同它的紧张、松弛和主动期待的形式以及所谓“主动记忆”——特别是由西方音乐的和声代码和结构代码等所引起的“主动记忆”——都与叙事作品中的十分相似。而对于电影音乐的作用，学界的观点曾有过一个重大的转向，电影音乐从“仆从”转变为“相伴”，即从“画面为主”转变为“声画合一”。为电影而创作的音乐，是电影综合艺术中的一个重要组成部分。它通过录音技术与对白、音响效果合成一条声带，随电影放映而加深观众对电影时空的整体感知。它的主要作用有渲染气氛、心理暗示、刻画人物性格、场景切换、抒发情感等。尽管对于音画地位的争论依然喋喋不休，但不可否认的是，即便把有些音乐从电影当中拿出来，它们依然可以单独供人们欣赏。

以泰坦尼克号为例，官方收录的影视原声带共有30首曲目。由席琳迪翁演唱的《My heart will go on》火遍全球，成为几代人的记忆，至今仍被各路歌手所演绎、翻唱。因此凤凰网娱乐频道曾这样评价：“《泰坦尼克号》之后爱情片如过江之鲫，但每当它的主题音乐响起，你仍会觉得，它的经典地位很难被取代。”除了主题曲，片头女声哼唱的《Never an Absolution》（永不后悔）、泰坦尼克号出海时的《Southampton》（南安普顿）、剧中插曲《Rose》、杰克趴在木板旁边弥留之际的《Unable to stay，unwilling to leave》（去留之间）以及沉船之时的《The death of Titanic》等。这些曲目起到的作用毋庸置疑，倘若没有了詹姆斯霍纳的作曲，泰坦尼克号未必会成为影史上最成功的商业爱情片。

（四）遍地圣经——“流行歌曲”

媒介技术在进化，人们的表达方式也在进化。本章在最初以诗经为例说到了歌曲在爱情中的重要地位。时至今日，《诗经》、楚辞、汉赋、唐诗、宋词等作品的演唱方法已经基本失传，但我们依旧能够从文字中窥视其美丽一角。尽管如此，人类对以歌言情这种浪漫的表达方式却从未止步，伴随着留声机、录音机、广播等技术的出现，流行歌曲（又称商业歌曲）逐渐登上了历史舞台。

1888年，美国的O.史密斯发表了利用剩磁录音的论文，奠定了录音机的理论基础。此后，经过半个世纪的发展，荷兰飞利浦公司终于在 1963 年发明了盒式磁带，从此盒式磁带录音机很快在家庭中得到普及。盒式磁带录音机的诞生极大地推动了商业歌曲的传播，这种歌唱形式因为其简明易懂的歌词和友好的演唱技法迅速进入人们的生活。流行音乐的诞生也为广播节目提供了更好的资源，音乐电台如雨后春笋般崛起并俘获了一大批忠实听众。此后，人们又发明了 MP3 播放器让流行音乐能够时时刻刻伴随在身边。互联网商业化让流行音乐真正成为全世界的宠儿，在这里人们可以寻找到几乎任何已经发行的歌曲资源。

《诗经·大序》有言："诗者，志之所之也。在心为志，发言为诗，情动于中而形于言。言之不足，故嗟叹之。嗟叹之不足，故咏歌之。咏歌之不足，不知手之舞之足之蹈之也。"表达爱情这种让人难以捉摸的东西。人们之所以歌唱，是因为歌曲在某些时候比语言更具有表现力，尤其体现在流行歌曲中与爱情有关的曲目可能无法统计，但只要细数一下当前歌坛当红明星们的知名作品，这一主题在流行歌曲中所占的比重就可见一斑了。

两个普通人的爱情是冷暖自知，而两个艺术家的爱情便是旷世之恋，李宗盛和林忆莲的过往至今仍被提及，就像铭刻在他们作品上的烙印，挥之不去。1992 年，歌坛新秀林忆莲遇见已是乐坛金牌制作人的李宗盛，这一年她 26 岁，他 34 岁。8 岁的年龄差并没有阻碍爱情的发生，反倒像一剂甜蜜催化剂让一切来得猝不及防，爱情来临时，任谁都无路可逃。身为少女的林忆莲和已作人夫的李宗盛因这段恋情备受争议，他们也终于在相识 6 年后修成正果。回望林忆莲与李宗盛的过往，爱情与两人的音乐不可分割，也就是在这一时期，林忆莲和李宗盛为华语乐坛缔造了诸多金曲。1993 年，李宗盛为林忆莲制作《不必在乎我是谁》专辑，主打歌《不必在乎我是谁》《当爱已成往事》均是当年金曲；1995 年、1996 年的《伤痕》《为你我受冷风吹》等歌曲流传至今。当年两人因"师生恋"背负骂名，林忆莲只能选择毅然放手，远走他乡。再相遇时是几年后加拿大的雨夜，据说李宗盛在她门口站了一天一夜，连下雨都没有离开，这就是《为你我受冷风吹》的原型。两人因为音乐相知相恋结婚，也因为音乐和一些家庭琐事而分手，遗憾的是，在与林忆莲离婚后，李宗盛的创作质量与数量明显不如从前，而林忆莲也鲜有作品超越以往的经典。当年我为她受尽冷风吹的那个人如今已成往事，那就敬往事一杯酒，再爱也不回头。正如乐评人墨墨所说：一对普通的、经历了平淡无奇热恋结婚争吵离婚的夫妻，只是因为他们的工作，被那些直抵人心的情歌修饰了，才被神化了而已。

流行歌曲之于爱情就像圣经，一代一代传承下来的便是爱的信仰，这种普遍的文化形式是如何助攻建构人类爱情的呢？一是记录爱情：这些创作者或是描写了自己的爱情经历，或是改编了听闻的故事，或是引据历史，歌词本身就是对人类爱情的记录。二是引起共鸣：人是情感的动物，某一首歌曲的歌词恰好触动了自己的感情过往，或是引起了内心对于爱情的感悟，便会在受众中引起情感上的共鸣。三是表达爱情：歌曲是人声和器乐声的组合，这种奇妙组合在表达超语言含义的同时也拥发挥着基础的表意功能。四是引起情绪波动：歌曲中的文本歌词包含着各种情景和意向，加上人声的演绎和旋律的配合，这些符号作用于人的中枢神经就会产生人内传播，进行联想，随即触景生情，产生情绪上的波动。五是反映爱情观：由阅历、地域等社会文化背景所引起的爱情观差异也会反映到流行歌曲中，比如国内国外差异，年龄差异，性别差异等。

从前人类时代起，人和部分动物一样，将声音作为求偶的一个手段和标准，这样的原始行为在进入到现代社会并没有完全消除，追求“声色俱佳”的伴侣是天性，人类不仅是相貌的动物也是声音的动物。倘若肤白貌美的古代四大美女个个都粗声粗气，那恐怕这份美丽就要大打折扣。声音作为男女性征的一个区分点，它本身的独特性也是构成一个人整体气质的重要因素。人类在性爱时偏好讲粗话、呻吟，这种行为或许是对声音与两性关系最好的证明。从诗经到楚辞、汉赋，再到唐诗、宋词、元曲、民歌、流行歌曲等，在不同的时代，歌曲虽然有不同的形式，但总体上都曾以声音作为媒介传递意义，作用于人类的情感生活。电子媒介扩展和提高了声音的传输距离和传输速度，并丰富了声音的表现形式。这一赋能极大地消除了时空限制，方便了人与人之间的联系，也使得爱情的维系相较印刷媒介时代方便了许多。电子媒介通过传递声音还能够分享爱情，形成一个临时的“场”，身处不同时空的人们因为声音将精神世界临时维系在一起，进行互动交流，获得一种满足感。此外，通过电子媒介广为传唱的流行歌曲并非一时之火，一首火爆歌曲本身所创造的爱情意境成为一个意义的“碑”，数量庞大的听众在倾听歌曲的同时是内在的投射，也是在参与一个仪式。这些铭刻意义的“碑”会形成一种累积效果，吸引更多的人“朝拜”。

声音与爱情就像双影，声音塑造了爱情的文化，诗词歌赋、传统戏曲、流行歌曲，甚至是光影艺术的电影都有其独具特色的表现形式；而爱情丰富了声音的传播内容，正是由于情感需要的驱动，声音从语言幻化成传唱千年的情歌。在人类的过去，声音传达并记录着我们的爱情，并且以多样的形式构建着人类情感生活的意义场域，丰富着人类的情感世界。未来，声音会形成什么样的表达方式，又会被怎样的新媒介所传达，我们不得而知。但千百年后，或许“死生契阔，与子成说。执子之手，与子偕老”这一句依然可以打动她的芳心。

第六章　经典

《泰坦尼克号》如何成为爱情“圣经”？

一个人一生可能会爱上很多人，等你真正获得属于你的幸福之后，你就会明白，以前的伤痛其实是一种财富，它让你更好地把握和珍惜你爱的人。

——《泰坦尼克号》

12 世纪初，法国阿基坦公爵纪尧姆九世创作了最早的游吟抒情诗，被认为是西方世界浪漫爱情的滥觞。[①] 爱情不仅是现实生活实践中的一种美好想象，历来还是文化作品当中最重要的主题之一，这一主题的文化作品在历史发展过程中生生不息，而能够在历史的长河当中经受不同时代背景下不同受众的审美考验而成为爱情经典的就相对有限了。1997 年卡梅隆执导的《泰坦尼克号》可谓是爱情经典史诗，创造了很多经典画面，经典台词，经典桥段，“泰坦尼克号”一词一方面是灾难的代名词，另外一方面也是浪漫爱情的代名词，甚至成为一种文化，在大众娱乐文化和日常生活实践中保持着生命力。那么，爱情经典是如何练就的？

一、爱情经典的书写：时代与悲剧

爱情经典是由谁书写的？这是一个关键性的问题，因为书写者自身

① 玛丽莲・亚隆. 法国人如何发明爱情：九百年来的激情与罗曼史 [M]. 王晨译. 上海：上海文艺出版社 2016：15–46.

的经历、素养以及所处的时代背景都会直接影响书写者对于爱情经典的建构。中国四大美女沉鱼落雁闭月羞花之一的杨贵妃与居于权力最高位的唐明皇之间的爱情故事家喻户晓，基于这一故事原型衍生出了一系列爱情文本，比较有代表性的有唐代香山居士白居易的《长恨歌》，元曲四大家之一白朴的《梧桐雨》以及清代戏曲作家南屏樵者洪昇的《长生殿》，即使是同一爱情经典文本，在不同历史时期中由于创作者所处的时代背景、思想以及经历的不同，也呈现出了不同的主题倾向。[①]《长恨歌》政治色彩淡泊，重于写情；《梧桐雨》旨在讽喻；《长生殿》情讽并重。

"红色经典"是一种具有中国特色社会的文化现象，是一种特殊的话语表述，它是政治与艺术概念的结合。[②]"红色经典"具有很强的时代特色显而易见，主流意识形态与话语权力结构对书写者的影响可见一斑，从"红色经典"也可以看到书写者的革命经历对个人感情的规训与对爱情抑制不住的强烈渴望之间的分裂。[③]

爱情经典中书写了什么？在 19 世纪的英国文坛中出现的两位女性作家夏洛蒂·勃朗特和简·奥斯汀分别在《简·爱》和《傲慢与偏见》文学文本中书写了深受欧美文学读者喜爱的"灰姑娘"形象并且采用了反抗、缓冲、结合三步骤的爱情叙事模式。[④]而在电影文本中，悲剧元素的加入让爱情变得更加耐人寻味。悲剧元素让爱情影片成为了爱情经典，战争影响、伦理约束、意外伤害以及生理残疾是四个常见的悲剧元素。[⑤]可见悲剧内容成为了爱情经典形成重要影响因素。

而在"红色经典"中，则书写了爱情叙事的三种模式，一是知识分子与工农的政治之恋，代表作如蒋光慈 1930 年的《田野的风》（原名《咆哮了的土地》）革命爱情长篇小说；二是精神导师与启蒙对象的同志之恋，代表作有胡也频 1929 年的中篇小说《到莫斯科去》；三是才子与佳人或者英雄

---

① 钟巧灵．论文学经典中的李、杨爱情 [J]. 求索，2009(12):169–171.

② 侯洪，张斌．"红色经典"：界说、改编及传播 [J]. 当代电影，2004(6):79–82.

③ 姜辉．论"红色经典"叙事的爱情模式 [J]. 文艺争鸣，2009(6):74–77.

④ 马丽君．经典爱情模式中的女性形象——《简·爱》与《傲慢与偏见》之比较 [J]. 史志学刊，2006(1):99–101.

⑤ 刘嘉新．爱情·悲剧·经典——析西方电影中爱情与悲剧的交融 [J]. 电影文学，2009，No.481(4):17–18.

与美人的传奇之恋，代表作有赵树理 1943 年的短篇小说《小二黑结婚》。[①]

二、文学经典始于生产，盛于传播

“经典”最早是关于文学文本上的概念。从词源上考证，《说文解字》《尔雅·释诂》《释名·释典义》《文心雕龙·宗经》《<文心雕龙>字义疏证》等一系列文献作出了关于“经典”的记述与释义，文艺学家刘晗研究认为“文学经典是指那种能经得住（纵向的）时间考验的文学作品”。[②]从历史的角度考证，汉代时期“经典”一词逐渐合用，主要指涉的是圣贤著述、儒家著作、文学经典、宗教典籍四种。而现代文学批评中所言的“经典”，通常被认为来自“拉丁文意为‘第一流的’，指公认、堪称楷模的优秀文学和艺术作品，对本国和世界文化具有永恒价值。”[③]现代文学批评中对于经典的理解已经产生了泛化，本文对于经典的界定倾向于现代文学批评中对于经典的理解。

关于文学经典建构的理论可以归为两类视角：一是生产视角，主要是从创作者的角度提出的，指的是文本内容的生产本身。刘晗认为文学作品中的价值理念与主流意识形态并行不悖，那么文学经典就可以作为建立社会规范的依据。[④]文艺学理论泰斗童庆炳则进一步归结为两个因素：一个是文学作品的艺术价值和可阐释的意义空间，另一个则是意识形态和文化权利的变动以及文学理论和批评的价值取向，将二者称为内外部因素。[⑤]但其本质仍在于文本的生产本身，文本内容能够回应时代的问题便有机会成为经典，例如“五四”时代，科学与民主思想成为一种主流思潮，四书五经不再被当成经典，而《红楼梦》《西厢记》反而成为一种文学经典。

二是传播视角，从传播者即文学作品的受众这一角度提出，包括了普通大众、知识精英以及传播媒介三个因素。北京大学哲学系教授王中江以

① 姜辉 . 论“红色经典”叙事的爱情模式 [J]. 文艺争鸣，2009(6):74–77.
② 刘晗 . 文学经典的建构及其在当下的命运 [J]. 吉首大学学报（社会科学版），2003，24(4).
③ 黄曼君 . 中国现代文学经典的诞生与延传 [J]. 中国社会科学，2004，3: 149–159.
④ 黄曼君 . 中国现代文学经典的诞生与延传 [J]. 中国社会科学，2004，3: 149–159.
⑤ 童庆炳 . 文学经典建构诸因素及其关系 [J]. 北京大学学报 : 哲学社会科学版，2005，42(5): 71–78.

早期儒家经典的形成为例，认为读者是经典形成比较重要的一个条件，经典的形成依赖于读者，“它因不断地被阅读、理解和解释而获得权威性和神圣性，阅读、理解和解释行为也因经典而被鼓励和肯定。”① 刘晗进一步指出，知识精英的遴选和大众舆论的评判是推动文本进入经典序列的主要方式；童庆炳则提出了“发现人”的概念，即最早发现某个文学经典的人，“发现人”具有的两个重要的品质一是发现能力，能够提出对新作品的新体会、新理解；二是权威性，这使得他的发现能够推广开来。② 比如南朝梁代文学家、昭明太子萧统对于田园诗派开创者陶渊明的“发现”，他将当时鲜为人知的东晋诗人陶渊明编入了《昭明文选》，这是中国现存最早的一部汉族诗词总集。凭借萧统的文学才华以及政治地位，之后陶渊明慢慢被熟知，被称为“隐逸诗人之宗”。③ 由此看来，这个“发现人”的角色更像是一个意见领袖的角色。

近年来媒介对于经典建构与传承的作用也渐渐被提了出来。媒介在改变经典传承方式的同时也改变了受众接受经典的方式。在现代媒介的冲击下，说书讲故事、说唱艺术渐渐被现代媒介生产与传播方式如现代影视和网络文学等所取代。④ 无论是传统媒介还是现代媒介对经典的传承都发挥了转化的功能机制，这充分体现在经典文本的多媒介介质以及形态表现多元化。以文学经典文本为蓝本进行改编转化成为影视语言文本，并且成为影视经典的案例比比皆是，例如对中国古典长篇小说四大名著的改编所成就的相应的影视经典，1986 年杨洁导演的《西游记》，1987 年王扶林导演、红学大家周汝昌参与制作的《红楼梦》，1994 年中央电视台制作出品的《三国演义》，1998 年张绍林导演的《水浒传》。

经典建构的两种视角：生产与传播，为本文提供了开阔的视野，为了使探究对象更加明晰，本研究将爱情经典进一步细化为影视爱情经典。当

① 王中江 . 经典的条件：以早期儒家经典的形成为例 [J]. 中国哲学史，2002 (2): 48–54.

② 童庆炳 . 文学经典建构诸因素及其关系 [J]. 北京大学学报：哲学社会科学版，2005，42(5): 71–78.

③ 中国南朝文学批评家钟嵘在他的著作《诗品》中，对陶渊明及其诗有这样的评价：文体省净，殆无长语。笃意真古，辞兴婉惬。每观其文，想其人德。世叹其质直。至如“欢颜酌春酒”，“日暮天无云”，风华清靡，岂直为田家语邪！古今隐逸诗人之宗也。

④ 高艳芳 . 中国白蛇传经典的建构与阐释 [D]. 华中师范大学，2014.

然不可否认文学经典的价值，在每个人的生命进程当中文学经典的陶冶让人受益良多；而文学经典的媒介主要是文字文本，现代社会技术发展的规训以及人们的接受，影视图像文本则深受欢迎，在大众传媒及其所创造的媒介环境下一个个影视经典宣告诞生了。

三、《泰坦尼克号》：史诗与狂热

加拿大导演詹姆斯·卡梅隆导演的电影《泰坦尼克号》1997 年 12 月 19 日在美国上映之后，在除中国大陆地区外拿下了全球 12 亿美元票房。1998 年 4 月初中国大陆各个城市才陆续放映，最终获得了 3.6 亿总票房，这个数据是当年全国总票房的三分之一。《泰坦尼克号》在奥斯卡金像奖上有 14 项提名，最终获得了 11 项奖项。2012 年即泰坦尼克号沉船事件 100 年纪念日之时，詹姆斯·卡梅隆将《泰坦尼克号》修复成 3D 版重映，再一次掀起了票房神话，成为了第一部中国票房超越美国票房的美国电影。

《泰坦尼克号》在中国大陆上映前后，报纸媒体进行了铺天盖地的报道，其被媒体誉为“史诗式的爱情经典”。[①] 这一系列报道的背后映衬的是电影观众的追捧和电影市场的火爆。《南方日报》描绘了这样堪称狂热的景象——

“《泰坦尼克号》短短半个月时间风卷残云般扫荡票房，还带出了很多近 20 年来罕见的现象与故事：在广州各大电影院，黄金时间全部爆满；人们排着长队进场，每日加位者不下 100 人；在影院门口常可看见顾不上吃晚饭，拎着盒饭匆匆赶来的观众；“黄牛党”炒票活动猖獗……有一位观众告诉笔者，自从她儿子把影院送的《泰坦尼克号》海报带回家后，同学们居然每天分批次到家里来参观海报！”[②]

由此可见《泰坦尼克号》堪称是现象级的电影，也成为了影史经典。从“泰坦尼克号”沉船事件到有关“泰坦尼克号”的一系列电影，“泰坦尼克号”成为了一种文化现象，到现在一直表现出文化传承的活力，例如借

① 邵牧君 .《泰坦尼克号》成功的背后 [N]. 光明日报，1998-4-2(6).
② 萧尔斯 .《泰坦尼克号》南粤卖座的启迪 [N]. 南方日报，1998-4-20(12).

用“泰坦尼克号”借指其他沉船事件；或者用“撞冰山”借指遭遇了毁灭性的灾难；更有甚者，电影《泰坦尼克号》中男女主角在船头相拥这样标志性的经典动作在生活以及各种娱乐文化作品中再现。这就是经典的力量对于日常生活文化实践的呼应与再造。而从“泰坦尼克号”沉船事件到电影《泰坦尼克号》实现了灾难叙事到爱情娱乐叙事的转向，并使得《泰坦尼克号》成为一个爱情经典，这其中有电影本身内容的建构力量，但这种爱情经典的建构远不只是内部力量的建构所能完成的，它必然还有凭借外部的力量，这是接下来所想要探究的。

四、中国报纸的《泰坦尼克号》编码

我们采用内容分析法对报纸媒体在《泰坦尼克号》上映前后所呈现的影片相关文章进行拆解分析。由于时间跨度大，从经典建构理论中的传播视角出发来看，报纸媒体对相关经验材料有较大的承载量。《泰坦尼克号》1997 年 12 月份就在美国上映，而中国大陆 1998 年 4 月份才上映；另外时隔 14 年，在“泰坦尼克号”沉船 100 周年之际即 2012 年 4 月，《泰坦尼克号》3D 修复版再次上映。本研究选取的是大陆中文报纸，因此截取的报纸文章时间点是 1998 年和 2012 年两个年份电影上映前后各 30 天。

由于人力物力的限制，采取立意抽样的方法选取全国性影响力比较大的报纸《人民日报》和《光明日报》；另外 1998 年《泰坦尼克号》率先在北京、上海、广州上映并且北上广的电影屏幕占有量也比较大，因此还选取了北上广影响力比较大的报纸媒体《北京日报》《文汇报》《新民晚报》《南方日报》《羊城晚报》《广州日报》等，总共 8 份报纸。

本文的分析单位是文章，入选样本的标准是文章涉及《泰坦尼克号》的爱情或者灾难主题，或者“泰坦尼克号”沉船事件。关于电影制作拍摄、导演以及演员的这类相对于电影主题来说属于周边信息的文章不在研究的范围内。以这个为标准总共选取 77 篇文章作为分析样本。

在深度阅读这些文章的基础上，借助文学经典建构理论中传播视角下的影响因素：知识精英的遴选和大众舆论的评判以及媒介的传播三个因素建构了相关研究变量。在本文中，知识精英的遴选指的是意见领袖，而在 20 世纪 90 年代报纸媒体的权威性强，报纸的报道倾向相当于充当了意见领袖的角色；在大众舆论的评判上，报纸媒体会在文章中呈现观众的态度；媒介的传播，即是《泰坦尼克号》影视文本到报道文本的转化。因此在本文中三者会有一定的交叉。基于此，变量的设置主要是：报纸文章呈现的主题，报纸文章中的图片文本，报纸媒体呈现的观众态度以及报纸媒体自身解读的态度倾向等。另外对于图片文本的编码主要根据 Kress & Van Leeuwen 的视觉语法框架的再现意义、互动意义和构图意义三个维度来进行。①

表 2–4　有关《泰坦尼克号》报纸文章编码表

A. 时间	1. 上映前			2. 上映后	
B. 年份	1.1998 年			2.2012 年	
C. 版面	（填写）				
D. 文章体裁	1. 报道			2. 言论	
E. 是否提及男女主角之间的爱情	1. 是			2. 否	
F. 如何描述爱情	（填写形容词）				
G. 是否提及沉船灾难	1. 是			2. 否	
H. 如何描述灾难	（填写形容词）				
I. 是否有配图	1. 是			2. 否	
J. 配图的类型是什么	1. 剧照	2. 历史资料图片		3. 电影海报	4. 新闻图片
K. 图片的主要内容	（填写）				
L. 图片的景别	1. 特写	2. 近景	3. 中景	4. 远景	5. 远景
M. 男女主角在图片中的位置	1. 中心			2. 非中心	
N. 是否提及“经典”	1. 是			2. 否	
O. 是否提及观众反应或态度	1. 是			2. 否	
P. 观众的反应是正向还是负向	1. 正向			2. 负向	
Q. 是否提及电影的意义	1. 是			2. 否	
R. 是享乐主义视角还是自我现实主义视角	1. 享乐主义视角			2. 自我实现主义视角	

① Kress G R，Van Leeuwen T. Reading images: The grammar of visual design[M]. Psychology Press，1996.

因为样本量不是很大，且由个人独立完成编码，所以没有进行横向信度检验即编码者之间的信度比较来排除不同编码者自身因素的影响。[①] 而是采用纵向信度检验，即直接进入正式编码，时隔一周再一次进行编码，进而检验两次编码的一致性程度，最后对于信度系数偏低的变量重新进行变量的操作化定义和调整，再次进行编码。

五、爱情片还是灾难片？

对于这个问题，《羊城晚报》在 1998 年 4 月 1 日第九版刊载了一个关于《泰坦尼克号》观后感的调查问卷向读者征答，其中有一个问题是关于对《泰坦尼克号》的影片类型定位。[②] 最终在 4 月 21 日将调查结果刊载出来，认为《泰坦尼克号》是爱情片的读者占大多数。在观后感上，有 35% 的读者表达的是对男女主人公之间的爱情故事的理解。[③]

这一调查结果与报纸媒体在《泰坦尼克号》的议题设置上是一致的。

84.4% 的文章提及了爱情主题，可见报纸媒体有关《泰坦尼克号》的文章比较偏向于爱情主题的描述、阐释或评价，而只有 54.5% 的文章提及沉船事件偏向对《泰坦尼克号》娱乐化的解读。

图 2-4　爱情主题词云图

图 2-5　灾难主题词云图

关于爱情主题的描述，对报纸媒体所用到的形容词用词云工具进行分析。通过词云可以发现“爱情”与“浪漫”的词频最高，另外“史诗”“生

① 彭增军 . 媒介内容分析法 [M]. 中国人民大学出版社，2012:90–91.

② 羊城晚报“娱乐世界”.“我看《泰坦尼克号》”征答启事 [N]. 羊城晚报，1998–04–01(9).

③ 陶建华 .“我看《泰坦尼克号》征答”结果综述 [N]. 羊城晚报，1998–04–21(9).

离死别”“真爱”“传奇”以及“动人”的词频次之，可见报纸媒体所建构的爱情经典是一种浪漫之爱，并且达到了史诗与传奇的高度。

关于灾难主题的描述，词频最高的是“灾难”和“海难”，其次是“冰山”“悲剧”和“沉船”，大部分是比较偏向于客观理性的词汇。

综合两个词云图可以进一步看出电影《泰坦尼克号》以影视化的方式完成对于1912年“泰坦尼克号”沉船灾难性事件的解构，通过加入爱情叙事这种娱乐化的手段大大削弱了沉船的灾难性记忆。

六、警世传说里的凄美爱情故事

对年份和是否提及沉船灾难事件这两个变量进行卡方检验发现，在是否提及沉船灾难事件上1998年和2012年存在显著性差异，2012年提及的频次少于1998年，报纸媒体转向对于爱情这类娱乐记忆的挖掘，例如《羊城晚报》以《那一年，我们一起看的TITANIC》为新闻标题进行一系列的采访报道对观众的娱乐记忆进行深入的挖掘。[①]《羊城晚报》在新闻的导语部分这样写道：

“《泰坦尼克号》给了我14年的时间，我却没能找到陪我去看它的人！”

有位网友这样哀嚎。而对你来说，是否还记得，14年前坐在你身边一起看电影的人是谁？而那个和你一起为了那句“You Jump I Jump”而心悸落泪的人，今天又在哪里？

在这个导语之后的正文都是网友对于当年看电影的回忆。报纸上刊登了网友Marine这样感怀：

“有这么一种电影，你看过不止一两遍，你了解它剧情一步步的发展，直到结局和哭点，甚至会背它的台词，可是你还是可以去电影院带着两副眼镜坐上三个小时听着熟悉的旋律响起，不断抹掉眼泪——它就是《泰坦尼克号》。”报纸媒体通过挖掘现实中观影者之间的关系从而进一步建构影

① 娱乐新闻部.那一年，我们一起看的TITANIC[N].羊城晚报，2012-04-09(B2).

片的爱情主题。这种娱乐化倾向是电影媒介自身所具备的娱乐属性所带来的，而报纸的娱乐新闻板块也兼具大众媒体的娱乐功能。

但综合性报纸同时兼具严肃性，有的报纸也对“泰坦尼克号”的沉船事件进行深入的回顾以此寻求对灾难记忆的深刻理解，避免娱乐化倾向过度。如《光明日报》2012 年在国际教科版以《沉船百年，激情不灭：“泰坦尼克”那些事儿》为题，[①] 回顾了“泰坦尼克号”所象征的“美国梦”，沉船后不靠谱的打捞计划，“泰坦尼克号”的贡献：促成《国际海上人命安全公约》的诞生，以及对于沉船残骸的保护这几个方面来回顾沉船悲剧的史实，一定意义有助于纠偏过度娱乐化的转向。正如邵鹏所认为的“媒介记忆可以通过归纳与命名、分析与解释以及追溯与回忆等方法，将有历史价值的新闻事件植入到历史记忆之中，从而能够对历史书写的新闻化和娱乐化倾向加以合理的校正和科学的规范”。[②]

但是爱情与灾难主题并不是完全割裂的，两者之间有一定的互动，由于灾难男女主人公之间的爱情充满了悲剧色彩，而由于爱情的表达让灾难也不至于让人过于绝望，对于灾难历史的感知有了温度。这一点从以上的词云也可以得到印证，在“爱情”的词云图当中也有“凄美”“凄惨”这样的词汇，在“灾难”的词云当中也有“爱情”“震撼人心”这样的词汇。正如卡梅隆所言：

“《泰坦尼克号》不再只是一个警世性的传说——关于人类灾祸的一个神话、一个寓言或一个隐喻。它也是一支关于信仰、勇气、牺牲的故事，首先是一个爱情故事。”

正是这两个主题之间的互动，尤其是灾难元素对于爱情主题的烘托在故事文本上促使《泰坦尼克号》经典的形成，而报纸媒体则是突出了这两者的互动关系。

---

① 李盛明 . 沉船百年，激情不灭：“泰坦尼克”那些事儿 [N]. 光明日报，2012-04-14(5).

② 邵鹏 . 媒介记忆与历史记忆协同互动的新路径 [J]. 新闻大学，2012(5):12-15.

七、“泰坦尼克号”式浪漫的视觉表达

本部分的分析基于对报纸文章中图片的编码。从文章的配图类型来看，66.7% 的配图是电影剧照，6% 是历史资料图片，11% 是电影海报，16.3% 是新闻图片。

下面将采用 Kress & Van Leeuwen 的视觉语法框架作为理论基础，[①] 对报纸中所配的电影图片进行话语分析。Kress 和 Leeuwen 的多模态话语分析理论以 Halliday 的系统功能语言学理论，认为图像也是一种社会符号，分析的维度主要包括三个方面：一是再现意义分析，二是互动意义分析，三是构图意义分析。[②]

首先是再现意义分析，即表达图像的范畴，整体结构和意义。从文章配图的电影剧照来看，剧照的内容主要是男女主角一起出现，男主角单独出现，女主角单独出现以及“泰坦尼克号”这艘巨轮。其中男女主角一起出现的电影剧照所占的比例最大，达到 73.3%。再进一步分析男女主角之间一起出现的剧照，可以发现杰克和露丝在船头的一幕出现的频率最高，露丝张开双臂平举而杰克站在露丝背后搂住她的腰，头搭在她肩上，这个动作是《泰坦尼克号》最经典的动作，在后来很多改编的艺术作品当中表现男女主角之间的浪漫爱情往往会展演出这个动作。

其他男女主角一起出现的电影剧照是灾难出现前两人之间甜蜜幸福的场景和灾难出现时两人之间的凄苦分别难舍难分的场景。男女主角同时出现的电影剧照，大多是温和的暖色调，表现两人之间的甜蜜浪漫；只有灾难出现时才是冷色调背景为主，表现两人的悲惨结局。

然后是互动意义分析，指的是图像制作者、图像表现的内容和图像观看者三者之间的交际意义，主要从接触、社会距离和态度三个维度展开分析。下面主要就社会距离展开分析，社会距离指的是图像与观看者之间社会距离的远近所形成的社会关系。Kress & Van Leeuwen 将社会距离分为亲近

① Kress G R，Van Leeuwen T. Reading images: The grammar of visual design[M]. Psychology Press，1996.

② 李静静，任培红 . 电影海报的多模态话语分析——以电影《山楂树之恋》电影海报为例 [J]. 吉林省教育学院学报，2013(2):101–102.

距离、个人近距离、个人远距离、社会近距离、社会远距离、公共距离。[①]这里主要将社会距离量化为景别的差别来进行分析。

报纸媒体所呈现的电影图片，大都是近景的镜头视角（占比 31.2%），有利于观看者与男女主角之间的关系，让人能够自然亲近地身处到男女主角的剧情之中，进而对电影产生更多的兴趣与好感。

最后是构图意义分析，其关注的是图像和文本的信息值以及重点的分布。信息值是通过元素在图像中所放置的位置来实现的。任何某种特定元素被放置在图像的左边还是右边，中间还是边缘，或者空间的上方还是下方，决定了它在整体中的角色。[②]

对男女主角同时出现的电影剧照进行分析发现，男女主角始终处于画面的中心点，在视觉上有比较强的引导性，很容易将注意力吸引过去。尤其是男女主角之间所表现出的恋人相互依偎相互爱慕的关系，这种画面的呈现方式很容易让人体会到两人的浪漫爱情。

男女主角在船头相拥的电影剧照，船体本身就是一个很好的视觉引导线，最终视觉重心落在男女主角之间，再加上广阔的天空作为背景，给人营造一种永恒浪漫的感觉。

总结以上对于《泰坦尼克号》报纸文章的图片话语分析，报纸媒体将男女主角剧照大量地放置在议题当中是对于这种浪漫爱情经典的建构。这是经过报纸媒体议题筛选之后所呈现出来的电影剧照，媒体对于影片爱情主题的偏向会作用在读者对于《泰坦尼克号》的态度评价上面。

同时，值得注意的是这种图片的视觉结构会建构社会现实和心理现实。[③]《泰坦尼克号》男女主角在船头的经典动作成为后来很多艺术表演的借鉴模仿之处，在现实生活当中的亲密关系中也常会出现这样的动作。日本动漫《黑执事》、韩国文化广播公司 MBC 综艺节目《我们结婚了》以及中国东方卫视综艺节目《欢乐喜剧人》第二季岳云鹏的表演中都有相关的

---

① Kress G R，Van Leeuwen T. Reading images: The grammar of visual design[M]. Psychology Press，1996.

② 李静静，任培红 . 电影海报的多模态话语分析——以电影《山楂树之恋》电影海报为例 [J]. 吉林省教育学院学报，2013(2):101–102.

③ 朱永生 . 多模态话语分析的理论基础与研究方法 [J]. 外语学刊，2007(5):82–86.

"泰坦尼克号式"元素。正如 Kress & Van Leeuwen 所说的那样，"视觉结构并不只是对'现实'结构进行复制。恰恰相反，它们生成的现实世界的各种图像，与那些生成、传播和阅读这些图像的社会机构的利益是紧紧联系在一起的。它们是表达意识形态的。视觉结构绝不只是形式的，它们在语义上也是非常重要的。"①

八、报纸、受众与电影：互动催生经典

本部分主要是对于《泰坦尼克号》的态度这一变量的分析，包括了普通大众的态度以及报纸媒体对于影片解读的态度倾向。

对于《泰坦尼克号》的态度评价，有 44.2% 的文章提及了观众对于《泰坦尼克号》的评价，其中有 91.2% 对于影片的评价是正向积极的。观众的认同有利于经典的进一步流传以及建构。另外前文也提及了报纸文章中所表现出来的对电影的追捧以及背后所反映出的《泰坦尼克号》电影市场的火爆。

在电影意义的阐释上，有 55.8% 的文章提及了电影的意义。童庆炳认为文学作品本身描写的世界是否宽阔，作品所蕴涵的意味是否深厚而多义，对文学经典建构是十分重要的。② 借用到影视作品当中，影视作品意义可阐释空间的大小对于经典的建构有非常重要的意义。在意义这一个变量上，根据 Oliver 和 Raney 的研究 ③ 进一步细分为两个变量：享受主义视角的意义和自我实现主义视角的意义。有 69.8% 的文章是基于享乐主义视角对《泰坦尼克号》进行阐释，主要强调的是男女主角之间的爱情是一种史诗式的传奇，令人动容以及渴望拥有一样浪漫的爱情。另外有 30.2% 的文章是基于自我实现主义视角而对《泰坦尼克号》进行阐释，强调的是人类在面对自然时技术的力量无法超越大自然的力量，应该敬畏自然，以及对人性

① Kress, G. & Leeuwen, Theo Van (2nd Edition). Reading Images: The Gramm ar of Visual Design [M]. London:Routledge, 2006:47.

② 童庆炳 . 文学经典建构诸因素及其关系 [J]. 北京大学学报 : 哲学社会科学版, 2005, 42(5): 71-78.

③ Oliver M B, Raney A A. Entertainment as pleasurable and meaningful: Identifying hedonic and eudaimonic motivations for entertainment consumption[J]. Journal of Communication, 2011, 61(5): 984-1004.

善恶的揭露，这显然是比较深层次的意义阐释。

在报纸媒体是否提及“经典”上，通过对不同年份的报纸进行卡方检验发现，2012年的报纸媒体文章提及“经典”的频次与1998年存在显著性差异，2012年要明显高于1998年。可见经典的建构一般要经历时间的考验，而部分报纸媒体在1998年电影上映后随即为影片贴上“经典”的标签，例如1998年《光明日报》将其称为是“史诗式的爱情经典”。报纸媒体在这里充当了意见领袖的角色，报纸媒体自身的权威性以及受众的广泛性使得经典有效快速地传播由此实现经典的建构。

由此可以明确出《泰坦尼克号》这一爱情经典建构的互动关系，其中报纸作为大众传播媒介的作用可见一斑。

南京大学教授江宁康认为美国当代文学经典的建构依赖于大众媒介的介入和二次创作，他以美国当代小说家科马克·麦卡锡的小说为例，强调了文学文本与电影文本之间的互动会创造出新的经典文本。① 这种二次创作往往就是改编，对文学经典改编在电影的创作当中是一种比较常见且有效的方式。有学者统计，1935年—1994年间所有中国（包括大陆和港澳台）人拍摄并且获得世界大奖的电影一共有282部，其中根据文学作品改编的电影有46部，这46部改编之作中有36部被划为文学经典，也就是说，来源于名著的改编约占78.3%。②但《泰坦尼克号》并不是遵从文学文本到电影文本的路径，而是由非虚构的史实文本到虚构的电影文本的路径，这个经典建构的因素有历史事件其本身具有的重要性，但还有电影本身的创作，以及电影观众的热爱和大众传媒的建构。

报纸作为大众传播媒介对电影文本进行分析评判，同时又对观众对于电影的态度评价设置了相关议程形成相关大众舆论，紧接着影响其受众对于电影的态度评价，由此报纸创造电影与观众之间在影院之外的另外一种互动关系，三者之间对于爱情叙事文本的互动关系完成了对这一经典的建构。文学经典的建构主要由文学作品在知识精英和普罗大众之间的互动来

---

① 江宁康．当代小说的叙事美学与经典建构——论C. 麦卡锡小说的审美特征及银幕再现[J]. 当代外国文学，2010，31(2):115-124.

② 原小平．改编的通俗性与文学经典的建构[J].《东北大学学报（社会科学版）》，2010：12.

完成。[①] 而报纸作为大众传播媒介，不仅仅在《泰坦尼克号》的经典建构过程中，设置专业影评人（知识精英）或意见领袖和普通观众（普罗大众）对于电影的评论的相关议题，成为一个各种意见呈现与互动的媒介，其本身也充当了知识精英的角色，诸如采用言论的体裁形式来对影片进行评论。由此催化对于影视爱情经典的建构。

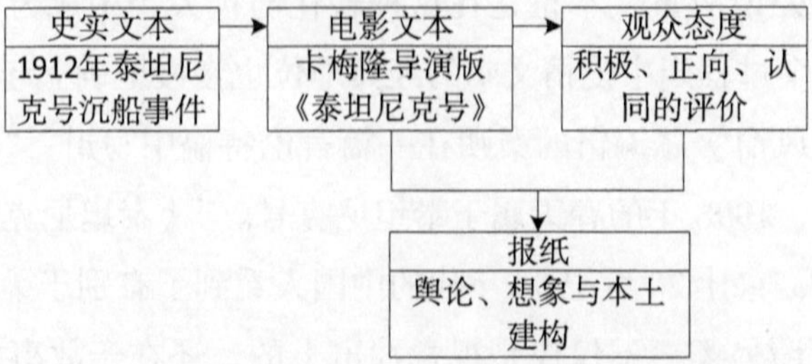

图 2–6 《泰坦尼克号》爱情经典建构互动图

一件值得一提的趣事正体现了电影、意见领袖、受众与报纸之前的互动关系。1998 年 3 月 9 日，时任中共中央总书记、国家主席江泽民在九届人大一次会议与广东代表团成员讨论时说：

“我们不要以为资本主义就没有思想交流的东西。最近要上演一部叫《铁达尼号》(注：即《泰坦尼克号》) 的电影，过去叫《冰海沉船》，花了两亿五拍的这部电影，现在收入已经十亿，这也是风险投资啊。这部片子把金钱与爱情的关系，贫与富的关系，在危难当中每一种人的表现描绘得淋漓尽致。新中国成立以前，我在上海看了不少好莱坞的片子，好的片子有《乱世佳人》《一曲难忘》《魂断蓝桥》。这次我请政治局的同志也去看一看，不是说我们要知己知彼，才能百战百胜。切不可以为我们才会做思想工作。”

而这一讲话以“我看《铁达尼号》”为小标题被刊登在 3 月 10 日的《羊城晚报》上，时任广东省电影公司的宣传科长赵军看到这一则消息凭借职业敏感嗅觉将这份报纸复印件传真到中影公司总部。之后总部的回应是将传真转发到各省电影公司及下属单位。直到 4 月初全国影院开始疯狂排片，

① 新京报 .《泰坦尼克号》舶来记，领导人讲话成“最佳预热”[EB/OL].[2019–01–16]. http://media.people.com.cn/GB/138367/17643910.html.

泰坦尼克热由此掀开。这则小故事，正反映了这种互动关系，而媒介充当了逻辑关系的关键角色。

因此，以上的研究可以看到，爱情经典的书写方式随着媒介的变迁在发生着变化，由影视文本再到报纸文本，虽然都是大众媒介，但是受众在媒介接触上并没有完全重合，因此这种媒介呈现的变化意味着受众群体的转化与扩大，爱情故事文本正是在这种转化与扩大当中成为一种现实生活的镜像，在这个过程当中爱情文本的经典地位也慢慢地确立起来。

时任《南风窗》总编辑的秦朔在一篇言论特稿中写道："在许多中国人的精神世界中，1998 年的春天属于泰坦尼克号。"《泰坦尼克号》作为史诗级的爱情经典，它让 20 世纪 90 年代的中国人看到了有别于梁祝的另类悲壮爱情故事。所谓另类，不仅仅是视觉冲击上的，还在于故事文本在不同媒介形态上的跃迁，美国大片登陆中国荧屏，报纸媒体铺天盖地报道，所造就的一种大众文化现象，出现万人空巷近乎狂热的观影状态。那句令观众刻骨铭心的台词——"You jump，I jump!"，里面流淌的是人们对于超越自身生命经验的真挚情感的普遍认同与追求，同时以此作为镜像鉴照自身，渴望收获一份真挚的爱情，与另一半执手偕老，正是媒介塑造了这种浪漫想象。媒介作用下的受众参与，不只是观影行为，还包括了受众在影片之中所经历的情感起伏，以及在影片之外所表达的态度与想象，共同建构了《泰坦尼克号》的爱情经典。

Chapter Ⅲ
社交网络篇

第一章　技术驱动

传播技术如何改变亲密关系?

在中国互联网的历史中，“网恋”一词最初为人所熟知，恐怕可以追溯到1998年出版的网络小说《第一次亲密接触》。主人公在互联网中与一位名叫“轻舞飞扬”的女孩相恋，最终，女孩却因为身患绝症，不辞而别。这本小说当时引得无数人潸然泪下，爱情也因为互联网这一中介化媒体的出现，被描绘了又一层神秘而浪漫的乌托邦色彩。当然，这并非什么新鲜事，如果我们愿意暂时告别互联网，一路向历史深处追溯，便会发现，这种因“中介化媒介”而带来的浪漫色彩，其实古已有之。宋代传奇小说《流红记》便记载了这样一件趣事：书生于祐在宫门外散步，拾落叶一片，上有四句情诗。于祐读罢，触动心弦，别取红叶，回诗两句，置于河上。几年之后，于祐娶妻。一日妻子整理房间时，发现于祐所藏红叶，潸然泪下，随即取出自己当年捡到的红叶，冥冥之中，“方知红叶是良媒”。

当然，对于爱情而言，中介化媒体也带来了反乌托邦式的道德恐慌。我们只需要稍微浏览一些有关“网恋”的新闻，便能察觉到这一点。数不清的新闻故事都在重复着大致相似的“欺骗”母题。如果你打开“百度经验”，颇为讽刺的是，网恋者受到如此的告诫：不要投入太多感情；第一次见面时，多叫几个人去；看看对方的身份证。当然，如果我们回溯历史，不同时代的“新媒介”，也都带来了相似的恐慌：在电话刚刚在美国普及时，人们担心它会打破既有的社会秩序，让人们有机会与其他年龄、阶级和种族的人产生“错误的”社会交往；当留声机进入到白人家庭时，人们担心黑人爵士乐会乘虚而入，让种族之间产生“不匹配”的情感甚至是性关系。①

在新技术初生之时，这种乌托邦和反乌托邦的“迷思”总会并置在流行话语之中：圣歌缭绕不断，恐慌无处不在。一而再，再而三，历史一直在“转推”自己。因此，文森特·莫斯可的提醒就显得颇为重要：“新技术的真正力量并不时出现在它们的迷思性阶段，即当它们因为能够带来世界和平、社区复兴，或者终结贫乏、历史、地理或政治而受到热情欢呼的时候；相反，当技术变得稀松平常的时候……它们的社会影响力却达到了顶峰。”② 因此，如今当社交媒体已经很难被称为“新”媒体之时，抑或说，当社交媒体已经在我们的生活中如此普遍，乃至在我们的内心“消失不见”之时，对于线上恋情的思考，才拥有了一个更加理性的机会。为了逻辑上的清晰，我们将从线上恋情的开始、维系与终结三个视角，来审视与线下恋情相比，“网恋”究竟有何特别之处？

一、文本表演与早期理想化

爱情心理学的研究者很早便在不断追问这样一个问题：我们会爱上怎样的人？虽然在问卷调查中，诚实、幽默、智慧、自信都是被访者经常提到的素质，但实际上，当研究者通过一个略带欺骗性的实验来考察人们的约会行为时，却发现最为重要的因素仍然是相貌吸引力（physical attractiveness）。③ 相比之下，在互联网中，人与人最初的相遇却更多依赖于文本信息，即使有照片，往往也经过了修饰，因此很难知晓对方的真实样貌。那么，网恋又是如何可能的呢？

如果我们聚焦于异性恋群体的话，互联网无疑为异性之间带来了更多的交往机会。在现实生活中，我们的朋友中只有约 20% 是异性，这与社

① Baym，N. K..Personal connections in the digital age（2rd edition）[D]. Cambridge：Polity，2015: 40.

② 文森特·莫斯可 . 数字化崇拜：迷思、权力与赛博空间 [M]. 北京：北京大学出版社，2010:17.

③ Walster，E.，Aronson，V.，Abrahams，D.，& Rottman，L.. Importance of physical attractiveness in dating behavior[J]. Journal of Personality and Social Psychology，1966，4(5)：508 - 516.

会规范对异性友谊的偏见与压抑不无关系。[①]然而，早期对于网络新闻组（newsgroup）的研究便发现，互联网中的跨性别交往（55.1%）要略多于同性别交往（44.9%）。[②]这一发现也被之后的多项研究所证实，例如，贝姆和莱德贝特对 last.fm 网站的调查发现，当受访者被要求说出一段线上建立的关系时，跨性别关系（cross-sex partnership）比同性别关系被更频繁地提及。[③]这种现象可以部分借助网络空间的匿名性来解释，正如“网络去抑制效应”（online disinhibition effect）所指出的那样，互联网就好比是一场假面舞会，在这个舞台上，因为没人知道你是谁，社会规范的效力也就大大降低。一些在现实生活中踟蹰不决的行为，在网络中找到了释放的机会。

互联网让异性之间的相遇与交往都变得更加理所当然，不过，在硬币的另一方面，却也滋生出一个人际关系的新问题，即线索消除（cues filtered-out）导致的交往贫乏。正如我们刚刚说到的，身体的缺席加深了人们之间的不确定性：既然我们在互联网上看不到彼此的声音与容貌，那么，又怎样建立起一段线上恋情呢？

线索匮乏诚然为人们彼此的了解增添了障碍，不过，在网恋这件事上，这个“短板”却也成为了它的优势所在，因为它为关系的双方提供了充分的表演空间与想象空间，增添了一种“梦也何曾到谢桥”的委婉与神秘。从表演的角度来看，在社交媒体上，由于非语言线索的大量减少，人们可以通过语言符号，更主动、便捷、可控地对自身形象进行选择性呈现，完成一种低成本的文本表演（textual performance）[④]——你可以向别人声称自己钟爱肖邦的 C 小调幻想即兴曲，但却不必拥有一台唱片机。从想象的角度来看，线上交往会使信息接收者更容易产生过度的归因信心。换句话讲，人们会倾向于不自觉地将心中伴侣的理想属性投射到线上交流对

① Kalmijn, M.. Sex Segregation of Friendship Networks. Individual and Structural Determinants of Having Cross - Sex Friends[J].European Sociological Review, 2002（1）:101-117.

② Parks, M. R., & Floyd, K.. Making friends in cyberspace[J]. Journal of computer-mediated communication, 1996, 1（4）: 80-97.

③ Baym, N. K. & Ledbetter, A. Tunes that bind? Predicting friendship strength in a music-based social Network[J]. Information, Community, & Society, 2009, 12（3）: 408 - 27.

④ Liu, H.. Social network profiles as taste performances[J].Journal of Computer-Mediated Communication, 2007, 13（1）:252-275.

象身上，产生“理想化”（idealization）的想象。[①]当这种表演与想象相互交织，便会形成一种自我强化的循环（self - reinforcing cycle），融洽与亲密的关系也就更容易被建立起来。沃尔瑟将这种交往模式称为“超个体传播”（hyperpersonal communication），即指超越面对面传播、以网络技术为中介的人际沟通。它强调线上沟通通过文本表演和理想化的动态循环，令人们更容易提升亲密感、凝聚感，获得更满意的交往体验。

不过，理想化这枚硬币的反面，同样也隐藏着更加不易觉察的欺骗。如果说相貌吸引力是异性之间产生爱情的一项核心动力，那么，在身体缺席的互联网世界中，用户头像或虚拟化身便多多少少扮演了类似的角色。一项关于脸书的研究让参与者面对三个虚构账号，这些账号内容完全相似，仅仅在头像上略作区别：有吸引力的头像、无吸引力的头像、没有头像。研究发现，人们更愿意将那个头像吸引人的账号添加为好友，至于无吸引力的头像，答案是还不如没有头像。[②]

相比现实世界对于自身形象的操控而言，网络空间的操控显然容易得多，因此也被称为“身份的实验室”（identity laboratory）。仅就头像选择而言，即便用户使用自己的真实照片，也经常会采取一些有趣的“伎俩”，例如从诸多照片中精心挑选一个最具吸引力的、挑选一张几年前的照片凸显自己的年轻，或者通过美化照片来进行自我提升（self-enhancement）。[③]另一项心理学实验则发现，这种自我提升行为与另外两个变量呈现出相关性：其一是照片本人的“颜值”，也就是说，本身长得不太好看的人，往往更愿意在社交媒体的照片上“动手脚”；其二是性别，具体来讲，女性比男性更喜欢美化自己贴在社交媒体上的照片。[④]

---

① Walther, J.B..Computer-mediated communication: impersonal, interpersonal, and hyperpersonalinteraction[J].Communication Research, 1996, 23（23）: 3-43.

② Wang, S. S., Moon, S.-I., Kwon, K. H., Evans, C. A., & Stefanone, M. A.. Face off: Implications of visual cues on initiating friendship on Facebook[J]. Computers in Human Behavior, 2010, 26（2）:226 - 234.

③ Hancock, J.. Digital deception: When, where, and how people lie online. In K. McKenna, T. Postmes, U. Reips, & A. Joinson（Eds.）, Oxford handbook of Internet psychology[M]. Oxford, UK: Oxford University Press, 2007: 287-301.

④ Toma, C. L., & Hancock, J. T.. Looks and lies: The role of physical attractiveness in online dating self-presentation and deception[J]. Communication Research, 2010, 37（3）: 335-351.

二、线上恋情的机遇与困扰

每当我在课堂上与学生聊起线上恋情的问题时，几乎都会听到这样一种答案：社交媒体让异地恋变得更有可能。至少从某些方面看，这是一个稳妥而正确的答案，也获得了很多既有研究的支持。

的确，社交媒体本身的可供性（affordance）被证实有利于维持线上亲密关系。利用网络社交媒体发展一段恋情，甚至更加容易提升双方亲密程度。① 如果我们把恋爱双方的关系发展看做是一种不断降低彼此不确定性的过程，那么，双方之间信任的提升，一定要借助于高强度的自我披露。这样一来，社交媒体的匿名性部分消解了现实社会对于个人的期待和限制，也降低了违背规范的风险，由此，个人更愿意在网络空间中进行自我披露，撕下面具交换在线下不愿意袒露的信息。② 有趣的是，即便这种匿名性的程度客观上是可疑的，很多人仍旧愿意说出现实生活中隐藏的情感。这也就是为什么，很多人会在微信朋友圈中贴出那些现实生活中略显“矫情”的话了。

其次，由于社交媒体随时随地的可及性（accessibility）和移动性（mobility），线上沟通较之线下，有更高频率的互动和互惠，让双方在身体不在场的情况下，得以用持续的信息反馈来弥补实体的缺席。不仅如此，社交媒体还为我们提供了微型协调（microcoordination）的机会。这是一种社会互动的微观管理方式。例如，在我们已经和恋人约好了见面的时间，但却不得不迟到的时候，抑或是临时想和恋人进行约会的时候，社交媒体都为我们提供了这种及时更新信息的可能性。③

再次，社交媒体改变了人们相识与相处的基础，具体来讲，便是从地缘、亲缘向趣缘转变，这也以更高的效率将志趣相投的人直接集中在一起，如相亲网站、兴趣交友网站等社交平台便是利用这一点，让人们在茫

① Aaron, B.. Love Online[M]. New York：Cambridge University Press，2004:18.

② Bargh, J. A., Mckenna, K. Y. A., & Fitzsimons, G. M.. Can you see the real me? activation andexpression of the "true self" on the internet[J].Journal of Social Issues，2010，58（1）:33–48.

③ Ling, R.. The mobile connection：the cell phone’s impact on society[D]. San Francisco：Elsevier.2004: 69–70.

茫人海中更方便地找到“同类”，提高共情和亲密度。[①] 亦有研究证明，这种线上的相似性完全可以弥补物理空间的距离，极大程度地拉近二人的距离。[②] 由此看来，社交媒体为亲密关系的维系提供了诸多便利，也满足了恋爱关系所需的基本要素，例如亲密度、信任和相似性等。

然而，在硬币的反面，社交媒体也为恋情的维系带来了潜在的风险和威胁。其中，最大的问题便是线上恋情缺乏承诺感和稳定性。在科恩维尔和伦德格伦的一项研究中，很多网络用户都承认虽然线上恋情有趣刺激，却不会对之赋予严肃的承诺感。[③] 线上关系对于大多数人来讲，都只是昙花一现，而非细水长流，缺乏一种坚持到底的道德敏感。除此之外，人们也会担心，这种谈情说爱的方式看似亲密，但双方塑造的虚拟化身都难免会有理想化的倾向，也都在极力回避自己的弱点与禁区，这样一来，虽然两个人极力维持和谐、美好的场面，但彼此都很难获得真正满意的亲密情感。

再往深处走，社交媒体上的亲密关系则呈现出鲍曼所提出的“液态化”趋势——恋情越来越像流动的液体，转瞬即逝，飘忽不定，正如古希腊哲人赫拉克利图斯所言：“濯足长流，举足复入，已非前水。”在鲍曼看来，网络上的虚拟关系，相较于线下关系，更加灵敏利落，容易上手。随着亲密关系愈发中介化，人们适应了如此这般的恋爱语境，便慢慢对天长地久的爱情传说失去信心，只由瞬时欲望推进着去接触和了解对方，一次又一次在建立中消解，在渴望中退缩。这种亲密关系甜美却短命，频繁却肤浅，任何人都可以掌控全局、随时抽离，却再也无法海枯石烂、一眼万年。[④]

除此之外，也有研究发现，社交媒体容易成为恋人间监视行为和嫉妒心理的温室，影响恋情的维持。首先，社交媒体就如一个庞大的蛛网，

---

① Mckenna, K. Y. A., Green, A. S., & Gleason, M. E. J.. Relationship formation on the internet: what's the big attraction?[J].Journal of Social Issues, 2010, 58 (1): 9-31.

② Traci, L., & Tara, M.. Predictors of relationship satisfaction in online romantic relationships[J].Communication Studies, 2006, 57 (2): 153-172.

③ Cornwell, B. & Lundgren, D. C.. Love on the Internet: Involvement and misrepresentation in romantic relationships in cyberspace vs. actual-space[J]. Computers in Human Behavior, 2001(17): 197 - 211.

④ 齐格蒙特·鲍曼. 液态之爱 [M]. 台北：商周出版社，2007: 63.

每个人都拥有自己的点，和认识的人紧密相连，这种连接性提供了机会，让人们顺着原点放射的方向，一步一步地探索、窥视，发现恋人不曾分享的秘密。很多研究都证明这种人际电子监视（interpersonal electronic surveillance）确实存在：人们通过网络，对自己的现任和前任抽丝剥茧，试图还原他们的“本来面目”，这种行为和用户的年龄、SNS使用程度等息息相关。① 其次，在社交媒体上恋爱，也很容易滋生嫉妒的心理。缪斯的一项研究发现，社交媒体的使用会增强人的嫉妒心理，在一种模糊不清的信息环境中，人们容易对恋人的忠诚度产生猜忌和怀疑。② 恋人和其他有魅力的异性在网上的任何互动，无论是点赞或评论，都有可能引发惊涛骇浪的“红眼效应”。并且，这种嫉妒情绪反过来也可能导致更高强度的监视行为，两者互相强化，形成一个恶性循环，引发猜忌，破坏信任，最后侵蚀恋人之间的关系。

三、前任的“社交痕迹”

社交媒体不仅让恋人之间的相遇与情感维系发生了许多改变，对于一段恋情的终结来讲，社交媒体的存在往往也会给人平添了许多意外的“烦恼”。2014年，《纽约时报》专栏作家尼克·比尔顿（Nick Bilton）讲述了自己离婚的故事，开篇第一句便写道：当我想要删掉那些脸书主页上的照片时，泪水如泉涌般流过我的脸颊。③ 不过，这些泪水却并非因为离别的伤痛，而是因为“遗忘”的艰难。研究者发现似乎也印证了比尔顿的泪水：在分手后试图在社交媒体上彻底“清除”对方的行为并不罕见，但这一旦

① Tokunaga, R. S.. Social networking site or social surveillance site? understanding the use of interpersonal electronic surveillance in romantic relationships[J].Computers in Human Behavior, 2011, 27 (2):705–713.

② Muise, A., Christofides, E., & Desmarais, S.. More information than you ever wanted: Does Facebook bring out the green–eyed monster of jealousy?[J]. CyberPsychology & Behavior, 2009(12): 441–444.

③ Bilton, N. Tangled web of memories lingers after a breakup[J/OL]. The New York Times, July 9, 2014. https://www.nytimes.com/2014/07/10/fashion/on–social–media–memories–linger–after–a–breakup.html.

成为经常性的行为，便会对分手后的心理恢复造成负面影响。①

依靠社交媒体维系的情感关系，也会悄悄把情感的痕迹留在互联网中，这本与社交媒体的储存特性（storage）相关。即便你会遗忘彼此交往的瞬间，社交媒体也会帮你记住，也许还会时不时的提醒你，去年今日，你们曾留下某张合影。如果说技术实现了人类记忆的延伸，那么一个措手不及的后果便是，它同样让遗忘变得未曾有过的困难。当然，我们尽可以在结束一段关系后，删除彼此共同的记忆，但这又何曾容易，比尔顿在经过一夜的努力后，悲伤地宣布：对于社交媒体的重度用户而言，这近乎于不可能的任务。毕竟，社交媒体总会用各种各样的方式提醒我们这段曾经驻留过的关系。你可以删除有关彼此的照片和日志，但如何彻底删除每一条留言？即便我们愿意付出这样巨大的努力，那么，朋友在你们婚礼现场拍摄的照片，发出的祝福，又该如何删除？即便我们倾尽全力，彼此删除好友，到最后，平台“算法”也许还会“不怀好意”地推荐说：你可能对TA感兴趣。同样有学者发现，这种情感痕迹也可能会影响你的下一段恋情：大多数人都会避免与新伴侣谈及自己的旧恋情，不过，社交媒体中难以抹去的痕迹，也许会成为你们之间争吵的导火索。②

在社会媒体中的情感痕迹之外，在分手之后，双方的社交媒体主页仍可能持续更新，这又造成了一项新麻烦：如果我们忍不住继续关注这些信息，便可能会受到一些微妙的影响，我们可以将这种行为称作“网络跟踪”（cyberstalking），也可以幽默地说它是“通过社交网站，与前任藕断丝连”。那么，到底哪些人更容易在分手后对前任进行这种“网络跟踪”呢？福克斯与德永的研究为我们解答了其中的心理机制。③他们首先聚焦于恋爱

① Brody, N., LeFebvre, L. E., & Blackburn, K. G.. Social networking site behaviors across therelational lifespan: Measurement and association with relationship escalation and de-escalation[J]. Social Media+Society, 2016, 2（4）.

② Lancaster, A. L., Dillow, M. R., Ball, H., Borchert, K., & Tyler, W. J. C.. Managing information about a romantic partner's relationship history: An application of the theory of motivated information management[J]. Southern Communication Journal, 2016(81): 63 – 78.

③ Fox, J., & Tokunaga, R. S.. Romantic partner monitoring after breakups: Attachment, dependence, distress, and post-dissolution online surveillance via social networking sites[J]. Cyberpsychology, Behavior, and Social Networking, 2015, 18（9）: 491–498.

关系中的两种“依恋”（attachment），即焦虑型依恋与逃避型依恋。焦虑型依恋关系中，当事人不仅会怀疑自我价值，也会对对方产生不确定感；逃避型依恋关系中，当事人会倾向于不信任对方，从而对亲密关系产生逃避心理。研究发现，焦虑型依恋程度较高的人，以及逃避型依恋程度较低的人，都会对这段关系投入较多感情。而更关键的地方在于：感情的投入程度越高，分手后通过社交媒体进行“网络跟踪”的可能性就越大。当然，这里面还需要考虑到另一个重要因素：如果一个人是分手的主动提出者，或分手是两个人协商的结果，网络跟踪的概率相对较低，相反则较高。

那么，这种对前任的网络跟踪会对我们产生什么影响呢？很多研究者都探讨过这一问题，他们得出的答案也比较一致：分手后的网络跟踪不但会让人更难从上一段感情中走出来、增加更多的负面情绪，也更难从这段结束的感情中获得个人成长。[①] 所以，福克斯与德永给我们提出的建议是：如果你因为“被分手”而感到悲痛，那么就该考虑在社交媒体上和你的前任暂时或彻底说再见。

① Marshall, T. C.（2012）. Facebook surveillance of former romantic partners：Associations with postbreakup recovery and personal growth[J].Cyberpsychology, Behavior, and Social Networking, 2012, 15（10）: 521–526.

第二章　消费的侧影

社交网络里的情人节之舞

元好问的“问世间情为何物，直教人生死相许”经金庸之笔，成为小说人物李莫愁的喟叹之声更显悲壮。爱情，是人类亘古不变的话题。从古代的红豆表相思到现代的钻戒明心意，爱情的坚贞不渝总是能通过不同的载体来体现。在社交媒体高度发达的今天，人们对爱情的追寻和表达方式有千万种，尤其在情人节这个时刻，我们发现当下爱情的种种新状况。

一、为男欢女爱觅一个由头

古往今来，美好的爱情总是值得被传颂、被纪念的，关于爱情的节日有很多，比如中国的七夕节、元宵节、上巳节，西方的 2 月 14 日情人节，等等。随着时间的流逝，不少爱情的节日逐渐演变、式微，但是“情人节”已经在世界各地生根发芽，并成为普遍认可的节日。

中国的传统情人节是每年的农历七月七日，即七夕节，又被称为乞巧节、七巧节、七娘生等。七夕起源于周朝，跟人们对自然天象的崇拜有密不可分的关系，七夕当天人们祭祀织女星和牵牛星，乞求丰收美满。到汉代，妇女们会在七夕节乞巧和许愿，所谓的“乞巧”，指的就是古代女子遥望皎洁的月光，向织女祈求自己心灵手巧，能够拥有一份美好的姻缘。七夕跟牛郎织女鹊桥相会的爱情故事融合后，年复一年，七夕节跟男女之间的爱情姻缘便结合到一起，在民间大范围普及开来，成为世界上最早的情人节。各地的七夕风俗形式多样，如河北为祭祀牛郎织女鹊桥相会而设的内丘县城庙会；南方的“种生求子”习俗，即把稻谷、麦粒、绿豆等浸在瓷碗里等待发芽；而唐代诗人林杰的诗《乞巧》：“七夕今宵看碧宵，牛郎织女渡河桥，家家乞巧望秋月，穿尽红丝几万条。”说的便是江南一带人们穿针乞巧过七夕的盛景。

西方的情人节是每年的2月14日，起源于基督教，又叫圣瓦伦丁节（Valentine`s Day）。关于情人节的起源有多种说法，如古罗马“牧神节”的传说、妇女和婚姻之神“约娜”的传说、基督徒“瓦伦丁”的传说，等等。

其中最广为流传的故事是基督徒瓦伦丁的传说，这是一个强权压迫下奋力反抗的爱情故事。相传公元270年，罗马帝国面临着严重的统治危机，人民纷纷起而反抗。统治阶级为了维护自己的统治，残暴镇压民众和基督教徒。一位叫瓦伦丁的基督教徒被捕入狱，在监狱里，他和典狱长的女儿产生美好的爱情。但是爱情刚刚开始就要被扼杀了，瓦伦丁被下令执行死刑。临刑前，他写了一封长长的遗书给那个女孩，表明了自己光明磊落的行为和对她的深深眷恋。后来，基督教徒为了纪念瓦伦丁的正义和他跟狱长女儿纯洁的爱情，就将临刑的这一天定为“圣瓦伦节”，后人将其改为“情人节”。之后，这就是一个跟爱情、浪漫相关的节日，年轻的男子和女子在这一天互送礼物用以表达爱慕之情。

西方国家的情人节有各种各样的习俗，比如德国的情侣流行送巨大的姜汁饼干作为礼物，并在饼干上留下甜言蜜语；威尔士的情侣会送给对方一个手工雕刻的爱情勺，代表对方能够随时走入自己的心门；在日本，女性会送巧克力给她们喜欢的男性，而男方则在一个月后的白色情人节回礼表示心意。20世纪30年代，西方的情人节传入中国，2月14日便成为中国除了传统的七夕节之外的又一个情人节。

千百年过去了，人们早已不用对着浩瀚星空寄托情思，乞求美好的爱情，但人们对美好爱情的愿景一直延续至今。在社交网络还未兴起的漫长时光里，爱情是极少被大家所看见的，我们只能从书本、电影、广播、新闻上看到大人物的爱情，那是被媒体选择关注和报道的信息。而普通人过情人节的场景几乎没有机会进入大众的视野。

近年来，随着社交网络的高速发展，交往和沟通的方式发生了巨大的变化，人与人之间的距离前所未有地接近，我们的世界彻底变成马歇尔·麦克卢汉所说的“地球村”。交通工具缩短了物理上的距离，发达的电子媒介颠覆了人们传达意见的载体甚至内容，世界走向全球化。

“全球化浪潮带来的一个结果是，群体性人类仪式衰微之后，大众媒介成为社会仪式交往和文化生存、再生的主要场所。媒介仪式的世俗性转变使仪式表演者与参与者渐趋分离，消解了传统节日仪式所承载的信仰与神圣性。”① 情人节这一传统节日也面临这样的转变。在中国，微信、微博等社交媒介的发展则让人进入了前所未有的社交便捷时代，即使是相隔几千里的人们也能在随时随地交流思想，世界各地的信息能在瞬间汇聚到同一个朋友圈。伴随着社交时代的大环境，传统情人节的历史信仰彻底被剥离，新的交往文化产生了。

当社交媒体遇上爱情，爱情发生的形式和载体开始多样化。一方面，社交媒体一定程度上催生了“网恋”，古时的红娘和月老不再必要，人们可以通过网络这个中介进行交流，从而互相了解，爱上对方。素来习惯含蓄的中国人在网络开放的情境下更能坦率地表达自己的感情和想法，本来难以启齿的爱恋变成文字、表情，瞬间发送给对方。

另一方面，“网络情人节”兴起，除了传统的七夕和 2 月 14 日，每年的 5 月 20 日和 5 月 21 日因与“我爱你”谐音而演变成了这个时代新的情人节。

爱情发生形式的变化催生了新的情人节习俗。每到情人节，“秀恩爱”的情侣，拒绝“吃狗粮”的单身人士和想方设法促销情人节礼物的商家，齐齐投入到节日的狂欢中，这恰好符合巴赫金的“狂欢”理论在现代的写照。巴赫金的“狂欢”理论将人们的生活划分成第一世界和第二世界。第一世界是等级森严的秩序世界，第二世界是与秩序世界完全相反的“颠倒的世界”，“民间文化的第二种生活、第二个世界是作为对日常生活，即非狂欢节生活的戏仿，是作为‘颠倒的世界’而建立的”。② 我们在社交媒

① 郭放用 . 传统节日仪式传播与信仰重塑 [J]. 当代传播，2012 (4): 29–32.

② 巴赫金 . 巴赫金全集 : 第 6 卷 [M]. 李兆林，夏忠献，译 . 河北：河北教育出版社，1998：13.

体的生活就是巴赫金所说的“第二世界”，在社交媒体上，人们的等级、身份、年龄的界限被打破，所有人都有平等的发言权，普通人可以在网络上自由分享爱情，“刷屏秀恩爱”；“单身狗”也可以大呼“秀恩爱死得快”“不想吃狗粮”。

作为爱情的节日，无论是传统的情人节还是网络情人节，人们始终对爱情抱有最初的期待和浪漫的想象，社交媒体给人们提供了更多表达爱的形式和可能，时代的变迁和技术的革新带来了新的爱情媒介仪式，产生了新的节日习俗。

二、社交媒体上的爱情“新风俗”

现代的爱情在社交媒体的“助力”下，更新了发生和表现的方式。人们不仅能通过社交化的网络寻找到属于自己的一份爱情，还能在网络空间跟所有人分享爱情的故事、感悟。相比于古代爱情的隐秘性，现代爱情更加直白，发生的速度也更快了。然而爱情改变的是载体，不变的是爱情的本质和仪式。

（一）爱情的萌发

古时年轻男女只能在特定的节日才可外出交友，想要成就一段姻缘则需要月老或者红娘“牵红线”，要遵从“父母之命，媒妁之言”，他们的爱情是在某种程度上是不自由的。现在人们不仅可以在社交网络上寻觅意中人，网上交友网站更是提供了一个直接的平台。

比起父母那一代面对面的相亲方式，现在的年轻人更倾向于在网上交友，通过线上的图文、语音、视频等社交方式去认识合适的人。关于网上交友，人们常调侃“网络一线牵，珍惜这段缘”。通过网络寻找到爱情的情况已经不是稀奇事。迪士尼出身的童星 Nick Jonas 和印度女星 Priyanka Chopra 就是靠网络成就了一段举世瞩目的姻缘。Priyanka 说，2016 年她网上冲浪时发现 Nick Jonas 在推特上私信她，两人持续联系了大半年，直到 2018 年奥斯卡名利场派对时他们才走出网络世界，正式见面并一见钟情，最后走进婚姻的殿堂。

艾瑞咨询《2018 年中国网络婚恋交友行业研究报告》的数据显示，中国网络婚介市场巨大，2017 年中国网络婚恋市场规模为 40 亿元，在整体婚恋市场中占比为 40.7%，预计到 2019 年，网络婚恋交友市场规模在整体婚恋市场中将达到 45.8%。这说明在未来人们会越来越倾向于在网上完成意中人的选择，网络成为爱情发生的新的场所。

这说明人们为了寻找意中人愿意在网上支付费用，不仅是 PC 端，随着移动社交的发展，在 APP 上付费相亲也是一大趋势。艾瑞咨询的数据显示，为网络婚恋交友服务付费的用户仅低于一些普适性社交平台如微博、QQ，这证明网络婚恋交友已经走向成熟。到 2017 年，市场上婚恋交友 APP 月用户规模已达千万。市场上婚恋交友的 APP 很多，比如“陌陌”“见见”“见面”等。“见面”APP 是一个陌生人约会交友应用，宣称能够通过沟通达到“5 分钟成功约会”的目的；“摇一摇”是微信的一个随机交友应用，用户使用这个功能可以匹配到同一时间触发该功能的用户。较早建立的婚恋交友网站有世纪佳缘网、百合网、珍爱网等。这些老牌的 PC 端婚恋网站在近几年也开始积极开拓移动端的资源，纷纷打造自己的 APP 客户端。世纪佳缘的移动端提供私人红娘服务，有语音独白功能，还在 2017 年上线了安卓和 IOS 的海外版。年轻人寻找意中人的方式，逐渐从 PC 端过渡到移动端。即便需要付费，婚恋交友 APP 依旧大有市场。

“月上柳梢头，人约黄昏后”的慢场景已经过去，网络时代的人们可以选择任何社交方式，随时随地认识自己感兴趣的人，爱情的面纱不再神秘，社交网络承载了这个时代的爱情。

（二）爱就要大声说出来之“秀恩爱”

社交媒体时代的爱情是开放的、对外的。基于“自我表露”理论，情侣们不甘于爱情的幸福只在二人之间流淌，更希望在社交媒体上晒出自己与伴侣相处的信息，内容多种多样，方式也不尽相同，这种行为被网友名为“秀恩爱”。“秀”俨然成为了现代爱情的新仪式，文化学家坦姆比亚指出：

“仪式是一种文化地建构起来的象征交流的系统。它由一系列模式化和系列化的言语和行为组成，往往是借助多重媒介表现出来，其内容和排列特征在不同程度上表现出礼仪性（习俗）、模式（严肃性）、集中（混合）和循环往复（重复）。”[①]借助社交媒体，人们乐此不疲地通过文字、图片、视频“晒”出爱情。“秀恩爱”的方式有很多种，比如在情人节当天发信息刷屏、晒合照、晒红包截图、晒礼物等。

“刷屏”一词原本指的是在网上论坛、留言版等地方短时间内由同一个人发送大量相同的信息。如今在微博或者微信等社交媒体空间上，用户在短时间内发布大量类似主题的信息也被称为刷屏。戈夫曼的印象管理理论认为，人在日常生活中会呈现自我，当个体在他人面前出现时，会以一种既定的方式来表现自己，以给他人留下某种印象。[②]同样的，在社交媒体上“刷屏秀恩爱”的人们是希望让别人看到理想中的自己，给人留下爱情美满、幸福生活的印象。

微信上的“秀恩爱”。2018 年 3 月 5 日，微信活跃用户数全球超过 10 亿人，是使用率最高的社交媒体之一，人们乐于在微信朋友圈里面分享自己的生活状态。其中“秀恩爱”最频繁的时间莫过于一年“几度”的情人节——2 月 14 日，5 月 20、21 日，七夕。

概括来看，“秀恩爱”的微信朋友圈信息中最常见的形式是截图或者照片配文字。截图的内容多种多样，把伴侣发给自己的微信红包（金额通常涉及到 1314、521、520 等数字）截图发出来是最常见的一种呈现方式。数字“521”“520”“1314”自从被赋予了“我爱你”“一生一世”的意思之后，给伴侣发红包成为表明心意的做法。可见，发微信红包成为表示爱情的新“仪式”。凯瑞在《作为文化的传播》中强调传播的仪式性表征，他说，传播的“仪式观”并非直指信息在空中的扩散，而是指在时间上对一个社会的维系；不是指分享信息的行为，而是共享信息的表征。[③]对情侣们来说，发红包不仅仅是一个单纯的物理行为，更重要是更深层次意义的爱情扩散、分享。

---

① ［英］菲奥纳·鲍伊．宗教人类学导论 [M]. 北京：中国人民大学出版社，2004：176–178.

② ［加］欧文·戈夫曼．日常生活中的自我呈现 [M]. 冯钢译．北京：北京大学出版社，2008.

③ 詹姆斯·W·凯瑞．作为文化的传播 [M]. 丁未译．北京：华夏出版社，2005：4.

微博上的“秀恩爱”。微博作为一个“弱联系”、低门槛的社交媒体，无论是谁都可以自由关注别人、随时随地发布信息。跟微信不一样的是，微博上面人们可以关注到明星名人、大V的微博账号，即使是跟自己毫无关系的人也可以获知他的动态。情人节当天，微博上最引人注目的消息莫过于明星的微博了。但凡有点风吹草动都会引发极大关注，更别说公布婚讯、恋爱信息了。比如在2018年2月14日，演员李晨就发了这样一条微博：“下面是来自一位男友诚挚的解释：因为工作等各种原因档期协调不开，没能将自己快递到置身国外拍戏的你的身边，为了表达悔意我已让国外友人为你安排了一个小惊喜。并准备好年货若干，我冰，盼你尽快收工肥回来年夜饭，顺祝剧组同仁一切顺利。”这条微博下面共有40多万的点赞数和近1万的评论数。评论的内容里大多是催李晨和范冰冰这一对娱乐圈的情侣赶快结婚。“太甜了”“祝福”“吃狗粮”等是网友评论出现最多的词语。微博上同时能展现普通人和名人明星的爱情，人们可以围观，可以“秀”，爱情能以任何形态存在。

现代爱情倡导“爱就要大声说出来”，而社交媒体就是爱情的“传声筒”，也是爱情的载体。微信和微博作为国内两大社交媒体，成为情侣“秀恩爱”的集中地。此外还有专门给情侣开发的APP如“小恩爱”“情侣空间”等，但社交性不如前者，因此使用人数有限。

三、“单身狗”一场“吠”

情人节情侣自有情侣的庆祝方式，但是广大的单身人士却也构成了情人节百态中最具趣味性的一部分。现在有一个专门拿来调侃单身人士的称呼——“单身狗”。“单身狗”一词2011年在网络上兴起，一开始是源于电影《大话西游》里面至尊宝和紫霞仙子的对话：“那个人好怪。”“我也看到了，他好像一条狗。”由此，“单身狗”这个词语便用来形容没有对象或者未婚男女青年的处境。“单身狗”没有恶意嘲笑和人身攻击的意思，更多的是带有自嘲和自我调侃的味道。

如今，每逢情人节，社交媒体上关于“单身狗”的调侃和段子总能引起网友的集体狂欢。

“狂欢提供了打破日常生活的压抑的机会，提供了被压制者的声音在最大时可被听到的机会，提供了社会接受它通常所压制和否定的快乐的机会”。[①]一方面，近年来大龄未婚青年的问题成为了人们热切讨论的话题；另一方面，年轻人来自父母一代催婚的压力需要通过娱乐化的方式去消解。当然，“单身狗”不只是指大龄未婚青年，很多其他年龄段的人也会用这个词来形容单身的状态。每年的各个情人节或者“光棍节”（即 11 月 11 日）到来的时候，“单身狗”“吃狗粮”等词语总是会频繁地出现在社交网络上，这些调侃意味的词语、段子共同促成了一场自娱自乐的盛宴。

微信朋友圈中，在情人节的氛围下关于单身的文字或者图片的状态比秀恩爱的状态多。而且跟“秀恩爱”的朋友圈比起来，调侃单身的朋友圈往往更加具有人气，很多人会在下面继续附和或者点赞，显出“单身狗”之间的心照不宣。其中有不少自称为“单身狗”的人，恳求情侣不要在朋友圈秀恩爱伤害自己。还有人转发网络上关于劝情侣分手的段子，比如：“今天你分手了吗？”“楼上分手”“12 点后请把我分到你爸妈的群，你们秀的恩爱我不想看”“情人节是什么，能吃吗？”调侃的，凑热闹的，装傻搞笑的文字和图片比比皆是。

在微博上，明星、名人还有普通用户共同掀起了一场狂欢盛宴。作为陌生化社交的微博，人们表达观点时比微信更加肆无忌惮，“秀恩爱”的尺度如果拿捏不好可能会被网友群起而攻击，人们似乎愿意接受“单身”类的信息，调侃单身的内容可以没有下限，无论怎样嘲笑、讽刺，总是能够引发一片认同的声音。一些广为传播的段子、图片大都是从微博上传出来的。“祝天下有情人都是失散多年的兄妹”“空气中散发着恋爱的酸臭味”“做狗不好吗，为什么要谈恋爱”等句子大量在微博上传播。微博的弱联系性和开放性，使得微博就像一个人人都可以自由来去的集会广场，搞笑的内容、热点新闻很容易诱发病毒式传播。比如 TFBOYS 中的易烊千玺发了一条“今天……一起过节吧……”的微博，就引发了 100 多万条的评论和点赞。

---

① 约翰·费斯克.解读大众文化 [M]. 杨全强译.南京：南京大学出版社，2001：148.

除了微信、微博，微信公众号、企鹅号等内容平台在情人节当天发出来的文章大多与情人节相关。公众号“新世相”在2018年2月14日发了一篇名为《春节爱情买卖：除了对象，其他都准备了》的文章，文章选取了几个父母讲述催婚的方式和手段，反映出大多数中国父母对于子女单身问题的过度关切的问题。很多网友一边吐槽自己是单身狗的同时，也被父母这种强势催婚所困扰着。而一些娱乐类的公众号在情人节这一天也会发出与情人节这个主题相关的电影、电视剧推荐或者其他娱乐信息。穿搭类的时尚公众号则鼓励“单身狗”们要学会穿衣打扮，以早日收获属于自己的爱情。

在这个原本属于爱情的节日里，单身人群俨然占据了话语的制高点。所以有人说，在如今的网络上，秀恩爱是危险的，而自称单身狗才是安全的，“单身狗”一词成了社交行为的“护身符”。单身人士可以宣称自己被秀恩爱的造成了“成吨的伤害”，大呼不想“吃狗粮”，并且能得到大批同类的支持和回应。总之，宣称被情侣“秀恩爱”“强喂狗粮”单身狗们，其实在社交媒体上尽情地度过了一个欢快的节日。

四、资本一“思考”，人类便笑靥如花

消费社会已成事实，资本无处不在，无孔不入。一年中的所有节日，凡是能跟购物、消费沾边的节日，皆戴上商业化的“红领巾”。即便毫无瓜葛，也会被创造出来、包装成为一个专门为购物服务的节日，每年11月11号的购物节便是最典型的例子，据淘宝公布的数据，2017年天猫双11成交额是1682亿元，前11秒交易额破亿，28秒破10亿，3分01秒破百亿，40分12秒破500亿，9小时破1000亿。在任何节日都被物质化的今天，情人节也不能逃脱。无论是线上还是线下，充斥的都是商品营销、商家广告，情人节跟以前的过法相比，早就沾满了商业的味道。

商业化社会下的情人节，消费作为幕后推手，推动情侣、“单身狗”们共同造就了这场节日狂欢。商家为了卖出商品铆足了劲去做推广，消费者的热情也愈发高涨。情人节发展到现在，已经不仅仅是单纯的“情侣间的

节日”，也不仅仅是“单身狗”呼唤“关爱单身狗”的节日了，网购的发展，使得这个节日从始至终都笼罩在“消费”“广告”“促销”这样的字眼里，满屏花样百出的广告使人误以为这是一个商家促销大战日。推动消费的方式，从以前的线下推广，到现在线下线上全面覆盖，而商家也从以前的实体店发展到现在的网店、微商、博主甚至代购等，置身于这样的消费环境下，无人能从商业化中逃脱。

情人节当天打开网站，排在前面的几乎都是跟商业有关的广告链接。其中出现频率最高的是“情人节送什么礼物给男/女朋友？”“情人节礼物推荐榜”“优质情人节产品采购”“情人节活动”等链接。商家包装下的情人节，对伴侣的心意往往跟所送礼物的价值联系在一起。商家乐此不疲地打出类似“爱她，就送她XXX”的广告，潜移默化地塑造着人们的想法，如果情人节当天情侣的其中一方没有送礼物，反而会被认为不尊重这段感情或者不爱对方。

珍爱网发布的《2017情人节调查报告》显示，77.4%的单身人群认为恋爱必过情人节，且应互赠礼物聊表爱意；超五成的单身男女会准备1000元或以上的礼物。电商分析公司Slice Intelligence的数据显示，珠宝是情人节最热门的网购礼物之一。通过分析珠宝、巧克力、毛绒动物和鲜花这四类产品销售额，Slice Intelligence表示，2017年2月1日至14日，珠宝在四类产品线上销售总额中占据54%比例。除了传统的鲜花巧克力，2月13日当天是所有情人节礼物消费的高峰日。

除了网购网站，搜索引擎（如百度）、各大社交媒体也成为了商家打广告的地方。微博上，除了有企业的官方账号发出的广告，也有知名博主为赞助商发的广告。比如知名求婚钻戒品牌DR钻戒（Darry Ring）的广告称：男士凭身份证一生仅可定制一枚，寓意“一生唯一真爱”。情人节当天，Darry Ring的官方微博一共发了11条微博，微博内容包括介绍产品的，附上购买链接等。音乐人高进在情人节当天发了这样一条为海尔进行广告推广的微博：“情人节遇上春节，格外不一样！给老爸老妈准备了海尔成套智慧家电做礼物，让他们在浪漫中省心过大年，二老可高兴了！”同时祝大家“Happy Valentine's Day”。

微信上的广告也是花样百出。用户会看到、点开的地方都不会少了商业广告的植入。例如伊利朋友圈发放“王者年货”，伊利公司将最近流行的答题游戏融入年货街的创意，用立体街景吸引用户，每个游戏英雄的“年货小店”吸引用户参与答题互动，过关即可收获王者荣耀游戏礼包，有机会赢得稀有英雄。商家以此收获一批爱玩的90后粉丝，并吸引他们互动分享，为品牌带来大量话题度和关注。除此之外还有“周黑鸭”上线小程序礼物卡等……各大品牌频频亮相，温情弹、节礼弹轮番上阵。

总之，无论是网站还是社交媒体，都沦陷在商业化广告里了。借助节日氛围，广告商打出“爱情”“心意”这样的感情牌，内容包装得越来越人性化，悄无声息地操纵人们的消费行为，刺激购买欲望。鲍德里亚在《消费社会》一书中对“消费”这一幻象进行了批判，他说当代人们生活在一种物质丰富的假象中，消费成为一种“新的部落神话，成为当今社会的风尚。它正摧毁人类的基础，即自古希腊以来欧洲思想在神话之源与逻各斯世界之间所维系的平衡”。[①] 在商业化的操纵下，原本纯粹的爱情的节日被塑造成消费狂欢日，情感跟物质紧密联系在一起，通过社交媒体的传播、放大。人们在网络上表达爱意的同时，猝不及防也充当了消费主义的“帮凶”。

总的来说，这个时代的象征就是网络，无论我们愿意还是不愿意，始终都会被时代的潮流裹挟着前行。社交媒体时代的情人节在网络的助力下尽显百态，无论是网络相亲、“秀恩爱”“撒狗粮”，还是被商业刺激的物欲，都是这个时代特有的产物。

社交网络就像一张网，爱情的电流在其中流淌着、传递着，生成一个又一个美丽复杂的故事。虽然“慢时代”的爱情模式逐渐消失了，但是爱情的本质和美好却永远不会消失。现代人在社交媒体中，能自由地寻找意中人、分享和诉说自己的故事，我们前所未有地打破了交流的壁垒，更加自由地表达萌动的情愫，这就是爱情在现代取得的最大突破。

---

① ［法］鲍德里亚．消费社会[M]．刘成富、全志钢，译．南京：南京大学出版社，2000.

第三章 “微”仪式
微信朋友圈刷出的浪漫经济学

爱情掩盖了历史龃龉，也抚平了人性的诸多罅隙。七夕、西方情人节、网络情人节三个情人节日在传统与现代、全球与本土的多维变奏中调适及其文化转化。

以微信和微博为代表的革命性“微”技术正深刻影响着人们的信息交流和关系往来，人及人所构建的群体不再是孤立的存在，而是与遥远的他者都共处于一个虚拟时空，人们开始更多地透明分享彼此之间共同性的而非差异性的经验。大众系统里爱情的故事无处不在，在微信、QQ、微博里；在贴吧、论坛、APP里；在电话、短信、FaceTime里；在朋友圈晒的图、直播里打的赏，支付宝发的红包里。当人们进入微时代，感情也迎来“微爱”时代。

微信朋友圈的“情人节”表达反映了微时代的个体的仪式性参与。微信是一个“半开放”平台，非朋友圈用户不能够直接观察到其他用户的主页和内容，本研究使用参与式观察，以观察者的身份深入到用户“Y”的朋友圈中，积极参与点赞、评论等，观察西方情人节、网络情人节、七夕情人节等三个节日当天的信息发布，“窥探”三场仪式的“潮起潮落”。

一、微信朋友圈：情爱符号的“爆炸”

巴赫金提出了“狂欢化”理论。他认为，狂欢节是一种“狂欢广场式”的、自由自在、疯狂放纵的，处处充满着欢声笑语的生活。这种生活使每个人尽情享受平等和自由，袒露内心感受，宣泄隐藏的情绪。当代社会越来越普遍的狂欢现象深刻影响着大众传媒与大众文化，“狂欢广场”也已经由实实在在的现场转换到了虚拟的电子空间。如果将微信朋友圈视作巴赫金狂欢理论中的“广场”，在情人节期间，可以自由地发表关于情人节的言论，无须屈服于所谓的社会主流观念，完全可以捍卫自己的立场，发表自己的言论和意见。

据观察，2018 年，在 2 月 14 日、5 月 20 日、七夕节这三天里（为确保观察对象的充分，零点前后半小时也归在当天的范畴内）用户“Y”微信朋友圈关于“情人节”话题相关的动态分别有 125 条、156 条、103 条（包括原创和转发，不含评论和点赞）。将观察到的每一则情人节动态视为一个分析单位，进行了编码。从时间动态可以知道，晚上 8 点到 24 点是情人节表达的高峰期。以网络情人节为例，这个时段情人节动态 65 条以上，满手机屏的爱之秀、爱之感以及爱之呢喃，这种刷屏式的情人节表达制造了一场节日狂欢。

（一）狂欢进行时

1. 序幕：时不待我

零点的钟声还未敲响，赵某已经迫不及待了，她在 8 月 16 日（农历七月初六）23 点 47 分发了这样一条状态：“七夕朋友圈秀恩爱大赛开始！我来一个先发制人，完全不相信这是钢铁直男的礼物。狗子，你变了！”并配上礼物照片以及与男友的合照。她似乎真打响了“秀恩爱大赛”的第一枪。情人节 0 点开始，关于情人节的字眼陆续跳出，何某在 2 月 14 日发表了情人节的第一条动态：文字内容为“我的情人节”，配图为一张地图，且图中有两个头像位于两地。何某通过这条状态表达自己因和另一半身处两地，略显失落。5 月 20 日表白日零点整，林某发布了一张文字图片，图片的文字内容是“距离‘朋友圈谁男朋友更有钱大赛’还有 1 天”，这一诙谐的表达获得 8 位共同好友的点赞，还有人打趣儿的评论“吃不到葡萄说葡萄酸”。观察发现，虽然有些人并没有直接发表关于情人节的动态，但是通过点赞和评论他人的动态也间接参与了情人节的表达。

2. 发展：蜂拥而至

情人节当天上午 7 点起，朋友圈中开始出现关于情人节的祝福、期待和感悟的内容。“情人节快乐”的文字配以“爱心”或“玫瑰花”的表情符号，是人们惯用的祝福形式。2 月 14 日上午 10 点，“段某”发了一张狗的图片，以此自嘲“单身狗”的身份。5 月 20 日上午，不少微商、代购、鲜花店店主和房产中介，他们主要以段子式的广告蹭节日热点，比如某微商“发红包，不如送她个包，因为你配包，我配你啊”；某代购的动态：“520 店铺新品 0 元购活动了解一下：第一步挑好你想要的产品，第二步把我的名片推荐给你的男朋友，我脸皮厚，我来问他要钱”。七夕白天，不少人发表自己对于节日的看法，如“为什么国人那么热衷把任何节日都过成情人节呢，也许是因为我们从小到大的情感教育都太压抑了吧。”“单身狗”“狗粮”被非单身人士用来自嘲，比如卢某写道：“很多人问我，七夕还是一个人吗？难道我会变成一条狗。”

3. 高潮：热火朝天

晚上 7 点，情人节动态井喷式呈现，世间俗物忙完，开始在朋友圈分享情人节礼物和当天活动、分享另一半照片或两人合影、表白示爱以及吐槽段子。节日当天的活动、约会。20 点到 24 点是情人节表达的高峰期，以 2 月 14 日西方情人节为例，包括胡某、王某在内的 11 人在朋友圈晒出了自己的情人节礼物，礼物包括鲜花、红包、巧克力、美容护肤品等；陈某、李某等 20 余人以吐槽、自嘲、戏谑的形式发表情人节相关的动态。5 月 20 日夜晚，朋友圈的情感表达愈加直白，其中有对恋人或另一半的表白，如 B 某“要携手一起爱下去，520 我的狗子 [爱心]”配图为情侣合照，也有对家人、朋友、老师、祖国的情感抒发，如王某的动态“520……爱你们，我最亲密的家人，最真挚的朋友……若没有你们我的生命将黯然失色……我珍爱你们”。由此可见，5.20 并不是只有情侣才可以过的节日，每个人都可以在这个节日抒发自己的感情。七夕当晚，人们争相秀恩爱，聊天截图，红包截图，礼物照片以及恩爱合影，甚至有人秀结婚，比如朱某发布了自己婚礼的电子请柬，杨某分享了自己被求婚成功的喜悦，马某则晒出自己婚礼的现场图，可见在七夕情人节结婚俨然成为一种新的纪念仪式。

4. 尾声：意犹未尽

在5月20日网络情人节落幕之时，袁某以“一半秀恩爱，一半秀伤感，中间还有几个坚强的微商”这样一条动态总结了当天的朋友圈。而苏某则在西方情人节的第二天零点以“跟闺蜜过的情人节，谢谢闺蜜给的过节费，噗哈哈哈哈哈，好吧，我现在受着百万击伤害”配以“数张百元人民币的照片”这样一则动态为自己的情人节画上了句号。值得一提的是，储某转发了一则来自央视新闻介绍七夕节传统文化的推文，文章指出，在中国古代，七夕的传统习俗与情侣约会之类的活动根本无关，传统七夕节并不是情人节。这是唯一一条与七夕传统习俗有关的动态，它在充斥着秀恩爱与戏谑段子的朋友圈动态中显得格格不入。

通过参与式观察发现，情人节动态不外乎表白示爱、情感抒怀、吐槽戏谑、意见观点；其形式包括语言文字、照片图片（含动态）、表情包符号、短视频、推文转发等；使用多模态语言，语言文字中常夹杂表情符号或配以照片图片，综合两种形式以上的动态最为常见。通过朋友圈动态，可以梳理或想象情侣们的甜蜜活动，这一天以约会聚餐，看电影，交换礼物，发红包来庆祝情人节。单身们虽因无情人节，他们发表祝福、吐槽、自嘲，却也热情地参加没有情人的情人节。

（二）狂欢参与者

1. 单身者与非单身者

在现实生活中，情人节似乎更多是情侣、夫妻等拥有另一半的人的专属节日，单身贵族们则被挡在节日的门外。但在微信朋友圈，无论是单身还是非单身，人们都可以分享自己的情人节动态，并且无人质疑，人人平等。正如巴赫金所言，在狂欢世界“主人与奴仆、中心与边缘等二元对立全部消失，狂欢的参与者不再只是高高在上的特权阶级”。[①] 如果我们把非单身的情侣视为情人节的特权阶级，那么在微信朋友圈这个虚拟空间中，特权阶级俨然消失，单身者与非单身者之间的二元对立不复存在。朋友圈的情人节表达更多的是人们展示自己存在的一种“自由

① 巴赫金 . 拉伯雷研究 [M]. 石家庄：河北教育出版社 .1998:11.

的形式”，非单身者分享自己的爱情，单身者亦可以分享自己节日生活和心情感悟。在三个情人节的朋友圈动态中，均有超过30%相关动态由单身人士发布，且单身人士发布的动态数量与非单身人士的动态数量相差并不大。

在微信朋友圈这一空间，没有谁拥有过情人节的霸权，情侣可以秀恩爱，单身者可以吐槽狂欢，狂欢的参与者不受限制。朋友圈的情人节狂欢中，每个人都拥有了自己的情人节，每个人关于情人节的表达都受到尊重。

2. 发布者/应援者/浏览者

巴赫金认为，在狂欢中所有的人都是积极的参加者，所有的人都参与狂欢戏的演出，不分演员和观众，人们不是消极地看狂欢，而是按照狂欢式的规律在生活。朋友圈的情人节狂欢的参与者主要有三类：一是主动分享与情人节有关动态的发布者。人们一边过节，一边发相关的动态，这种现象一直持续到节日拉上帷幕，这说明在朋友圈发布情人节动态已经成为节日活动的一部分。二是对他人情人节动态进行点赞或评论的应援者。巴赫金指出观众在整个狂欢节中与表演者一样，是作为独立自为的主体而不是被动消极的客体出现的。据统计，60%以上的情人节动态包含共同好友的点赞和评论，人们通过点赞表示应援和支持，通过评论与发布者进行互动，这构成了情人节狂欢的一部分。三是利用自己碎片化时间刷浏览自己朋友圈动态的浏览者。移动互联网突破了时间与空间的距离，在朋友圈这个超时空的世界中，人们发布即时性动态，向本人朋友圈内的所有人开放，使每一个浏览者都成为实时狂欢的参与者。

当人们在朋友圈发布情人节动态时，也在浏览他人的动态，因此，发布者也是浏览者。当人们对他人动态进行评论或点赞时，这种互动行为也构成了对情人节的表达，应援者也成为发布者。由此可见，发布者、应援者、浏览者都有意无意地参与了情人节的表达和狂欢。

（三）狂欢式表达的特征

1. 内容类型

为方便分析，将朋友圈内与情人节有关的动态分为：秀爱表白型、生活感悟型、节日祝福型、戏谑吐槽型、广告推销型五种类型（详见表3–1）。在朋友圈搜集的276条情人节动态依照“发布日期”（西方情人节/网络情人节/七夕情人节）、“发布者性别”（男士/女士）、“发布者年龄”（20岁以下/20–40岁/40岁以上）、“发布者状态”（单身/非单身/不明）、“类型”（秀爱表白型/生活感悟型/节日祝福型/戏谑吐槽型/广告推销型）几个维度进行编码（信度为0.985）。经过卡方检验得出，发布节日和动态类型之间并无关联，而动态发布者和动态类型之间具有相关性。

具体而言，情人节表达的主力军为20岁到40岁的女性，单身人士和非单身人士占比均匀。三个情人节的朋友圈动态内容并没有太大的差异，单身人士与非单身人士发布的朋友圈动态具有显著差异，戏谑吐槽型和秀爱表白型的动态最多，且约70%戏谑吐槽型动态由单身人士发布，87.5%秀爱表白型动态由非单身人士发布。由此可以看出，单身与非单身人士在朋友圈对情人节的表达不同。

表3–1 微信朋友圈情人节动态大致分类

类型	秀爱表白型	生活感悟型	节日祝福型	戏谑吐槽型	广告推销型
解释	分享爱情经历、礼物、红包、恋人照片、用文字、符号表达情感、被表白	分享情人节当天活动、心情、感悟和对节日的看法或观点	没有明确指向的祝福性表达、对相关事物的祝福	以戏谑文字、幽默段子、表情包图片等形式自嘲或吐槽	情人节礼物广告、情人节团购信息，以及其他促销活动
示例	“有你宠我，真的很好，[爱心]”配聊天截图，红包记录	“爱对了人，每天都过情人节”	“情人节快乐”；“520快乐”；“祝有情人终成眷属”	“很多人问我七夕还是一个人吗？难道我会变成一条狗”	“生活需要甜蜜蜜，爱她就给她一个家，买房卖房欢迎私信”

2. 狂欢语言

狂欢理论揭示，不拘形式的狂欢语言是制造狂欢气氛和狂欢感受的关键。现实生活中语言的系统性、结构性和规范性、文明用语等，被狂欢世界的游戏氛围消解、俯就、降格，变的粗鄙、插科打诨，甚至包括对神圣文字和箴言的模仿讥讽，等等。在情人节期间，人们在朋友圈不拘形迹地进行交往，坦诚、直率、无拘无束的交流，通过自嘲、吐槽、反讽和戏谑，采用各种符号为“情人节”加冕又脱冕。这些语言充满了狂欢感受，如果你看不懂它们就难以加入这种狂欢仪式。

首先，情人节的表达形式极具狂欢性。在朋友圈，人们创造性地将文字、图片、照片、图形表情、视频、音乐、数字、标点符号以及其他类型的 符号任意组合、随便链接和镶嵌，甚至错别字、病句都成为幽默和调侃的方式，如“跨越千里，说（爱心符号）你……有你心里踏实（爱心符号）mua！”这里我们看到的“mua”并不是正统的语言表达，但它在网络语言中意味着亲吻的拟声词。此外，朋友圈内的表达像是一种对常规的叛逆：语言不讲究词性搭配和结构完整，如在句末加“喔、噢、噗”等娇弱嗲气的语气词语缀以表示自己的情感态度；图片照片不一定非要有象征意义，与文字表达无关甚至相悖的配图收获众多拥趸，比如文字是“我不需要过情人节”，配图却是一只流口水的狗。这种朋友圈狂欢的表达是每一个参与者的文本实践，亦是一种集体创作，人们通过对符号的运用和勾留，对多媒体文本进行组合拼贴，形成了一个狂欢式的语言系统。

其次，语言内容极具狂欢性。朋友圈动态中有许多插科打诨、自嘲、吐槽、戏谑式的表达，这种表达为朋友圈带来一种轻松诙谐的氛围。单身人士们以段子式的自嘲吐槽表达自己对情人节的“反抗”，如“520 别晒红包了，把男朋友发出来晒一晒，看说不定有同款，也许还有爆款”。当然也有人以直白、夸张、饱含情感甚至娇嗔的语言表达对情人节的纪念，如“土豆可以变成土豆泥，苹果可以变成苹果泥，你知道我可以变成什么吗？什么？我爱你！”“520 我爱你梁先生，谢谢你把我宠成公主”。

总之，朋友圈的情人节动态充斥着矫情、刻薄、浮华，辞藻精美又粗痞，情感汹涌，咏叹不尽，充满夸张、无病呻吟、骄饰、喜剧式的打赌与发誓，江湖郎中式的吹嘘、炫耀，这正是巴赫金眼中的广场狂欢语言。这种狂欢式的表达是一种对语言规范的叛逆，当人们在朋友圈对情人节嬉笑怒骂，娱乐和嘲讽时，人们也在追求语言的自由、表达意义的自由，追求平等的互动和交流。

二、爱情仪式：观礼与朝拜

（一）“秀恩爱”：是纪念也是表演

正如歌词“隔着屏幕说着爱你浓浓暧昧，甜甜的像蜂蜜围绕在我心得周围”，人们在朋友圈用短短几十个汉字、几个表情符号、几张照片就能实现情感表达。情人节的“秀恩爱”更具仪式价值，仿佛不晒出来，就没有过节。情人节所有的仪式性元素都成为秀恩爱的素材，或者说被视为“他们很恩爱”的证据，如金额为520、1314的红包、鲜花、珠宝首饰等各种礼物、电影票等，含蓄或直白的语言等。表3–2列举了情人节秀恩爱的图文元素。

当用户在浏览朋友圈时，看到好友“秀恩爱”的文本时，其实他们看到的只是几幅照片、一段文字、一篇文章、一些对话或者一个视频。情人节期间，这些秀恩爱的文本何以成为一种节日仪式的呢？据观察，大部分秀恩爱的内容都是人们直接分享自己情人节发生的事情，如收到的礼物，和男友的约会，以及对爱人的表白。换言之，这种“秀恩爱”忠于事实，是一种对节日的总结性表达，也是一种主动分享。但在发布过程中，人们会对“秀”的文本素材进行选择和加工，呈现出“合理美化”后的情人节。发布者认为自己是呈现和分享，而浏览者却认为这是一种刻意的“秀”或“演”。那么矛盾就产生了：秀恩爱到底是对情人节的“纪念”还是“表演”？如果用一种化较温和的态度来中和个人或自己对秀恩爱的两极化看法，或许就可以解释一矛盾——即，秀恩爱呈现的其实是理想化的情人节。

表3–2 情人节秀恩爱的图文元素

人	物	场景	文字关键词	图标表情
情侣合照（一般合照、亲吻、拥抱、拉手等亲密合照） 伴侣的单人照 自己的单人照（根据文字判断可知式伴侣所拍）	鲜花 礼物 转账记录 红包记录 现金	共同出游的风景 酒店、房间、电影院等约会场所 仪式相关，如婚姻登记处	爱、喜欢、思念、唯一、亲亲（muamua）抱抱、520、我爱你、亲爱的	[爱心]、[爱你]、[抱抱]、[吻]、[玫瑰花]、[害羞]、[比心]

戈夫曼将人际交往中人们有意无意地用某些技巧控制自己所给人印象的行为视为“表演”，在日常生活中有些人能意识到自己是在表演，有些人则没有意识到表演呈现了理想化的情境观念，个体在他人面前呈现自己时，他的表演往往会体现和例证社会公认的准则”。情人节的准则就是以“约会、礼物、表白”来纪念爱情。然而理想化的情人节与现实中的情人节到底是否一致，旁人无从得知。但朋友圈中的情人节充斥着浪漫的玫瑰、充沛的情感和动人的爱情，构成了一个理想的节日。在这里，观众几乎看不到爱情的瑕疵，只能看到数不尽的“恩爱”。“秀恩爱”在朋友圈中的集中表达使情人节越发具有超常态的、理想化的浪漫属性，看起来总有几分不真实，无怪乎人们会觉得秀恩爱是在表演。这种表演高于记录或纪念的功能建构正是秀恩爱的仪式化表现。

当越来越多的人加入到情人节“秀恩爱”大赛中时，“秀恩爱”便成为一种仪式表演。通过这种表演，日常生活被改变、被转换到了另一种关联中，象征意义被突出，并因此与日常生活的工具性行为巧成对照。仿佛礼物和红包真的能代表他爱你，仿佛越多人见证自己的情人节，你们爱情就越牢靠；仿佛只有晒出来，你才是真的幸福。仪式表演既不同于日常生活，要求有效 (efficacy)，即仪式是求结果的、表演者投入程度可达“附体”状态，而且是需要观众相信的、不鼓励批评的、群体性完成品。在秀恩爱的热潮下，似乎“不秀”就体现不出情人节的仪式感，而“秀”本身也成为了仪式。

（二）从表达到互动：情人节互动仪式的建构

美国社会学家兰德尔·柯林斯提出了互动仪式理论，他认为“互动仪式”是互动者通过资本和感情交换而进行的日常程序化的活动，可以是正式的典礼，也可以是没有模式化程序的自然仪式。他从微观的角度分析仪式参与者之间的互动与情感交流，并指出互动仪式的关键在于“参与者情感与关注点的相互连带，产生了共同的情感 / 认知体验”。互动仪式主要有四种组成要素：两个或以上的人身体共同在场、对局外人设定界限、参与者将注意力集中在共同对象或活动上以及分享共同的情绪或情感体验。

首先，朋友圈具备了互动仪式的四个要素：一是朋友圈为个体的众多好友提供了一个“虚拟身份共同在场”的空间即以微信账号替代了亲身在场，使人们实现随时随地进行信息共享；二是朋友圈界定了一个范围，即对非微信好友的“局外人”的排除，使互动参与者获得稳定的成员身份；三是在朋友圈狂欢中人们的关注点集中在通情人节这一话题上，且通过转发评论点赞使更多的人关注到这一话题；四是人们通过发布、浏览、关注、点赞、评论等一系列有节奏连带的行动，分享共同的情绪或情感体验，促成朋友圈的集体兴奋。

情人节一到，人们就在微信朋友圈即时发表自己的节日动态和情感观点，同时也可以看见其他好友的状态。在朋友圈狂欢中，单身人士通过吐槽戏谑达到对“单身的我”的自嘲、对“秀恩爱”行为的调侃；非单身人士通过秀爱表白，分享爱情的甜蜜，表达对爱人的情感和爱情的纪念。在信息的交流和互动中同一群体的情感态度逐渐趋向一致，朋友圈内愈来愈多的好友受“单身的无奈感”或“恋爱的幸福感”这种共同的情感号召加入到狂欢中，通过点赞表示认同、支持、接受分享，通过评论发表观点和看法。这种共同的情感成为人们参与情人节互动仪式的动力。

根据图 3-1 可以看出，朋友圈狂欢的仪式互动产生如下几种结果：一是群体认同，这不仅体现在朋友圈好友刷屏式的情人节表达，还体现在单身群体与非单身群体各成一派各自表达，自发组成团体，不谋而合的进行吐槽或秀爱。二是个体的情感能量，朋友圈情人节的表达中蕴含着各式各样的情感，节日的祝福、爱情的期待、恋爱的幸福、单身的无奈、分享的快乐、礼物的感动，这些情感在互动中的体验是短暂的，但产出的情感能量却是长期的，并会成为个体下一次参与节日互动仪式的动力。三是群体符号，朋友圈的情人节表达中出现了代表社会关系的符号，比如“玫瑰”“珠宝”“护肤品”成为男士送给女士的情人节礼物，“球鞋”“手表”“数码产品”通常是女士送给男士的礼物，而“狗”“单身狗”代表单身人士，“吃狗粮”则生动地反映出单身人士看到别人秀恩爱的心理状态。四是约定俗成标准，这是基于狂欢中产生的符号而言的，“约会、互赠礼品，发红包”成为情侣过节必须要做的事，当有人没有按照这一约定俗成的规则来做时就会受到谴责，比如有不少人在朋友圈内表达没有收到恋人节日礼物的不满。

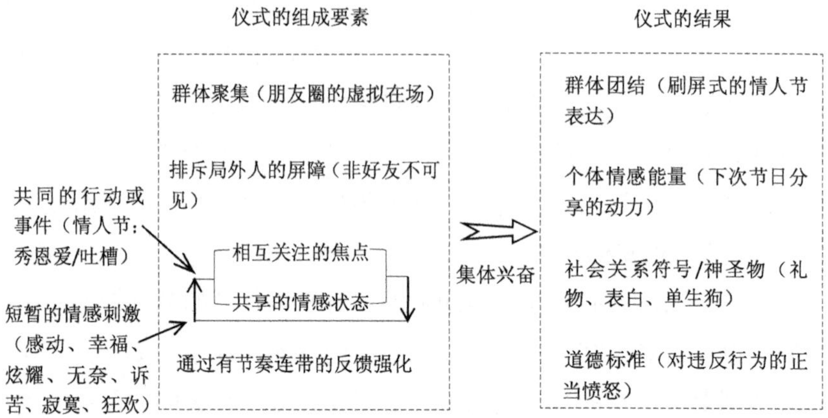

图 3–1　朋友圈情人节仪式要素

朋友圈狂欢中产生的集体情感形成了节日文化、道德、价值标准的符号基础，而朋友圈中的个体又将互动仪式中产生的情感带入下次的互动中。互动仪式模型清晰地呈现了人们在朋友圈的情人节表达中，基于群体的聚集，情感的强化，外人的排除等要素产生了高强度的集体兴奋，并最终导致群体团结、个体情感能量、神圣物和道德标准等仪式结果，从这一层面上看朋友圈的情人节狂欢形成了一种互动仪式。

（三）仪式的新特征：解构、狂欢与颠覆

美国社会学家兰德尔·柯林斯认为：

仪式是一种相互默许的情感转换机制，在相互的存在认知当中，完成对个人定义与社会成员相互团结形成群体成员的符号。①

传统情人节与当代情人节的共同仪式性特点便是通过互动实现关系的维护和情感的转换。但相对于传统情人节的仪式性特点，当代情人节的出现突破了节日固有的意义、单一的形式和有限的范围，与媒介传播相融合，延伸、演化出新的仪式新特征。

---

① 兰德尔·柯林斯．互动仪式链 [M]. 林聚任等译．北京：商务印刷馆 .2009:44.

1. 节日主体的解构

传统意义上的情人节仪式主要集中在情侣或夫妻这类个体之间。在节日中，男女之间互赠礼物、贺卡、鲜花，表白示爱，在这一仪式的共享身份是固定且不变的，即仅局限于恋人双方之间。而在朋友圈的情人节仪式中，参与者不再只是拥有伴侣的人，任何人都可以以各种形式参与情人节，仪式互动不止存在于情侣两人之间，还存在于亲人、朋友甚至是陌生人之间，大家共处在相互关注的围城当中，通过对节日的表达、分享、展示和表演，达成人们之间的沟通、认同、践行“公意”以及仪式的共享。人们在朋友圈发布动态分享自己的情人节，又在刷新动态中见证朋友圈好友的情人节，节日情感引发共鸣，个体的仪式演变为群体的仪式，人们在互动中共享仪式。在这一过程中，仪式共享身份的地位平等，人人皆可发声，自由选择是否加入仪式。除此之外，仪式互动双方身份可随时互换，每个人都可以是分享者，每个人也都是接受者，仪式共享身份由个体扩大为群体。

2. 形式的狂欢化

传统情人节的仪式性活动主要指情侣之间的互赠礼物、互送贺卡、互相表白，仪式场景也主要存在于现实世界。在微信朋友圈的情人节表达中，情人节语境中的日常生活具有了仪式意义，而这种表达本身也成为节日的重要仪式性活动。你是否有“情人”，你在现实世界过不过情人节都不在重要，无论你在何时何地做何事，只要你在朋友圈发表了关于情人节的动态，仪式随即生成。这种泛仪式化的情人节使人们的情感互动更为频繁，价值认同更趋一致，社交关系更加强化。微信的情人节狂欢是对现实情人节的虚拟化再现，在仪式互动过程中，虽没有仪式参与者的身体在场，但人们在虚拟的仪式空间通过文字、图像、表情等符号进行表达沟通，互动是虚拟的但表达又是真实的，因此这种线上情人节仪式具有虚拟和真实的双重特点。虚拟性也给情人节仪式带来简便性和娱乐化的特点。对于身处两地的情侣，即便不能参加线下的情人节，通过发红包、在朋友圈隔空表爱即可完成仪式，情人节仪式变得简便。此外，更多的人抱着娱乐的心态参与微信情人节狂欢，幽默段子、自我嘲讽、内涵点评为仪式互动带来了欢乐因子，节日的娱乐性得以彰显。

3. 意义的颠覆性

我们必须看到在这场“微”仪式中情人节意义的转变。曾几何时，情人节只是一个爱情的节日，“牛郎织女”的相聚、“瓦伦丁”的情诗以及风靡互联网的爱的表白，这些符号、表达、庆祝方式都围绕“爱情”展开，爱情成为节日唯一的意义。而在朋友圈中情人节的仪式意义被颠覆，这体现在仪式参与者表达的意识和目的的隐喻。在情人节狂欢中，人们通过微信朋友圈动态进行表情达意，除简短字符明晰表达互动者的主观意思外，很多其他的含义隐藏在表达中。比如，秀恩爱或自诩单身狗也是一种自我表达，人们主动将自己情感状态的公开。人们讲述自己的爱情经历，公开自己的情感状态，展示自己的情人节礼物，都是对自我体验的表达。现代人的个性意识和自我表达的需要不断增强，他们希望在仪式分享中表现自己，尤其是在网络这个开放的广阔空间里，在情人节仪式中自我表达有了新形式和新场域。当人人都在秀恩爱或秀单身或晒祝福时，盛大的仪式让身处其中的每一个人都感受到自己参与活动的正当性与满足感，无论是单身还是非单身，无论是分享者还是浏览者，人们都能在参与中找到自己的存在感。这表明，在情人节表达的仪式中，每个个体的自我受到重视，得到表达，人们通过参加狂欢，寻找自己对情人节的参与感，这是仪式的另一个重要意义。

四、从“微”爱到微仪式：浪漫经济的运作

“情人节”借微信朋友圈这一具有仪式性的平台完成了爱情意义的华丽转身，成为了带有仪式新特征的全民“狂欢”，呈现出的浪漫爱情和消费仪式的双重景观。

（一）“罗曼蒂克”与浪漫经济学

20 世纪 20 年代，西方情人节传入中国，年轻的革命者们开始宣扬“自由恋爱”，“恋爱”的内涵发生了剧烈变化，追求浪漫的爱情成为热潮，浪

漫地度过情人节成为共识。礼物、玫瑰、巧克力、烛光晚餐、520 的红包、情话等仪式符号为情人节增添了浪漫色彩，这种浪漫甚至延续到日常生活中，越来越多的人认为浪漫仪式是爱情必不可少的调和剂。

当情人节成为爱情仪式，情感表达成为这个仪式的核心。在今天，传统社会中受阶级、门第、家庭甚至性别限制而不能相爱的情侣不复存在，情人节给每个人一个情感表达的窗口，人们毫不掩饰地释放自己的情谊，情感的自由表达体现出自由恋爱的价值观。“七夕”“520”“214”都成为表达情感的节日，这也许是因为，在中国文化里，大声说出“我爱你”并不是一件小事，所以人们需要情人节这么个特殊的日子来表达爱意。在情人节的影响下，爱情中的情感表达受到人们重视，人们不再吝啬说爱。在情人节的这场爱情仪式中，人们在朋友圈用个性化的方式表达爱情、分享爱情、纪念爱情体现了独具时代特色的情人节。而这些由前卫的年轻人所引导的情人节仪式也是星火燎原的中国式爱情的一个缩影，它在表现爱情的同时也进一步建构了当代人的爱情观，是一种颇具特色的社会进步。

（二）逃不走的仪式性消费

花蕾满枝的红玫瑰，包装精美的巧克力，熠熠生辉的金银首饰，高档餐馆里的烛光晚宴，都告诉我们何为“情感经济”(affective economic)。

“在大众传播意义体系中，从规制和表征到控制和信息，情感已然成为观念生产、内容建构的重要维度，并在本土化和全球化的博弈中进行调适与再生产。”①

大众文化挑逗的情感圈层辐射至社会诸领域，成为爱情观念生产、全球化流转的重要要素。根据某外卖软件发布的《浪漫经济大数据报告》显示，浪漫经济呈现大众化趋势，大众过节方式多元化，送鲜花、吃大餐、看电影、休闲娱乐是情人节主要的活动方式，今天的情人节庆祝俨然变成了一个令人炫目的消费仪式。

人们在朋友圈晒出的礼物不乏名贵奢侈品、高额红包。这些一度被

① 晏青．论“后情感社会”真人秀节目的情感规则、偏误与调适 [J]，现代传播，2018（11）。

“真爱”所不齿的物质符号以一种饱含情谊的高姿态出现在情人节仪式中，实则也体现了当代人并不避讳物质的爱情观。身处恋爱（或者是渴望进入爱情）之中的人们在情人节花费金钱与时间，选购能够让对方满意的情人节礼物，预订餐厅、KTV、酒店套间，精心规划夜晚浪漫的约会。然而，这一切都得靠“花钱”。在消费社会里，如何花钱，花多少钱，往往决定了一个人的品位，正如社会学家布尔迪尔深刻指出的那样。在这里，我们看到一个有意思的悖论：一方面，浪漫爱情的想象需要通过消费活动才能落实——鲜花、礼物、约会这些元素有哪样不用花费呢？另一方面，浪漫爱情的文化意识形态却赞颂一种“超乎一切”的爱情观——爱情是自由，爱情是不受任何束缚，当然也包括金钱的束缚。在消费主义制造的文化奇观里，这对矛盾被消解了：在其中，你既能找到符合“自由浪漫爱情”的幻想元素（如好莱坞电影，如绚丽的时尚），又能毫不费力地建立起体现出消费能力的“品位”（如通过附着于商品之上的文化品位：衣着、饮食、生活方式等）。

“浪漫经济”的盛行体现了消费意义的转变，当消费承载了人们的情感，消费本身就成为情人节的仪式。在过去情人节的消费仅局限于情侣之间，在今天人们乐于分享自己的消费，晒礼物、晒照片、晒红包是秀恩爱的主要内容，当人人都在晒礼物时，这种消费文化得以进一步传播，仿佛没有鲜花，没有礼物，没有浪漫的约会，你的情人节将不是情人节。

面对今日的情人节，人们有着这样或者那样的期望与无奈。情人节的消费变得俗套、每年都是一样的鲜花，一样的巧克力，这种现象一方面反映了当下情人节的消费仪式化，也反映消费主义文化逻辑的另一面——即现代个体不断地在日常生活中寻求“新鲜”与“奇异”的体验。可是令人无奈的是，在当代都市，任何“新奇趣”的体验都是无法离开消费独立存在的：人们追逐手机的最新款式，服装的最新式样，最新的电影，最潮的语言。这种“反仪式”的表现恰恰是作为“仪式”的一部分而应运而生的。实际上，对“新奇趣”的追逐已经成为了人们消费文化的重要组成部分。作为社会动物，违背“仪式原则”是社会成本极高的行为，比“没有情人的情人节”更为残酷的是“没有仪式性消费的情人节”。

安德森在阐述“想象的共同体”理论时指出：

通过仪式性的媒介接收活动，人们可以获得共同的文化感受，以及对拥有相同体验的其他社会成员的感知。这构成了“想象的共同体”。①

微信“朋友圈”让大众能够自由进入情人节仪式空间地点，成为仪式的参与者，也让个体的情人节表达得到集中呈现，进而建构一种情人节“微”景观；同时，“朋友圈”让情人节的虚拟狂欢呈现出可见性与在场感，用户在互动的过程中能感受到人的认同与社交的快感，共享意义的同时实现了节日想象。人们在朋友圈的分享与浏览中以一种集体性或身份的认同性互相吸引到一起，就像在参加一场神圣的典礼。

有研究诟病这种狂欢化无异于面对面一股脑儿的倾吐苦水、喋喋不休，属于社交媒体礼仪缺乏的表现。不过如果从弗洛伊德的力比多视角来看的话，会发现这一切又都变得稀松平常，因为情欲的满足与否都会引发这样的奇观，这也正是数字关系时代下的情感表征所在。

---

① 本尼迪克特·安德森．想象的共同体——民族主义的起源与散布[M]. 吴叡人译．上海：上海人民出版社 .2003:71.

后 记

选择这个议题源于平时杂七杂八的阅读的“怂恿”。学术研究毕竟是一项苦差，幸好有一些阅读可以不为著述（此刻好像又陷在其中），只为打发时间、好玩，有趣的是可以发现这个世界的奇奇怪怪、多样而有趣。读到这样一些书，《舌尖上的历史：食物、世界大事件与人类文明的发展》《甜与权力》《卑微的套套：安全套进化史》《礼貌史》《地狱为什么充满着硫黄的臭味——地下世界的神话与地质学》，后几本出自上海文艺出版社出版的“痴愚百科全书”丛书。这样一些书里将习以为常，或者边缘化的话题挖出来，读后让人觉得这个似乎真应该出一本书。于是有了这本书的初步设想。

感谢厦门大学黄顺力、南昌大学王凤先、广西师范学院颜小芳、中国人民大学董晨宇四位老师贡献智慧。同时感谢来自暨南大学、香港城市大学等四所高校研究生参与，历时一年，三次集体修改，方成此稿。

大家具体的分工如下：晏青（导言）、谢然（从金石到印刷篇：第一章）、黄顺力、王凤先（从金石到印刷篇：第二章）、张雨涵（从金石到印刷篇：第三章）、韩谦、苏彤（从金石到印刷篇：第四章）、王玮薇（从金石到印刷篇：第五章）、欧少莹（影视篇：第一章）、颜小芳（影视篇：第二章）、萧韵祺、张雨涵（影视篇：第三章）、杨娇娇（影视篇：第四章）、房也（影视篇：第五章）、陈源生（影视篇：第六章）、董晨宇、段采薏（社交网络篇：第一章）、黄小青（社交网络篇：第二章）、王瑶（社交网络篇：第三章）。

同样感谢龚鸣、余文婷、刘儒田、林秋铭的付出，他们让本书增色不少。

本书只做了一点点力所能及的探究，我们仍会思考，农业时代、工业时代积淀下来的爱情观念，在数字媒体时代会有何遭际？因此那些潜移默化、润物细无声的悄然之变，关乎爱情，关乎人性。

2019 年 4 月

图书在版编目（CIP）数据

爱情：一种媒介考古/晏青主编. --北京：经济日报出版社，2019.4

ISBN 978-7-5196-0520-9

Ⅰ.①爱… Ⅱ.①晏… Ⅲ.①爱情-研究-中国 Ⅳ.①C913.1

中国版本图书馆 CIP 数据核字（2019）第 068975 号

爱情：一种媒介考古

作　　者	晏　青
责任编辑	高　远
责任校对	徐建华
出版发行	经济日报出版社
社　　址	北京市西城区白纸坊东街 2 号 A 座综合楼 710
邮政编码	100054
电　　话	010-63567684（总编室）
	010-63538621　63567692（发行部）
网　　址	www.edpbook.com.cn
E-mail	edpbook@sina.com
经　　销	全国新华书店
印　　刷	北京九州迅驰传媒文化有限公司
开　　本	710×1000 mm　1/16
印　　张	14.5
字　　数	250 千字
版　　次	2019 年 5 月第一版
印　　次	2019 年 5 月第一次印刷
书　　号	ISBN 978-7-5196-0520-9
定　　价	42.00 元